李中凯◎主编

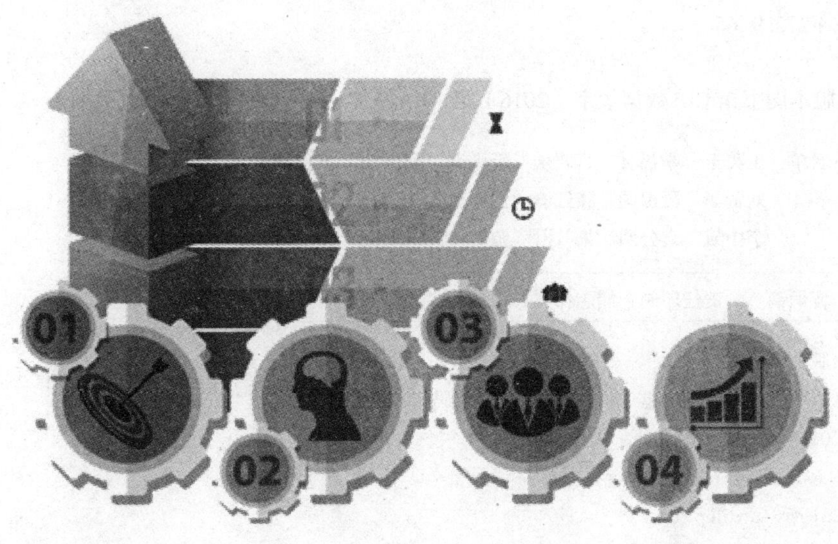

中国纺织出版社

内 容 提 要

本书从行政办公人员的实际岗位出发，选取了行政办公人员在日常工作中最为常见的管理问题，借鉴吸收最新的管理理念和方法，以规范化管理为主题，以岗位职责、工作细节规范、实用制度与表格为主要内容，进行了表格化阐述，为每个工作细节给出了可参照的执行建议，为现代企业行政工作的规范化提供了最有效的指导范本。

本书不仅适合行政办公管理人员使用，也适合企业高层管理人员、人力资源部工作人员、企业培训师及高校相关专业学生教师阅读、使用。

图书在版编目（CIP）数据

行政部规范化管理工具箱 / 李中凯主编 . -- 北京：中国纺织出版社，2016. 9（2024.2重印）

ISBN 978-7-5180-2857-3

Ⅰ . ①行… Ⅱ . ①李… Ⅲ . ①企业管理—行政管理—规范化 Ⅳ . ① F272. 9-65

中国版本图书馆 CIP 数据核字（2016）第 197475 号

策划编辑：曹炳镝　　责任印制：储志伟

中国纺织出版社出版发行
地址：北京市朝阳区百子湾东里 A407 号楼　邮政编码：100124
销售电话：010—67004422　传真：010—87155801
http：//www.c-textilep.com
E-mail：faxing@c-textilep.com
中国纺织出版社天猫旗舰店
官方微博 http：//weibo.com/2119887771
北京兰星球彩色印刷有限公司印刷　各地新华书店经销
2016 年 9 月第 1 版　2024年2月第3次印刷
开本：710 × 1000　1/16　印张：18
字数：336 千字　　定价：78.00 元

前言

PREFACE

只要仔细观察会发现，成功的企业都是用制度管人，按制度办事。建立健全科学化、规范化且有很好可操作性的管理制度是企业必不可少的软件设施，也是企业得以正常运转的基石，同样，部门其实就是一个公司小的缩影，因此部门中也需要建立、健全制度。

从行政工作的作用而言，不同行业、不同企业、不同发展阶段，行政部门所承担的职能是不同的。综合来讲，行政一般有三方面工作：第一是服务，为行政之主体，简言之就是保证全体员工的吃、喝、拉、撒，以保证全体员工工作的投入。第二是事务，文件流转、工作督办、信息传递、上下协调、接待、采购、宣传、档案、车辆、保卫等，保证公司和机构的正常运转。其三是参与决策，企业的发展战略、制度体系、重点工作推进等。所以不同的企业有不同的作用。

本书不是泛泛地阐述行政办公管理的整个体系，而是选取了行政办公管理中最实用、最核心的部分，即以行政办公管理最常见的主要内容——岗位职责、工作规范、行政管理制度、日常行政办公实用表格为主线，以表格化阐述为主要表达形式，在实用性上下功夫，所有的制度、表格都是“稍微修改一下便能用”，使得读者朋友在工作中遇到难题，都可以寻求到最佳的解决方法和途径。本书有以下两个显著特点：

1. 管理制度与表格更加标准

本书对行政办公管理中经常出现的制度、表格进行了标准化设计，更加

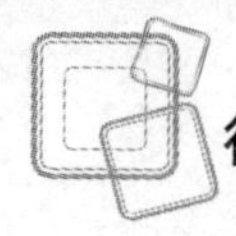

规范、统一，方便读者朋友理解、使用。另外，每种管理制度与实用表格都是紧贴工作实际，增强了制度的针对性和可执行性，更加科学、标准，大大提升了实际执行的效果。

2. 内容设计思路清晰

本书对岗位职责、工作规范、日常行政管理制度和行政使用表格这几大模块的内容进行设计，以表格化阐述的方式交互呈现，简洁明了、拿来急用，方便实用易查找。

总而言之，本书力求将行政办公管理的实用、全面和新颖融为一体，做到更好、更方便，希望能够成为行政办公管理不可缺少的一本工具书，为读者朋友提供全方位的行政办公管理工作指导与参考依据。

作者

2016.6.20

目录

CONTENTS

第 1 章　行政部人员配置及岗位职责

第 2 章　行政部日常业务工作规范

第 3 章 行政部重要工作操作规范

第 4 章 行政部工作制度制定模板

第 1 章
行政部人员配置及岗位职责

行政部岗位设置图，如图 1-1 所示。

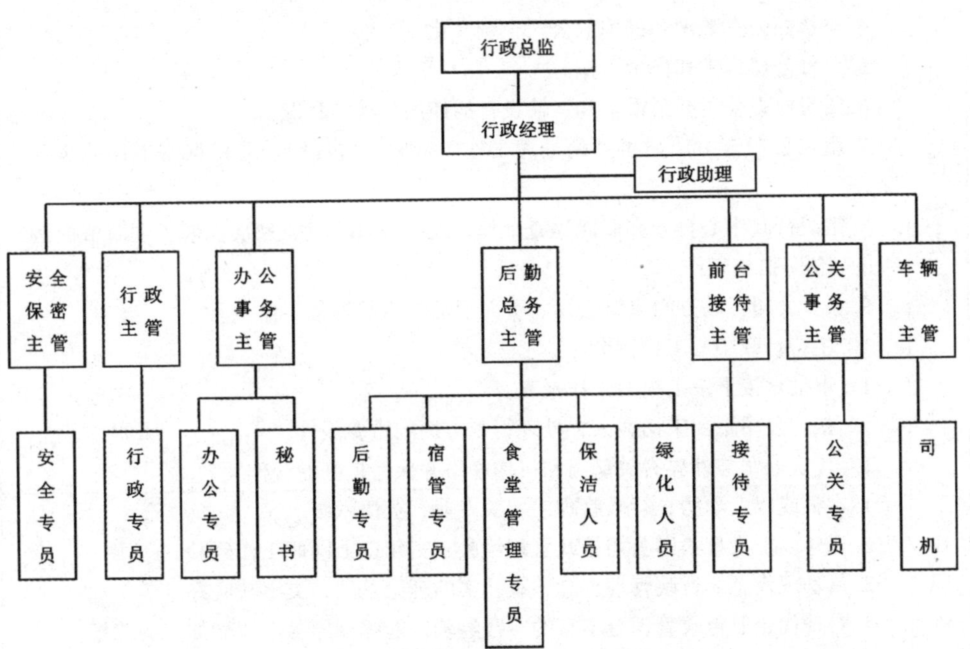

图 1-1 行政部岗位设置图

1.1 行政总监

行政总监岗位职责与任职资格，如表 1–1 所示。

表 1–1 行政总监岗位职责与任职资格

<table>
<tr><td colspan="2">直接上级：总经理
直接下级：行政经理</td></tr>
<tr><td>岗位职责</td><td>1. 负责公司管理规章制度的建立和推行。
2. 负责公司人力资源工作，提高公司员工整体素质，保证公司人力资源需求。
3. 统筹公司的培训和考核工作，提高员工的思想业务素质。
4. 审核办公室整理和提炼的公司企业文化。
5. 监督公司食堂和宿舍工作。
6. 监督检查公司办公设备和运输设备的使用与维护状况。
7. 组织公司有关法律事务的处理工作，指导、监督检查公司保密工作的执行情况。
8. 组织行政中心自查和职能检查工作，及时发现问题、解决问题，同时督促做好纠正和预防措施工作。
9. 负责公司行政方面重要会议、重大活动的组织筹备工作。
10. 主持行政中心工作例会。
11. 审批直接下级上报的工作报表。
12. 接待公司重要来访客人，处理行政方面的重要函件。
13. 代表公司与外界有关部门和机构联络并保持良好的合作关系。</td></tr>
<tr><td>任职资格</td><td>1. 本科或以上学历，行政管理或相关专业，英语六级。
2. 五年以上大型集团公司行政管理经验，三年以上同职工作经验。
3. 具备现代企业行政管理理念，有扎实的理论基础，文字功底好。
4. 对现代企业行政管理有丰富的实践经验，能够指导各个职能部门的工作。
5. 具备很强的计划性和实施执行的能力，很强的激励、沟通、协调、团队领导能力，责任心、事业心强。</td></tr>
</table>

1.2 行政经理

行政经理岗位职责与任职资格，如表 1–2 所示。

表 1–2　行政经理岗位职责与任职资格

<table>
<tr><td colspan="2">直接上级：行政总监
直接下级：行政助理、前台接待主管、办公事务主管、行政主管、安全主管、车辆主管、总务后勤主管、公关事务主管</td></tr>
<tr><td>岗位职责</td><td>1. 组织制订行政部工作发展规划、计划与预算方案。
2. 组织制定行政管理规章制度及督促、检查制度的贯彻执行。
3. 组织、协调公司年会、员工活动、市场类活动及各类会议，负责外联工作及办理公司所需各项证照。
4. 起草及归档公司相关文件。
5. 搜集、整理公司内部信息，及时组织编写公司大事记。
6. 管理公司重要资质证件。
7. 组织好来客接待和相关的外联工作。
8. 主持部门内部的建设工作，建设及维护内部网络。
9. 协调公司内部行政人事等工作。
10. 对控制成本的方法提出建议。</td></tr>
<tr><td>任职资格</td><td>1. 秘书、中文、公关、行政管理等相关专业本科以上学历。
2. 五年以上行政管理工作经验。
3. 受过管理学、战略管理、管理技能开发、公共关系、财务知识等方面的培训。
4. 熟练的中英文写作、口语、阅读能力；优秀的外联与公关能力，具备解决突发事件的能力；较强的分析、解决问题能力，思路清晰，考虑问题细致；熟练使用办公软件、办公自动化设备。
5. 做事客观、严谨负责、踏实、敬业；具有很强的人际沟通、协调、组织能力以及高度的团队精神，责任心强。</td></tr>
</table>

1.3 行政助理

行政助理岗位职责与任职资格，如表 1–3 所示。

表 1–3 行政助理岗位职责与任职资格

<table>
<tr><td colspan="2">直接上级：行政经理
直接下级：前台接待主管、办公事务主管、行政主管、安全主管、车辆主管、总务后勤主管、公关事务主管</td></tr>
<tr><td>岗位职责</td><td>1. 协助上级制订行政、总务及安全管理工作发展规划和计划。
2. 协助审核、修订行政管理规章制度，进行日常行政工作的组织与管理。
3. 协助高级管理人员进行财产、内务、安全管理，为其他部门提供及时有效的行政服务。
4. 考核和指导行政部工作人员的工作并给予业务指导。
5. 协助承办公司相关法律事务。
6. 参与公司经营事务的管理和执行工作。
7. 会务安排。</td></tr>
<tr><td>任职资格</td><td>1. 行政管理或相关专业大专以上学历。
2. 二年以上行政管理工作经验。
3. 受过管理学、公共关系、文书写作、档案管理、财务会计基本知识等方面的培训。
4. 具有较强的时间管理能力；优秀的外联和公关能力，具备解决突发事件能力；良好的中英文写作、口语、阅读能力；熟练使用办公软件；熟练使用操作办公自动化设备。
5. 工作细致认真，谨慎细心，责任心强；具有很强的人际沟通、协调能力，团队意识强。</td></tr>
</table>

1.4 前台接待主管

前台接待主管岗位职责与任职资格，如表 1–4 所示。

表 1-4　前台接待主管岗位职责与任职资格

直接上级：行政经理 直接下级：前台接待专员	
岗位职责	1. 制订前台接待工作年度计划，报行政部经理审批。 2. 协助制定前台接待处的岗位责任、操作规程及各项规章制度，并监督执行。 3. 对前台接待专员进行有效的培训和指导，提高其业务水平和服务素质。 4. 协助前台接待专员做好重要客人的接待工作及重要留言的落实情况。 5. 主持前台班次全面工作，创造和谐的工作氛围，减少工作环境中的摩擦。 6. 参加行政例会，及时了解员工的思想动态及困难，及时采取解决措施。 7. 受理直接下级上报的合理化建议，并按照公司相关规定程序处理。 8. 与公司各职能部门的协调及联系，协助组织公司的文化活动等。 9. 督导迎送工作，检查前台接待专员的仪表仪容、劳动纪律、礼仪及工作效率。 10. 负责向行政经理提请对前台接待专员绩效考核的建议并协助实施考核。 11. 负责检查、监督前台办公区域内的安全、清洁和消防工作。 12. 正确传达上级指示，及时对下级工作中的争议做出裁决。 13. 协助公关事务主管、行政经理处理各种社会公共关系。 14. 负责前台接待突发事件及公司领导临时交办事件的处理。
任职资格	1. 秘书、中文等相关专业专科以上学历。 2. 二年以上行政人事、文秘或相关工作经验。 3. 受过文书写作、档案管理、财会基本知识等方面的培训。 4. 有良好的文字表达能力，有一定的英语基础；熟练使用办公软件、办公自动化设备。 5. 工作细致认真，谨慎细心，热情，积极主动；工作效率高，责任心强，具有团队精神；保密意识强。

1.5 前台接待专员

前台接待专员岗位职责与任职资格，如表 1-5 所示。

表 1-5　前台接待专员岗位职责与任职资格

<table>
<tr><td colspan="2">直接上级：前台接待主管
直接下级：接待人员</td></tr>
<tr><td>岗位职责</td><td>1. 服从前台接待主管的领导，按规定的程序与标准向客人提供一流的接待服务。
2. 负责访客、来宾的登记、接待、引见，对无关人员应阻挡在外或协助保安处理。
3. 熟练掌握公司概况，能够回答客人提出的一般性问题，提供常规的非保密信息。
4. 负责电话、邮件、信函的收转发工作，做好工作信息的记录、整理、建档。
5. 负责公司文件、通知的分发，做好分发记录并保存。
6. 配合前台接待主管完成部分文件的打印、复印、文字工作。
7. 负责管理前台办公用品及办公设备的清洁保养。
8. 维护前台区域内的整洁，进行该区域内的报纸杂志、盆景植物的日常维护和保养。
9. 执行公司考勤制度，负责员工的考勤记录汇总、外出登记，监督员工刷卡。
10. 负责员工出差预订机票、火车票、客房等，差旅人员行程及联络登记。
11. 对工作中出现的各种问题及时汇报，提出工作改进意见。
12. 完成领导交办的其他或临时工作。</td></tr>
<tr><td>任职资格</td><td>1. 秘书、中文等相关专业中专以上学历。
2. 一年以上行政人事、文秘或相关工作经验。
3. 受过文书写作、档案管理、财会基本知识等方面的培训。
4. 有良好的文字表达能力，有一定的英语基础；熟练使用办公软件、办公自动化设备。
5. 工作细致认真，谨慎细心，热情，积极主动；工作效率高，责任心强，具有团队精神；保密意识强。</td></tr>
</table>

1.6 办公事务主管

办公事务主管岗位职责与任职资格，如表 1-6 所示。

表 1–6 办公事务主管岗位职责与任职资格

<table>
<tr><td colspan="2">直接上级：行政经理
直接下级：办公事务专员、行政办公秘书</td></tr>
<tr><td>岗位职责</td><td>1. 组织拟订办公事务季、月度发展计划，送交部门经理审核。
2. 起草、拟订办公用品的需求计划，报直接上级审批。
3. 负责组织办公用品的登记、采购、发放以及控制办公成本费用等工作。
4. 建立和完善公司固定资产和办公用品管理制度。
5. 负责公司的各种公章证照管理，并负责使用登记和年检工作。
6. 起草、拟订文件、资料、档案管理制度，并监督执行情况。
7. 搞好与有关部门的协调及联系。
8. 受理直接下级上报的合理化建议，按照程序处理。
9. 负责检查本部门的安全、消防工作。
10. 负责办公事务突发事件。
11. 负责向行政经理提出对办公事务人员绩效考核的建议。
12. 完成公司领导临时交办事件的处理。</td></tr>
<tr><td>任职资格</td><td>1. 中文及管理专业，本科及以上学历。
2. 三年以上行政管理、企业发展战略管理等相关工作经验。
3. 很好的文字功底，熟悉公文写作，可以独立撰写行政文件，头脑灵活，条理性强，善于处理突发性事务。
4. 较好的英语听说读写能力；有很强的沟通、协调能力，敬业精神，能够承受压力；有良好的服务意识及团队合作精神。
5. 熟练使用各种办公软件及设备。</td></tr>
</table>

1.7 办公事务专员

办公事务专员岗位职责与任职资格，如表 1–7 所示。

表 1–7　办公事务专员岗位职责与任职资格

直接上级：办公事务主管 直接下级：无	
岗位职责	1. 协助部门主管做好各项办公事务制度草拟工作。 2. 积极落实上级要求的各项任务，提供相关服务。 3. 负责公司办公家具设备、办公用品的采购工作。 4. 负责办公用品的登记、发放管理。 5. 负责制定办公家具、设备、用品的采购流程。 6. 负责监督办公设备的日常使用、维护。 7. 负责计算机信息资料管理。 8. 负责公司图书、资料、合同等文档的管理。 9. 提出办公事务合理化建议，不断改进工作。 10. 对于其他部门不符合行政事务管理规定的行为进行监督、检查。 11. 协助其他部门做好会议、接待工作。 12. 完成领导临时交办的其他工作。
任职资格	1. 中文及管理专业，专科及以上学历。 2. 相关工作经验二年以上。 3. 熟悉相关行政事务处理。 4. 具有良好的沟通协调和解决问题能力，独立工作能力强，富有团队协作精神。 5. 熟练使用各种办公软件及设备。

1.8 行政办公秘书

行政办公秘书岗位职责与任职资格，如表 1–8 所示。

表 1–8　行政办公秘书岗位职责与任职资格

<table>
<tr><td colspan="2">直接上级：办公事务主管</td></tr>
<tr><td colspan="2">直接下级：无</td></tr>
<tr><td>岗位职责</td><td>1. 协助上级领导与企业内各部门进行联络、沟通与协调，做好上传下达工作。
2. 负责公司证照、法律、合同文件的管理及变更登记工作。
3. 负责企业内、外各种来往文件的核对、颁布和下发工作。
4. 妥善管理传真机、复印机等办公设备。
5. 严守公司机密，妥善保管各类文件。
6. 及时完成上级领导交办的文件打印、复印工作。
7. 起草会议文件，及时完成会议记录、纪要工作。
8. 按照上级领导安排，出席某些会议。
9. 陪同公司领导出席重要商务接待及对外联络工作。
10. 协助公司领导起草各项规章制度。
11. 按照上级领导安排，协助其他部门一起组织企业重大活动。
12. 完成领导临时交办的其他工作。</td></tr>
<tr><td>任职资格</td><td>1. 秘书、中文等相关专业大专以上学历。
2. 一年以上相关工作经验。
3. 受过文书写作、档案管理、财务会计基本知识等方面的培训。
4. 熟练使用操作办公自动化设备，包括计算机、打印机、传真机、复印机等；有良好的文字表达能力，有一定英语基础，具备较强的听说能力。
5. 认真负责，积极主动执行交办工作；工作效率高，条理性强，有团队合作精神；保密意识强。</td></tr>
</table>

1.9 行政主管

行政主管岗位职责与任职资格，如表 1–9 所示。

表 1-9 行政主管岗位职责与任职资格

<table>
<tr><td colspan="2">直接上级：行政经理
直接下级：行政事务管理专员</td></tr>
<tr><td>岗位职责</td><td>1. 编制公司行政管理的各项规章制度并监督执行。
2. 负责行政预算、费用管理与统计。
3. 组织办公行政用品的购买、登记、发放与管理。
4. 组织做好公司的来宾接待或相关外联工作。
5. 与公司内部各部门进行良好的沟通与协调，处理好各部门之间关系，确保公司各项运作正常开展。
6. 负责公司行政车辆的调度，协调各部门车辆的使用。
7. 组织人员对公司行政车辆进行日常的维护与驾驶员的日常管理。
8. 组织搜集并整理公司内部信息，及时组织编写公司大事记。
9. 组织协调公司的后勤工作，包括办公环境、员工食堂、员工宿舍等。
10. 根据公司绩效管理政策，对本部门人员进行绩效考评。</td></tr>
<tr><td>任职资格</td><td>1. 秘书、中文、公关、行政管理等相关专业本科以上学历。
2. 三年以上行政管理工作经验。
3. 受过管理学、管理技能开发、档案管理、会务组织、财务会计基本知识等方面的培训。
4. 较强的管理能力；良好的中英文写作、口语、阅读能力；熟练使用办公软件；熟练使用操作办公自动化设备。
5. 做事客观、严谨负责、踏实、敬业；工作细致认真，谨慎细心、责任心强；具有很强的人际沟通协调能力，团队意识强。</td></tr>
</table>

1.10 行政管理专员

行政管理专员岗位职责与任职资格，如表 1-10 所示。

表 1–10　行政管理专员岗位职责与任职资格

直接上级：行政主管 直接下级：无	
岗位职责	1. 负责办公用品的登记、采购、发放管理。 2. 负责文件、报刊、杂志等的收发管理。 3. 协助行政主管严格控制各项行政费用支出，确认费用分摊范围。 4. 各部门的考勤工作管理，并对各部门的考勤情况进行汇总统计。 5. 收集汇总员工提及的涉及行政工作的问题、意见和建议并及时向相关部门反馈。 6. 车辆的使用管理与日常维护与保养。 7. 负责员工人事资料的建立、维护和及时更新。
任职资格	1. 秘书、中文、公关、行政管理等相关专业专科及以上学历。 2. 一年以上行政管理工作经验。 3. 受过管理学、管理技能开发、档案管理、会务组织、财务会计基本知识等方面的培训。 4. 具有很强的人际沟通协调能力；做事客观、严谨负责、踏实、敬业；工作细致认真，谨慎细心、责任心强；具有较强的团队意识。 5. 熟练使用办公软件。

1.11 安全主管

安全主管岗位职责与任职资格，如表 1–11 所示。

表 1–11　安全主管岗位职责与任职资格

直接上级：行政经理 直接下级：安全专员	
岗位职责	1. 安排值班，保障公司财产物资安全。 2. 进行员工出入管理，保障员工安全。 3. 进行信息保密管理，防止公司重要信息的泄露。 4. 进行公司信息系统维护和管理，保证资源内部共享和安全。 5. 进行公司治安制度设计，保障公司内部安全。 6. 进行消防管理，避免重大火灾事故的发生。

续表

任职资格	1. 具有大专以上学历，年龄 35 岁以下，身高 175cm 以上，身体健康。 2. 三年以上企业保安主管经验，有培训经验、退伍军人优先。 3. 头脑灵活，处事果断，有良好的协调、沟通能力及独当一面的指挥和现场管理能力，能妥善处理突发事件。 4. 熟悉物业法规政策，对监控等弱电系统及消防设备有基本了解。能独立培训保安，并具有良好团队合作精神和职业素养。 5. 能熟练使用计算机。

1.12 安全专员

安全专员岗位职责与任职资格，如表 1–12 所示。

表 1–12　安全专员岗位职责与任职资格

直接上级：安全主管 直接下级：无	
岗位职责	1. 具体安排公司值班人员和年度值班排班计划。 2. 制定人员出入管理规定，保障员工工作时间内的人身安全。 3. 对公司的重要信息进行专门管理。 4. 维护公司信息系统，保证公司信息安全。 5. 处理公司内部的治安事件。 6. 随时进行消防检查，保障消防安全。
任职资格	1. 高中以上文凭，年龄 35 岁以下，身高 175cm 以上，身体健康。 2. 具有一年以上相关工作经验，持保安上岗证或退伍证优先。 3. 具备基本法律知识，消防技能；服从管理，能适应轮班。 4. 诚实、有责任心，吃苦耐劳；具备良好应变能力，解决问题能力，沟通协调及管理、培训能力。 5. 具有计算机初级运用能力；有勇气接受挑战，敢于坚持原则，热爱保安工作；遵纪守法，服从命令。

1.13 车辆主管

车辆主管岗位职责与任职资格，如表 1–13 所示。

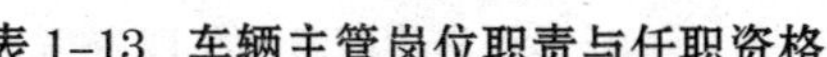

表 1–13　车辆主管岗位职责与任职资格

直接上级：行政经理 直接下级：车辆专员	
岗位职责	1. 制定公司的车辆使用制度，管理、控制公司的车辆使用成本。 2. 根据公司的年度预算及车辆使用状况，编制车辆年度、月份维修保养计划。 3. 组织实施车辆维修保养计划，保证计划的顺利进行。 4. 受理各部门、公司领导用车计划或申请。 5. 根据每日用车计划，合理调度车辆，保证公司行政及经营用车。 6. 全面负责司机的考勤管理及司机值班安排。 7. 根据公司及人力资源培训计划，组织司机的培训工作。 8. 每日对车辆进行抽查，每月对各车辆进行一次大检查，对车辆大修进行验收。 9. 负责司机出车的各类台账登记、汇总、考核，定期向行政部经理汇报工作。 10. 对车辆各项费用进行初审、登记，每月对费用支付情况综合分析。 11. 制订证照年检计划，缴纳相关费用，督促并检查各类证照的存档、借阅管理。 12. 负责安全事故的调查及处理。
任职资格	1. 大专以上学历，有驾驶证 B 照。 2. 具有三年以上车辆管理工作经验。 3. 熟悉车辆保险各方面的流程。 4. 熟悉车辆知识及车辆维修、保养的流程。 5. 对本地区路况熟悉，做事严谨，有责任心、能吃苦。

1.14 司机

司机岗位职责与任职资格，如表 1–14 所示。

表 1–14　司机岗位职责与任职资格

直接上级：车辆主管 直接下级：司机	
岗位职责	1. 认真执行公司各项规章制度和工作程序，服从上级指挥和有关人员的监督检查。 2. 认真参加交通法规学习和业务培训活动，提高安全意识和业务技能。 3. 安全行车，并做好行车记录。 4. 保持车辆内外的卫生整洁，经常进行车辆保养，保持车辆的良好运行状态。 5. 按规定到指定地点维修，并提供详尽、有效的费用明细。 6. 协助办理停车场、牌照、年检、保险理赔等事项。 7. 协助车载物品的搬运和送货。 8. 负责公司车辆的管理与存放。 9. 完成车辆主管交给的其他任务。
任职资格	1. 高中以上文化，持 A、B、C 照均可。 2. 三年以上工作驾龄。 3. 懂得基本的维修与保养，驾驶技术娴熟。 4. 熟悉各种车型驾驶技术及保养常识，无交通事故记录。 5. 对工作责任心强，服从安排，为人诚恳，熟悉本地区及周边道路情况。

1.15 总务后勤主管

总务后勤主管岗位职责与任职资格，如表 1–15 所示。

表 1–15　总务后勤主管岗位职责与任职资格

直接上级：行政经理 直接下级：总务后勤专员、宿舍管理专员、食堂管理专员、保洁人员、绿化人员	
岗位职责	1. 协助总务后勤主管建立总务后勤管理制度，主持设施的日常运行操作、维修和保养的技术管理工作。 2. 员工宿舍分配、管理。 3. 员工食堂、伙食管理。 4. 企业清洁卫生管理。 5. 企业环境、绿化管理。 6. 公司文化建设，休闲、文化娱乐活动管理。 7. 其他后勤保障事务管理。 8. 完成领导临时交办的其他工作。

续表

任职资格	1. 文秘、财务、后勤管理专业本科及以上学历。 2. 要求具有三年以上大型生产厂区的后勤管理工作经验。 3. 受过物业管理、管理学、财务会计基本知识等方面的培训。 4. 熟悉后勤管理的运作，有相关知识与经验；具有一定的财务知识基础；具有较强的组织、管理、协调能力。 5. 综合素质较好，具有服务意识；有较强的责任心、服务意识及团队合作精神，善于与人沟通；工作踏实，能承担较大的工作压力。

1.16 总务后勤专员

总务后勤专员岗位职责与任职资格，如表 1–16 所示。

表 1–16 总务后勤专员岗位职责与任职资格

直接上级：总务后勤主管 **直接下级：无**	
岗位职责	1. 协助总务后勤主管完成日常行政工作。 2. 部门间工作协调、沟通工作。 3. 协助员工宿舍管理专员进行员工宿舍分配、管理。 4. 协助员工食堂管理专员进行员工食堂、伙食管理。 5. 协调保洁人员进行企业清洁卫生管理。 6. 协调绿化专员进行企业环境、绿化管理。 7. 公司文化娱乐、休闲活动执行、管理。 8. 其他后勤保障事务执行、管理。 9. 完成领导临时交办的其他工作。
任职资格	1. 文秘、财务、后勤管理专业大专及以上学历。 2. 一年以上物料管理工作经验，有水暖、电、车辆、食堂等后勤管理工作经验，资产管理经验。 3. 熟悉行政事务相关政策法规和业务流程，受过物料管理、后勤管理、财务知识、会务组织等方面的培训。 4. 能根据公司不同时期的发展需要，提供相应的物资设备配备方案；能根据办公需求、市场行情，制订相应的计划及书面汇报；有一定的英语水平，良好的沟通协调能力、组织安排能力、具备灵活有序的物料控制能力。 5. 能熟练使用各种办公自动化设备；人品端正，爱岗敬业，工作态度细致、踏实，能吃苦耐劳。

1.17 宿舍管理专员

宿舍管理专员岗位职责与任职资格，如表 1–17 所示。

表 1–17 宿舍管理专员岗位职责与任职资格

<table>
<tr><td colspan="2">直接上级：总务后勤主管
直接下级：无</td></tr>
<tr><td>岗位职责</td><td>1. 执行员工宿舍管理的各项规章制度，对宿舍楼实行全面管理。
2. 负责员工宿舍的分配、调整工作。
3. 负责员工住宿房间的登记工作。
4. 负责员工宿舍楼区的安全保卫工作。
5. 负责宿舍楼内的公共物品管理。
6. 负责员工宿舍水、电供应管理。
7. 做好员工宿舍楼内每日水、电的节约管理工作。
8. 管理好员工房间备用钥匙。
9. 及时呈报水、电、锁等公物维修，配合维修工维修。
10. 负责员工宿舍楼内的有关事项的协调和联系工作。
11. 员工宿舍突发事件的处理。</td></tr>
<tr><td>任职资格</td><td>1. 中专以上学历。
2. 一年以上工作经验，半年以上本行业或相近行业管理经验，有行政管理、后勤管理、酒店管理或客房管理经验者优先。
3. 具备一定的写作能力，较强的口头表达能力、沟通和协调能力。
4. 有良好的组织管理能力，协调和沟通能力强；有一定的制度编写能力及工作流程统筹能力。
5. 工作积极、服务热情、耐心细致，有责任心。</td></tr>
</table>

1.18 食堂管理专员

食堂管理专员岗位职责与任职资格，如表 1–18 所示。

表 1–18　食堂管理专员岗位职责与任职资格

直接上级：总务后勤主管	
直接下级：无	
岗位职责	1. 负责每日就餐人数统计（估计）及相应主食、蔬菜等物料准备。 2. 检查和维持就餐秩序。 3. 主办或协助每日主副食料或其他物品的采购。 4. 食品和物料的领用及保管。 5. 负责检查食堂卫生、用餐器具消毒情况，确保用餐安全。 6. 严格把好食品质量关，贯彻食品卫生制度。 7. 控制卫生消毒用品、洁具的耗用。 8. 每天检查食堂所用的设备运转是否正常，发现问题及时联系维修。 9. 合理安排员工倒班，做好每餐后的卫生清扫和定期大扫除工作。 10. 及时安排并完成行政部临时下达的客饭或领导宴请任务。 11. 负责员工食堂工作人员的业务监督、指导，做好绩效考核工作。 12. 按工作程序做好与相关部门的横向联系，并及时对合理建议进行处理。 13. 完成上级主管临时交办的其他任务。
任职资格	1. 具有中专以上学历。 2. 具有一年以上食堂管理工作经验。 3. 具有一定的沟通协调能力。 4. 懂得营养配餐并具有独特的菜品风格，会合理预算，熟知厨房的各项操作流程。 5. 具备很强的责任心。

1.19 保洁人员

保洁人员岗位职责与任职资格，如表 1–19 所示。

表 1-19 保洁人员岗位职责与任职资格

<table>
<tr><td colspan="2">直接上级：总务后勤主管
直接下级：无</td></tr>
<tr><td>岗位职责</td><td>1. 按照公司目标和规章制度，组织各项清洁服务工作的具体落实。
2. 按照清洁程序搞好区域内卫生保洁工作。
3. 保质保量地完成负责区域内卫生，保证区域内及周边环境处于清洁、卫生状态。
4. 负责专用清洁设备的使用，并定期检查、保养、清洁机械设备。
5. 领导交办的其他工作。</td></tr>
<tr><td>任职资格</td><td>1. 具有初中以上文凭。
2. 有一年以上企业保洁员工作经验。
3. 身体健康，人品端正，能吃苦耐劳。</td></tr>
</table>

1.20 绿化人员

绿化人员岗位职责与任职资格，如表 1-20 所示。

表 1-20 绿化人员岗位职责与任职资格

<table>
<tr><td colspan="2">直接上级：总务后勤主管
直接下级：无</td></tr>
<tr><td>岗位职责</td><td>1. 按照企业绿化基本要求，做好年度绿化计划。
2. 落实防火、防盗、防病虫害、防操作事故等安全保障措施。
3. 做好定期除草、松土、施肥、浇水及病虫害防治工作。
4. 负责会议室、办公室等公共场所摆放观赏植物，并做好养护工作。
5. 负责保管好劳动工具、化肥、农药等。
6. 负责对劳动工具的保养和维修工作。
7. 严格控制绿化管理成本。</td></tr>
<tr><td>任职资格</td><td>1. 园林、园艺、林学等相关专业大专及以上学历。
2. 具有 3 年以上绿化工作经验。
3. 具有丰富的园林绿化及养护知识，对植物病虫害的防治有丰富经验。
4. 具备除草、修剪、绿化等基本操作的技能。</td></tr>
</table>

1.21 公关事务主管

公关事务主管岗位职责与任职资格，如表 1–21 所示。

表 1–21　公关事务主管岗位职责与任职资格

直接上级：行政经理 直接下级：公关事务专员	
岗位职责	1. 负责制定公关管理相关制度，经批准后执行。 2. 起草、拟订年度公关方案和支出预算方案，报上级批准。 3. 全面负责公司对内、对外公关活动。 4. 完成公司重大活动的组织、协调和接待工作。 5. 参与公司重大紧急事件的处理，提出危机公关处理方案。 6. 经总经理任命，亲自或指定专人作为公司发言人。 7. 负责做好公司形象宣传，及相关资料的审查工作。 8. 负责审阅公司对外发布的稿件，配合其他部门开展公关活动。 9. 负责检查本部门的安全、消防工作。 10. 负责公关事务突发事件的处理。 11. 负责向行政经理提请对公关事务人员绩效考核的建议。 12. 完成公司领导临时交办事件的处理。
任职资格	1. 大学本科及以上学历，具备企业管理、市场营销、行政管理、公共关系、广告管理、新闻等相关专业知识。 2. 5 年以上公关工作经验。 3. 了解国家和地方有关法律法规及相关规定，了解本公司内部管理流程，熟悉公共关系相关知识，全面掌握各种公关技巧和方法。 4. 具备出色的人际沟通能力和社交能力，人脉和社会关系广。 5. 有较强的文字表达能力，熟练使用办公软件。

1.22 公关事务专员

公关事务专员岗位职责与任职资格，如表 1–22 所示。

表 1–22 公关事务专员岗位职责与任职资格

直接上级：公关事务主管	
直接下级：无	
岗位职责	1. 在主管领导下，按照公司公关管理制度有关规定，负责拟订具体公关管理实施细则。 2. 参与、主持或策划各项公关活动，提出公关方案预算、及时评价其效果。 3. 负责起草公关宣传材料，制作公关宣传品。 4. 配合其他部门做好来宾迎送、接待、陪同、参观、讲解、摄像工作。 5. 与新闻媒体、社会公众、各界人士、客户、政府机关、协会等保持广泛接触。 6. 协调、组织公司各部门参加公关活动。 7. 通过各种联谊活动，扩大公司知名度。 8. 收集各类公关案例，深入剖析和横向比较，对公司公关提出建议和策划方案。 9. 注意收集影响本公司形象、声誉、关系的因素和事件信息。 10. 具体做好公关资料、图片、录音、录像、题词等收集、整理、记载存档等工作。 11. 熟练处理一般性公关危机事件。 12. 完成公司领导临时交办事件的处理。
任职资格	1. 大学专科及以上学历，具备企业管理、市场营销、行政管理、公共关系、广告管理、新闻等相关专业知识。 2. 3 年以上公共关系工作经验。 3. 具备危机处理和压力管理的丰富经验和实践能力。 4. 具备较强的组织协调和沟通能力，团队协作精神、责任感和服务意识好。 5. 形象气质佳，有亲和力，人际交往能力强，熟悉电脑操作。

第 2 章 行政部日常业务工作规范

2.1 总台值班管理规范

总台值班管理规范，如表 2-1 所示。

表 2-1　总台值班管理规范

项目	规范内容
1	总台及各楼层值班人员，统称总办文员。
2	总办文员上班须着工作装、化淡妆。
3	总办文员要按以下程序工作：8：15 到公司，穿工作服，检查打卡机，挂领导值班牌，开空调机（夏天）；8：20，站立迎侯员工上班，主动递送卡片；8：30 收卡。由公司派车接送上班的员工，因堵车或其他非主观原因不能准时上班的不以迟到论，但要注明原因。
4	（1）总办文员对待员工或其他客人，要礼貌大方，热情周到。 （2）对来找高层领导的客人，要问清事先有无预约，并主动通知被找领导。 （3）客人到领导办公室后，应主动递送茶水。 （4）客人离开后，应及时收拾茶杯。
5	（1）各楼层的文员，应视本楼层的具体情况，参照总台的工作程序做好工作。 （2）文员要保持会议室的整洁，早晚各检查一次。 （3）公司开会时，应事先做好会议室清洁工作，并主动给参加会议的人员倒茶水。 （4）会议结束后，立即清理会议室。

续表

项目	规范内容
6	（1）值班文员应推迟30分钟下班，各楼层文员下班前应先关好空调整机并检查各办公室，发现里面没有人时，应锁门关灯，做到人离灯灭。 （2）如有员工确因工作需要须加班时，要告知其离开时通知总台。 （3）当天值班的总台文员，亦应在员工下班后巡视楼层，确保安全后方可离开。
7	总办文员违反本制度或其他与其本职工作相关工作制度的，视情节给予其批评，或50元以上100元以下罚款处理，屡教不改的，扣除当月奖金直至给予辞退处理。

2.2 员工着装管理规范

员工着装管理规范，如表2-2所示。

表2-2　员工着装管理规范

项目	规范内容
1	为树立和保持公司良好的社会形象，进一步规范化管理，本公司员工应按本规定的要求着装。
2	员工在上班时间内，要注意仪容仪表，总体要求是：得体、大方、整洁。
3	男职员的着装要求：夏天着衬衣、系领带；着衬衣时，不得挽起袖子或不系袖扣；不准穿皮鞋以外的其他鞋类（包括皮凉鞋）。
4	女职员上班不得穿牛仔服、运动服、超短裙、低胸衫或其他有碍观瞻的奇装异服，并一律穿肉色丝袜。
5	女职员上班必须佩戴公司徽；男职员穿西装时要求戴公司徽。公司徽应佩戴在左胸前适当位置。
6	部门副经理以上的员工，办公室一定要备有西服，以便有外出活动或重要业务洽谈时穿用。
7	员工上班应注意将头发梳理整齐。男职员发不过耳，并一般不准留胡子；女职员上班提倡化淡妆，金银或其他饰物的佩戴应得当。
8	员工违反本规定的，除通报批评外，每次罚款50元；一个月连续违反三次以上的，扣发当月奖金。
9	各部门负责人应认真配合、督促属下员工遵守本规定。一个月累计员工违反本规定超过三人次或该部室员工总数20%的，该负责人亦应罚100元。

2.3 员工打卡管理规范

员工打卡管理规范，如表 2–3 所示。

表 2–3 员工打卡管理规范

项目	规范内容
1	本公司员工上下班打卡，悉依照本规范办理。
2	本公司内勤员工上午上下班，下午上下班应打卡，住在市区内的业务人员，上午及下午到公司打进卡，外出工作时打退卡。
3	本公司员工下午加班者，普通下班时间不必打卡，待加班完毕才予打卡。
4	本公司员工因事早退或出差需要离开公司，且当天不再返回公司者，应打退卡后才能离开公司。
5	员工上下班，必须亲自打卡，若替人打卡，打卡者及被打卡者，均给予各记大过一次处分。
6	上班中因事外出者，其出入均不必打卡，但须向主管领导或指定人员提出外出申请单，经核准后转交前台文员，前台文员将其出入时间，填妥于下班之前交人事部备查。工厂员工因事外出者，经直属主管核准外出申请单转交门卫，门卫将出入时间填入，于次日早晨交工厂管理部门转交公司人事部备查。
7	上下班忘记打卡者，持记录卡请直属主管领导证明上下班时间，并签名后，卡片放回原处。
8	本公司上下班时间，公司由前台文员（或由人事部派人）看守打卡情况及调整打卡钟，工厂由门卫负责。
9	在公司用餐时，中午可免打卡（仅上下班打卡即可），在外面用餐时，则按规定每日打卡四次。

2.4 企业总机管理规范

企业总机管理规范，如表 2–4 所示。

表 2-4 企业总机管理规范

项目	规范内容
1	总机房是全厂通讯联络的机要重地，无关人员未经批准不得进入机房。
2	话务员在值班时，应坚守岗位，做到： （1）接、转迅速、准确。 （2）值机用话简练、清晰，回话礼貌、耐心。 （3）认真做好原始记录和数据统计工作。 （4）精心操作，爱护设备，每天上班前、下班后做好机房、机台清洁工作。 （5）做好交接班和长话记录。 （6）严格遵守保密守则，不窃听电话，不泄露机密。
3	凡因公需要挂长途电话的部门和个人，必须先到 ×× 履行登记手续，填写登记卡，经批准后，总机房才能办理。未经批准，话务员不得擅自挂长途电话。
4	原则上不接私人和外单位人员长途电话，特殊情况，需到 ×× 履行登记批准手续，并到财务部门办理缴交押金手续后，总机室才予挂接，通话结束后凭总机房回单到财务部门结清费用。
5	机房内不准抽烟、喧闹和闲谈，不准将易燃易爆物品带入机房，不准干与工作无关的其他事情。
6	话务员应经常检查机台完好状态，发现故障无法排除应及时报告电话维修员和领导。
7	话务员应定期进行用户访问，不断改进服务质量。
8	电话维修人员须按规定定期对机房各种设备进行维护保养，并做好记录，保证线路畅通。
9	话务员应经常对总机的通讯情况和邮电局转来的各类长途电话情况进行检查。

2.5 办公行为规范

办公行为规范，如表 2-5 所示。

表 2–5 办公行为规范

项目	规范内容
服务规范	（1）仪表：公司员工应仪表整洁、大方。 （2）微笑服务：在接待公司内外人员的垂询、要求等任何场合，应注视对方，微笑应答，切不可冒犯对方。 （3）用语：在任何场合应用语规范，语气温和，音量适中，严禁大声喧哗。 （4）现场接待：遇有客人进入工作场地应礼貌劝阻，上班时间（包括午餐时间）办公室内应保证有人接待。 （5）电话接听：接听电话应及时，一般铃响不应超过三声，如受话人不能接听，离之最近的职员应主动接听，重要电话做好接听记录，严禁占用公司电话时间太长。
办公秩序	（1）工作时间内不应无故离岗、串岗，不得闲聊、吃零食、大声喧哗，确保办公环境的安静有序。 （2）员工间的工作交流应在规定的区域内进行（大厅、会议室、接待室、总经理室）或通过公司内线电话联系，如需在个人工作区域内进行谈话的，时间一般不应超过三分钟（特殊情况除外）。 （3）员工应在每天的工作时间开始前和工作时间结束后做好个人工作区内的卫生保洁工作，保持物品整齐，桌面清洁。 （4）部、室专用的设备由部、室指定专人定期清洁，公司公共设施则由办公室负责定期的清洁保养工作。 （5）发现办公设备（包括通信、照明、影音、电脑、建筑等）损坏或发生故障时，员工应立即向办公室报修，以便及时解决问题。

2.6 名片管理规范

名片管理规范，如表 2–6 所示。

表 2–6 名片管理规范

项目	规范内容
1	公司名片格式统一化，由公司行政部依据企业形象规划并联系印刷业务。
2	印制名片申请者填写名片印刷申请单，经部门领导签字后交由行政部负责印制。

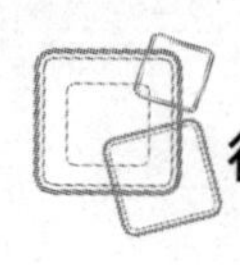

续表

项目	规范内容
3	名片印制前需确认名片职务、职称、部门是否相符，姓名、联系办法等需确认无误。
4	公务、客户名片须在公司内作为共享资源。
5	自确认名片内容起，一周内到行政部领取。
6	名片印制费用每季度摊销一次。

2.7 电子屏使用规范

电子屏使用规范，如表 2-7 所示。

表 2-7 电子屏使用规范

项目	规范内容
原则	电子屏是公司对内、对外的信息传递载体。为更好地使用电子屏，做到使用主体合格，信息确认有效，发布时间合理等，特制定本使用规范。
使用主体	（1）行政部享有电子屏的操作及管理权。 （2）行政部设专人负责电子屏的使用、维护、修理。 （3）电子屏责任人的职责包括：及时实施公司信息发布，制定信息发布时间表，制订信息更新计划，电子屏信息发布的汇总整理，电子屏日常维护，电子屏故障排除，电子屏修理配合等。 （4）电子屏责任人对行政部经理负责。
发布内容	（1）电子屏的发布内容分为日常型信息和特别型信息。 （2）日常型信息内容包含：公司宣传介绍、公司新闻动态、业内新闻动态。 （3）特别型信息内容包含：各类通知、各类公告、各类贺词及其他信息。 （4）日常型信息的搜集整理由行政部完成。 （5）特别型信息的搜集整理由行政部配合消息相关部门完成。

续表

项目	规范内容
发布时间	（1）电子屏的使用时间为每个工作日的上午 8：30 至下午 6：30（有特殊情况的除外）。 （2）日常信息发布时效：公司宣传介绍每日 2 小时，分 4 ~ 6 时段发布；公司新闻动态每日 2 小时，分 4 ~ 6 时段发布；业内新闻动态每日 1 小时，分 2 ~ 4 时段发布。 （3）特别信息发布时效由信息相关部门会同行政部核定：公告的发布时间一般为 2 个工作日，每日 2 小时，分 4 个时段；通知的发布时间一般为 1 个工作日，每日 2 小时，分 2 ~ 4 个时段；活动贺词的发布时间一般为活动开始前 1 小时至活动结束后 2 小时。
发布信息确认	（1）电子屏发布的信息须经有关人员的确认方可发布。 （2）日常信息由行政部经理确认。 （3）日常信息的更新计划由电子屏责任人拟定，报行政部经理批准。 （4）特别信息由出处单位的分管副总确认。 （5）特别信息发布，须由出处单位填写电子屏信息发布申请表，经分管副总确认后交由行政部组织发布。

2.8 办公室物资管理规范

办公室物资管理规范，如表 2-8 所示。

表 2-8　办公室物资管理规范

项目	规范内容
物资分类	（1）公司办公室物资分为低值易耗品、管制品、贵重物品、实物资产。 （2）低值易耗品：笔、纸、电池、订书钉、胶水等。 （3）管制品：订书机、打洞机、剪刀、美工刀、文件夹、计算器等。 （4）个人保管物品：个人使用保管的 300 元以上并涉及今后的费用开销的物资，如手机、助动车等。 （5）实物资产：物资价格达 300 元以上，如：空调、计算机、摄像机、照相机等。

续表

项目	规范内容
物资采购	（1）公司物资的采购，原则上由办公室统一购买，属特殊物资经办公室同意，可由申购部门自行购买。申购物品应填写物品申购单，300元以内物品申购交部门经理同意，办公室批准；300元以上（含300元）部门经理同意，办公室批准，总经理批准。 （2）物资采购由办公室指定专人负责，并采取以下方式： ①定点：公司定大型超市进行物品采购。 ②定时：每月月初进行物品采购。 ③定量：动态调整，保证常备物资的库存合理性。 ④特殊物品：选择多方厂家的产品进行比较，择优选用。
物资领用管理	公司根据物资分类，进行不同的领用方式： （1）低值易耗品：直接向办公室物品保管人员签字领用。 （2）管制品：直接向办公室物品保管人员签字领用。 （3）实物资产：由办公室设立实物资产管理台账，以准确记录固定资产的现状。
公司物资借用	（1）凡借用公司办公器材，需填写物资借用单，并由部门经理签字认可。 （2）借用物资超时未还的，办公室有责任督促归还。 （3）借用物资发生损坏或遗失的，视具体情况照价或折价赔偿。
其他	（1）新进人员到职时由管理部门通知，向办公室领用办公物品；人员离职时，必须向办公室办理办公物品归还手续，未经办公室认可的，管理部不得为其办理离职手续。 （2）办公室有权控制每位员工的办公物品领用总支出。

2.9 公司文书收发作业规范

公司文书收发作业规范，如表2–9所示。

表 2-9　公司文书收发作业规范

项目	规范内容
主管部门	本公司所有外来文书，都由总务部文秘室统一接收。
处理方法	文秘室按下列规定处理所到达的文书： （1）把公司文书与私人文书区分开来。 （2）由文秘室直接开启送达的公司文书，并在文书的空白处加盖收发印章，注明收发日期。 （3）对于送达各部门且不能开启的，估计涉及内容与事项重要的文书，以及绝密文书，只需在封面上加盖文秘室收发印章，注明收发日期。
登记	凡符合下列规定的文书，都必须做好登记： （1）在一般文书或送交部门的普通文书中，如果判定或者未开启也能判断是重要的文书，或者夹带重要物品的文书。 （2）专人传递送达的文书。 （3）标有“绝密”或“亲启”字样的文书。
电报、快递文书	文秘室必须优先处理电报、特快专递类文书，不得拖延。
公休日到达的文书	凡下班后或者确系工作时间以外到达的文书，一律由值班留守人员接收，于此后第一个工作日早晨移交文秘室。
分发	文书的分发按下列要点进行： （1）写给各部门的文书，经登记后直接分发给各部门的主管。 （2）重要文书、专递文书或者夹有重要物品的文书，直接送交文书接受人，在接受人不在的情况下，嘱托部门主管转交。领取文书者必须在登记簿上签名盖章。 （3）文书中一切夹带或附有的物品，必须原样送到当事人手中。 （4）私人信件直接分送本人（在特殊情况下也可由代理者领取），在必要情况下，让领取者在登记簿上签名盖章。
回复	各部门在接到文书时，应给文秘室一个回复，表示那些需要回复的文书已经收到。
退回	分送给各部门的文书，如果出现差错，或不是所在部门接收的文书，应直接退回文秘室，再由文秘室处理。
电报、电话记录	收到电报后在“文书登记簿”上做好登记，接到电话后填写“电话记录传票”。

2.10 文印室管理规范

文印室管理规范，如表 2–10 所示。

表 2–10　文印室管理规范

项目	规范内容
1	公司的文件，有打印必要时方予打印。内部传递的简单请示报告或其他不需打印的文件，一般不予打印。
2	公司发文，需由起草人定稿抄正，经有批准发文权的领导签字同意后方准打印。一般文件的打印、复印、传真，需经所在部门负责人签字同意后才予办理；部门经理不在时，可经总裁办公室主任同意后办理。
3	私人资料，不得在公司打印、复印或用公司传真机传送，以免影响公司的正常工作。
4	文印室工作人员应认真做好本职工作，按时完成任务。对收到的文件资料，应及时给有关部门、人员送发，或及时通知有关人员到文印室取回，不得延误。
5	文印室人员应树立严格的保密观念，不得随意将打印、复印或传真资料中有关商业秘密或公司管理中须保密的事项透露给他人，不得截留任何文件。
6	文印室对送来打印、复印、传真的文件资料，应做好登记，并在月终作统计核算。属业务部门的，由各部门承担费用；属行政、管理部门的，统一列行政开支。
7	文印室工作人员初次违反上述规定的，给予批评或处 50 元以下罚款，屡教不改或给公司造成不良的社会影响或较大经济损失的，处 50 元以上罚款直至辞退。

2.11 公司来宾参观接待规范

公司来宾参观接待规范，如表 2–11 所示。

表 2-11　公司来宾参观接待规范

项目	规范内容
参观种类	（1）定时参观：先以公文或电话预先约定参观时间与范围。 ①团体参观：机关、学校或社会团体约定来厂参观者。 ②贵宾参观：政府首长、社会名流以及国内外各大企业负责人，经公司允许来厂参观者。 ③普通参观：一般客户或业务有关人员来厂参观者。 （2）临时参观：因业务需要临时决定来厂参观者。
接待方式	（1）团体参观：凡参观人数能在会客室容纳者，均以烟、茶招待，否则一律免于招待，至于陪同人员，由管理部协调有关单位决定。 （2）贵宾参观：按公司通知以咖啡、西点、冷饮、烟、茶或其他方式招待，并由公司高级人员赔同或由有关单位招待。 （3）普通参观：以烟、茶招待，由管理部门或有关部门派员陪同。 （4）临时参观：同普通参观。
参观规则	（1）贵宾参观及团体参观：由公司核准并于参观前三日将参观通知单填送各工地管理部门，以凭接待，如事出较急，先以电话通知，后补通知单。 （2）普通参观：由各部经理核准，并于参观前一日将参观通知单填送工地，以利接待，但参观涉及两个部以上者，应比照团体参观办理。 （3）临时参观：由各部（副）经理核定，并于参观前一小时以电话通知各工地管理部办理接待，如参观涉及两个部以上者，应商请管理部协调办理。 （4）未经核准的参观人员，一律拒绝参观，擅自率领参观人员参观者，应按泄露商业机密论。 （5）参观人员除特准者外，一律婉拒拍照，并由陪同参观人员委婉说明。

2.12 报刊邮发管理规范

报刊邮发管理规范，如表 2-12 所示。

表 2-12　报刊邮发管理规范

项目	规范内容
1	报刊邮发由公司办公室负责管理。
2	公司办公室在每年报刊增订季节，根据公司的需要，拿出报刊订阅计划，交总经理审核批准后，办理有关订阅手续。
3	办公室指定一名报刊管理人员，每日负责将报刊进行处理、分类登记，并分别送到有关部门。有关部门处理后，一周内交回公司办公室由报刊管理人员统一保管、存档备查。
4	任何人不得将报刊挪作他用，若需处理，需经办公室主任批准。
5	公司所有信件、邮件的邮发由公司办公室负责办理。
6	私人信件，一律实行自费，贴足邮票交办公室或自己送往邮局。
7	所有公发信件，邮件一律不封口，由办公室收发人员登记，统一封口，负责寄发。
8	凡因公需寄挂号信，须经各部门负责人批准，经总经理办公室登记后方可邮发。

2.13 公司会议程序与规范

公司会议程序与规范，如表 2-13 所示。

表 2-13　公司会议程序与规范

项目	规范内容
经营会议程序	（1）主席经营政策报告 10 分钟。 （2）上次议案追踪 20 分钟。 （3）部门业务成果报告 30 分钟。 （4）各部门协调及讨论事项 10 分钟。 （5）未决议事项复议 10 分钟。 （6）上级指导、报告 10 分钟。 （7）主席结论 10 分钟。

续表

项目	规范内容
产销会议程序	（1）主席报告 10 分钟。 （2）上次议案追踪 20 分钟。 （3）各部门产销成果报告 20 分钟。 （4）未来销售、生产规格、数量预测 20 分钟。 （5）产销合作单位报告 10 分钟。 （6）产销协调事项讨论 30 分钟。 （7）未决议事项复议 10 分钟。 （8）上级指导、报告 10 分钟。 （9）主席结论 10 分钟。
厂务会议程序	（1）主席报告 10 分钟。 （2）上次议案追踪 20 分钟。 （3）各部门成果报告 30 分钟。 （4）各部门作业协调及讨论事项 30 分钟。 （5）管理制度研讨事项 30 分钟。 （6）下月生产目标分配 20 分钟。 （7）未决议事项复议 10 分钟。 （8）上级指导、报告 10 分钟。 （9）主席结论 10 分钟。
营业会议程序	（1）主席报告 10 分钟。 （2）上次议案追踪 20 分钟。 （3）各区域业务成果报告 30 分钟。 （4）市场、同业动向及经销商管理研讨事项 20 分钟。 （5）各区域协调及讨论事项 20 分钟。 （6）下月销售目标及推销重点、日程安排 20 分钟。 （7）未决议事项复议 10 分钟。 （8）上级指导、报告 10 分钟。 （9）主席结论 10 分钟。
部门会议程序	（1）主席报告 10 分钟。 （2）单位进度报告 30 分钟。 （3）单位协调及讨论事项 30 分钟。 （4）工作改善、人员动态事项及开发事项报告 20 分钟。 （5）未决议事项复议 10 分钟。 （6）上级指导、报告 10 分钟。 （7）主席结论 10 分钟。

续表

项目	规范内容
专案会议程序	（1）发起人报告10分钟。 （2）专案内容报告或上次议案追踪20分钟。 （3）作业进度报告。 （4）讨论及协调事项30分钟。 （5）未决议事项复议10分钟。 （6）上级指导、报告10分钟。 （7）主席结论10分钟。
周会程序	（1）周会开始1分钟。 （2）互道早安1分钟。 （3）点名及仪容检查3分钟。 （4）各部门主管报告10分钟。 （5）轮值人值勤报告3分钟。 （6）协调事项报告8分钟。 （7）主管指示5分钟。 （8）在职训练16分钟。 （9）唱公司歌朗诵经营宗旨2分钟。 （10）散会1分钟。
会议规范通则	（1）各项会议的通知应在三天以前发出。 （2）固定日期的例会如遇到星期日或假日应顺延一天。 （3）会议的时间地点如没固定负责者则由主席事先决定通知。 （4）会议记录员由主席指派。 （5）规定例会除非有重大事项均须确实依照时间进行。 （6）会议记录限一天内呈报上一级主管主管批示，限三天内完成再交由会议主持人进行追踪办理。
经营会议规范	（1）每周一利用下班时间，确定下午A时至B时的时间段，在总公司举行由总经理担任主席各部级主管参加外，并请董事长常务董监事列席指导。 （2）报告经营会议的目的是让公司的最高层管理者参与经营政策的制定，听取各部门业务政策的报告，同时决定整个公司一周的工作重点和作业方针，协调各部门一周内的业务活动。

续表

项目	规范内容
产销会议规范	（1）生产过剩或供不应求都是产销不协调引起的，因此公司内最重要的部门是生产与销售部门。 （2）产销联席开会每个月至少要一次以上，以一个月一次的话，最好是在每个月的 5 日举行产销会议，参加人数比一般会议的人数多，为不影响各部门作业时间最好选择下午 A 时至 B 时为宜。 （3）开会地点轮流在业务部门所在地及工厂两个地方召开，不但可以彼此了解现况而且还可以亲眼看到产销的各种新创意资料图表、工作进度等。 （4）主席由产销双方主管轮流主持，参加人员以产销双方部门主管级以上领导为主，其他单位，如总务、财务、企划等有关单位主管应列席参加。总经理以上人员，视需要程度列席指导或报告经营方向。 （5）产销会议的目的，在于谋求产销双方配合协调报告本月产销的成果，共同讨论今后三个月内的销售规模与数量，确定生产目标。产销以外单位的与会人员，在会中可以提供有关的策划意见或向产销单位提出管理建议，促进产销更加密切合作。
厂务会议规范	（1）工厂的技术虽然重要，作业的流程、人事的管理亦不可忽视。 （2）厂务会议是为了讨论与决定整个工厂的大事及进度而召开的。 （3）正常的状况下，每月召开固定会议一次，为配合产销会议的召开最好于每月的 1 日举行，以紧接着下班时间最佳。 （4）厂长担任主席，科长主管及有关生产管理部、品质管理部及总务部门等人员参加。上级和其他部门的高级主管可列席，了解生产概况。 （5）厂务会议的重点在于组织直接生产单位与厂内生产单位的协调，研讨实际成果与计划得失差异，促进整个工厂管理绩效的提高，更重要的是制订下月生产目标及确认个别生产日程。
营业会议规范	（1）一般公司平常靠着日报表的联系是可以推行业务作业，但是业务政策的执行方案必须首先依靠市场情报资料的交流，所以营业会议必须每月举行一次，为配合产销会议及方便上级列席，日期选择在每月的 30 日才不致冲突，时间以分支机构主管回到总公司的适当时间较佳。 （2）由业务主管担任主席，科长级以上人员及区域负责人参加。 （3）业务会议主要议案应集中于追踪业绩成果、市场动向、同业活动概况、制订下月业务目标及促销方案，经销商管理得失的分析也非常重要。

续表

项目	规范内容
科务会议规范	（1）科级主管经常接受部级主管的命令，为了转达上级的命令，便于在日常工作中执行贯彻，每个月或半个月都要集合一次，组级干部配合公司政策布置第一线的任务，如果以月份召开时挑选每月 20 日为宜。 （2）时间地点则由科长自己选定，组长及协调有关事务的人员参加，部级主管要经常列席指导，总经理亦要轮流到各科参加为基层干部提高士气。 （3）科务会议的重点应放在现场作业的改善及人事问题，当然也要检讨成果及预定目标促成基层的团结。
专案会议规范	（1）凡有专门议题或创造某种新事业而形成专门案件，为了不影响其他会议的正常进行而举行专案会议。 （2）专案会议不受时间次数的约束，只要对公司有利的重大议题，均可由发起人经上级同意而召集有关人员开会商讨。 （3）专案会议为不定期性的临时性会议，当然一个专案如果需要多次的研讨才能定案时，可以互相约定次数与日期，切记要以一案一会为原则。
周会规范	（1）企业界的员工要经常加强敬业精神的教育，所以在每周星期一的早上必须以 10 分钟以上的时间做员工教育及重点工作报告。同时还可以利用周会表扬优良员工以提高士气。 （2）周会的主席最好由干部或员工轮流担当。 （3）周会一般分别在总公司工厂或分支机构举行。

2.14 公物使用管理规范

公物使用管理规范，如表 2-14 所示。

表 2-14　公物使用管理规范

项目	规范内容
1	公司提倡艰苦创业、勤俭节约。员工要做到爱惜公物，物尽其用，反对奢侈和浪费。
2	公司的固定资产不得挪作私用。员工不得用公款购买家庭、生活用品自用。集体宿舍的公物，须由总办统一安排，任何不经批准，不得擅自动用或取走。
3	消费性物品的购买，包括办公室的设备、文具等，除公司另有安排外，必须由总办统一负责购买。购回的物品，由总办负责登记造册，集中保管，计划分配。

续表

项目	规范内容
4	小件消费性物品的领用，各部室应指派专人负责，其他人不得随意领取。大件物品的购买、领用，须按公司规定的开支审批权限，经有审批权的领导批准后才能办理。
5	员工违反本规定第 2 条内容，情节较重的，以贪污或挪用公物论，处 100 元以上罚款直至开除。情节较轻或违反本规定其他条款的，处批评或 50 元以上、100 元以下罚款。管理人员违反规定，致使公物流失的，由其本人负责追回，无法追回造成公司损失的，由本人负经济责任。

2.15 公司印章管理规范

公司印章管理规范，如表 2–15 所示。

表 2–15　公司印章管理规范

项目	规范内容
印章的种类	（1）印鉴：公司向主管机关登记的公司印章或指定业务专用的公司印章。 （2）职章：刻有公司董事长或总经理职衔的印章。 （3）部门章：刻有公司部门名称的印章。其不对外单位的部门章可加注“对内专用”。 （4）职衔签字章：刻有经理及总经理职衔及签名的印章。
印章的使用规定	（1）对公司经营权有重大关连、涉及政策性问题或以公司名义对政府行政、税务、金融等机构以公司名义的行文，盖总经理职章。 （2）以公司名义对国营机关团体、公司核发的证明文件，及各类规章典范的核决等由总经理署名，盖总经理职衔。 （3）以部门名义于授权范围内对厂商、客户及内部规章典范的核决行文由经理署名者，盖经理职衔签字章。 （4）各部门于经办业务的权责范围内及对于民营事业、民间机构、个人的行文以及收发文件时，盖部门章。
印章的监印	（1）总经理职章及特定业务专用章由总经理核定本公司的监印人员。 （2）总经理职衔签字章由管理部主管为监印人员。 （3）经理职衔签字章及部门章由经理指定监印人员。

续表

项目	规范内容
印章盖用	（1）文件需用印时，应先填写“用印申请单”（附表），经主管核准后，连同经审核的文件文稿等交监印人用印。 （2）监印人除于文件、文稿上用印外，并应于“用印申请单”上加盖使用的印信存档。
其他	（1）各种印章由监印人负责保管，如有遗失或误用，由监印人全权负责。 （2）监印人对未经核准文件，不得擅自用印，违者受罚。 （3）印章遗失时除立即向上级报备外，并应依法公告作废。

2.16 职工宿舍文明守则

职工宿舍文明守则，如表 2-16 所示。

表 2-16　职工宿舍文明守则

项目	规范内容
1	保持生活环境的整洁卫生，不随地吐痰，乱丢果皮、纸屑、烟头等。一切车辆（含自行车）要按指定的位置摆放整齐。
2	宿舍区内的走廊、通道及公共场所，禁止堆放杂物、养散鸟和其他庞物，不允许养狗。
3	讲文明懂礼貌，不随地大、小便，不从楼上抛丢垃圾、杂物和倒水。不准弄脏和划花墙壁。
4	养成良好的卫生习惯，垃圾、杂物要倒在垃圾池、桶内。
5	注意安全，不要私自安装电器和拉接电源线，不准使用明火炉具（用电炉具）及超负荷用电。
6	预防火灾，严禁在宿舍区燃放烟火和鞭炮。
7	自觉维护宿舍区的安静，在中午、晚上休息时间不使用高音器材，大声吵闹，不进行有噪声活动，以免影响他人休息。
8	美化环境，爱护花草树木和一切公共设施。
9	各住户生活区的卫生要经常打扫，保持整洁。
10	遵纪守法，严格遵守治安管理的有关规定，自觉维护宿舍区的秩序。

2.17 员工食堂管理规范

员工食堂管理规范，如表 2–17 所示。

表 2–17　员工食堂管理规范

项目	规范内容
1	严格遵守公司的一切规章制度。按时上下班，坚守工作岗位，服从组织安排，遇事要请（销）假，未经同意不得擅自离开工作岗位。
2	树立全心全意为员工服务的思想，讲究职业道德。文明服务，态度和蔼，主动热情，礼貌待人，热爱本职，认真负责。做到饭熟菜香，味美可口，饭菜定量，食品足称，平等待人。
3	遵守财经纪律。员工就餐一律收（缴）饭菜票，禁止收取现金。炊事人员按规定每月交缴就餐费，严格登记手续。任何人在食堂就餐须按规定标准收费。不得擅自向外出售已进库的物品。
4	坚持实物验收制度，搞好成本核算。做到日清月结，账物相符。每月盘点一次，每月上旬定期公布账目，接受员工的监督。
5	爱护公物。食堂的一切设备、餐具有登记，有账目，不贪小便宜，对放置在公共场所内的任何物件（公家或个人），不得随便搬动或拿作他用。对无故损坏各类设备、餐具者，要照价赔偿。
6	做好炊事人员的个人卫生，做到勤洗手、勤剪指甲，勤换、勤洗工作服，工作时要穿戴工作衣帽。炊事人员每年进行一次健康检查，无健康合格证者，不准在食堂工作。
7	计划采购，严禁采购腐烂、变质食物，防止食物中毒。
8	安排好员工就餐排队问题，缩短排队时间，按时开膳。每天制定一次食谱，早、午、晚餐品种要多式样，提高烹调技术，改善员工伙食。对因工作需要不能按时就餐和临时客餐，可预约和通知。
9	做好安全工作。使用炊事械具或用具要严格遵守操作规程，防止事故发生；严禁随带无关人员进入厨房和保管室；易燃、易爆物品要严格按规定放置，杜绝意外事故的发生；食堂工作人员下班前，要关好门窗，检查各类电源开关、设备等。管理员要经常督促、检查，做好防盗工作。
10	加强管理，团结协作，严格执行各类规章制度，圆满完成各项工作任务。

2.18 环境卫生管理规范

环境卫生管理规范，如表 2-18 所示。

表 2-18　环境卫生管理规范

项目	规范内容
1	本公司为维护员工健康及工作场所环境卫生，特制订本准则。
2	凡本公司卫生事宜，除另有规定外，悉依本准则行之。
3	本公司卫生事宜，除总务及生产单位（安全卫生委员会）负责外，全体人员须共同遵行。
4	凡新进人员必须了解卫生的重要与应用的知识。
5	各工作场所内，均须保持整洁，不得堆积足以发生臭气或有碍卫生之垃圾、污垢或碎屑。
6	各工作场所内之走道及阶梯，至少须每日清扫一次，并须采用适当方法减少灰尘的飞扬。
7	各工作场所内，应严禁随地吐痰。
8	饮水必须清洁。
9	洗手间、厕所、更衣室及其他卫生设施，必须特别保持清洁。
10	排水沟应经常清除污秽，保持清洁畅通。
11	凡可能寄生传染菌的原料，应于使用前施以适当的消毒。
12	凡可能产生有碍卫生的气体、尘灰、粉末之工作，应遵守下列规定： （1）采用适当方法减少此项有害物的产生。 （2）使用密闭器具以防止此项有害物的散发。 （3）于发生此项有害物的最近处，按其性质分别作凝结、沉淀、吸引或排除等处置。
13	凡处理有毒物或高热物体的工作或从事于有尘埃、粉末或有毒气体散布场所的工作，或暴露于有害光线中的工作等，须着用防护服装或器具者，应按其性质制备。 从事于前项工作人员，对于本公司设备的防护服装或器具，必须善用。
14	各工作场所的采光，应符合下列规定： （1）各工作部门须有充分的光线。 （2）光线须有适宜的分布。 （3）须防止光线的炫耀及闪动。

续表

项目	规范内容
15	各工作场所的窗面及照明器具的透光部分，均须保持清洁，勿使有所掩蔽。
16	凡阶梯、升降机上下处及机械危险部分，均须有适度的光线。
17	各工作场所应保持适当的温度，温度之调整以暖气、冷气或通风等方法行之。
18	各工作场所应充分使空气流通。
19	食堂及厨房之一切用具及环境，均须保持清洁卫生。
20	垃圾、污物、废弃物等的清除，必须合乎卫生的要求，放置于所规定的场所或箱子内，不得任意乱倒堆积。
21	公司应设置甲种急救药品设备并存放于小箱或小橱内，置于明显之处以防污染而便利取用。每月必须检查一次，其内容物有缺时应随时补充。
22	本规范经呈准后施行，修改时亦同。

2.19 员工姓名牌管理规范

员工姓名牌管理规范，如表 2–19 所示。

表 2–19　员工姓名牌管理规范

项目	规范内容
1	为建立企业形象，提高员工荣誉感，并显示本公司同仁身份，故全员应配挂名牌。
2	名牌一律挂在上衣上三个扣子间，不得挂于腰际或以其外衣遮盖，违者以未配名牌处理。
3	上班时间，员工应于办公场所及门市部配挂名牌。
4	（1）新进人员于试用期间仍应挂公司名牌，但可不刻名字，期满后由行政部定制。 （2）离职时应缴回，否则折价赔偿 100 元。 （3）任职未满 8 个月离职时应扣工本费 60 元。
5	（1）名牌有遗失或损坏，应通知行政部补发，每枚扣缴工本费 60 元。 （2）如为故意损坏，并记小过一次。 （3）因公损坏时应报请单位主管签证后，交行政部补发。

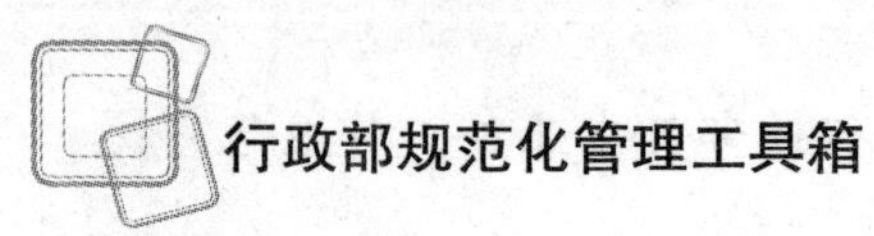

续表

项目	规范内容
6	凡有下列情形之一者，视情节轻重予以适当处分、解雇或移交法办： （1）利用名牌在外做不正当的事情者。 （2）将名牌借给非本公司同仁，而在外破坏本公司名誉或肇事者。
7	各单位主管应督促所属员工挂名牌，并由行政部负责追踪考核工作，未挂者每月第一次警告，第二次起每次罚款20元，第三次（不含）以上者，除罚款外，每次记申诫一次，主管并连带处分。

2.20 计算机安全管理规范

计算机安全管理规范，如表2-20所示。

表2-20 计算机安全管理规范

项目	规范内容
病毒防护	（1）病毒防护要求： ①装有软驱的微机一律不得入网； ②对于联网的计算机，任何人在未经批准的情况下，不得向计算机网络拷入软件或文档； ③对于尚未联网计算机，其软件的安装由电脑室负责； ④任何微机需安装软件时，由相关专业负责人提出书面报告，经经理同意后，由电脑室负责安装； ⑤所有微机不得安装游戏软件； ⑥数据的备份由相关专业负责人管理，备份用的软盘由专业负责人提供； ⑦软盘在使用前，必须确保无病毒； ⑧使用人在离开前应退出系统并关机； ⑨任何人未经保管人同意，不得使用他人的电脑。 （2）病毒防护： ①由电脑室指定专人负责电脑部管辖范围内所有微机的病毒检测和清理工作； ②由电脑室起草防病毒作业计划（含检测周期、时间、方式、工具及责任人），报电脑经理批准后实施； ③由各专业负责人和电脑室的专人，根据上述作业计划按时（每周最少一次）进行检测工作，并填写检测记录； ④由电脑经理负责对防病毒措施的落实情况进行监督。

续表

项目	规范内容
硬件保护及保养	（1）硬件保护及保养要求： ①除电脑室负责硬件维护的人员外，任何人不得随意拆卸所使用的微机或相关的电脑设备； ②硬件维护人员在拆卸微机时，必须采取必要的防静电措施； ③硬件维护人员在作业完成后或准备离去时，必须将所拆卸的设备复原； ④要求各专业负责人认真落实所辖微机及配套设备的使用和保养责任； ⑤要求各专业负责人采取必要措施，确保所用的微机及外设始终处于整洁和良好的状态； ⑥所有带锁的微机，在使用完毕或离去前必须上锁； ⑦对于关键的电脑设备应配备必要的断电、继电保护电源。 （2）硬件保护及保养监管措施： ①各单位所辖微机的使用、清洗和保养工作，由相应专业负责人负责； ②各专业负责人必须经常检查所辖微机及外设的状况，及时发现和解决问题。
奖惩办法	由于电脑设备已逐步成为我们工作中必不可少的重要工具。因此，电脑管理部门决定将电脑的管理纳入对各专业负责人的考核范围，并将严格实行。 （1）从本文公布之日起，凡是发现以下情况之一的，电脑管理部门根据实际情况追究当事人及其直接领导的责任： ①电脑感染病毒； ②私自安装和使用未经许可的软件（含游戏）； ③微机具有密码功能却未使用； ④离开电脑却未退出系统或关机； ⑤擅自使用他人微机或外设造成不良影响； ⑥没有及时检查或清洁电脑及相关外设。 （2）凡发现由于以下情况造成硬件的损坏或丢失的，其损失由当事人如数赔偿： ①违章作业； ②保管不当； ③擅自安装、使用硬件和电气装置。 （3）电脑管理部门将根据检查的结果，按季度对认真执行本制度的专业负责人和系统维护人员进行奖励（具体办法另行公布）。

2.21 员工上下班管理细则

员工上下班管理细则，如表 2-21 所示。

表 2-21 员工上下班管理细则

项目	规范内容
1	本公司员工上下班，悉依本细则行之。
2	本公司员工应按作息时间之规定准时到退。
3	上班时间 3 分钟后 15 分钟内为迟到，15 分钟后视为旷职（工），早退者一律作旷职半日论，不得补请事假、病假抵充，违者作旷职（工）半日论。
4	迟到早退按下列办理： （1）迟到次数的计算，以当月为限。 （2）迟到折合的事假，均按事假规定办理。 （3）当月第一次迟到不计，第二次以事假 2 小时计，第三次加 4 小时计，以后每多一次即累加 2 小时计算。 （4）15 分钟内早退者一律作旷职（工）半日论。
5	旷职（工）按下列规定办理： （1）旷职（工）不发当日薪资。 （2）连续旷职（工）3 天或一个月内累计 6 天，均予开除。
6	上下班因公外出经过门房，如警卫人员有所询问或检查，应即接受，不得拒绝，违者议处。
7	上下班打卡及进出行动，均应严守秩序，原则如下： （1）无论何种班次，上班者均应于规定的上班时间前先吃饭后打卡，不得于上班打卡后出外吃饭或办理私事。 （2）下班者应先打卡后外出。 （3）下班铃声响后，方得停止工作，不得未打下班铃，即行等候打卡，如有故违，查实后即按擅离职守处分，主管人员应负连带的责任。 （4）下班时除保修人员外其他人员在厂区内至各单位洽办公务，应一律于下班前回返本单位岗位上，再遵上条规定打卡外出。
8	上下班打卡均须本人亲自打卡，不得托人代打，否则除予旷职（工）半日论处，其代人打卡者，受同等处分。
9	工作时间内，不论日夜班，凡有睡觉和擅离工作岗位及其他聊天怠惰情形予以议处。

续表

项目	规范内容
10	日夜轮班工作，应按时交班，接班，若接班者届时未到，应报请主管处理不得擅自离去。
11	工作时间内，因事外出，须持有请假单或公出证交门房或控制室，否则警卫或人事人员有权禁止外出（总公司人员，亦应将请假单，公出证交人事单位登记，否则按第 9 条办理，推销人员因公外出，不必填写公出证，但应向其主管报备），月底由各单位主管在考勤卡上签字。
12	本细则由经理级会议研讨通过并呈总经理核定后施行，修订时亦同。

2.22 员工识别证使用准则

员工识别证使用准则，如表 2–22 所示。

表 2–22　员工识别证使用规范

项目	规范内容
1	为配合人事管理需要，增进员工互相了解，由人事单位制发员工识别证。
2	员工识别证为员工出入办公处所及厂区识别之用，不得作为其他身份之证明。
3	员工出入办公处所及厂区，或在办公处所及厂区范围内，应按规定佩带识别证以资识别。
4	员工出入办公处所及厂区未按规定佩带识别证者，禁止出入。
5	员工识别证应佩带于左胸前口袋位置。
6	员工识别证不得转借他人。
7	员工于离职时，应将识别证交还人事单位注销。
8	员工识别证如有遗失，应交附工本费 5 元向人事单位申请补发。
9	违反本规范者，依其情节轻重签请总经理议处。
10	本规范未尽规定事项悉以本公司人事管理规则办理。
11	本规范自签请总经理核准后公布施行。

2.23 员工工作服装管理规范

员工工作服装管理规范，如表 2-23 所示。

表 2-23 员工工作服装管理规范

项目	规范内容
1	兹订定本公司员工工作服装制发及穿着办法。
2	工作服装的制发： （1）工作服装的制作由管理部统筹招商承制，按员工实有人数加制 10% 至 15% 以备新进人员之用，分支机构如有特殊原因，可比照此项办法在当地招商承制，但必须将制作计划预算汇管理部后办理。 （2）每一员工每年制发夏、冬服各一套为限列入年度预算。 （3）员工到职交付保证资料后即可领取工作服（临时工及包工均不发服装）。 （4）制发服装时由各部门依据人数造具领用名册盖章领用。 （5）工作服数量： 夏服：男性员工：浅蓝色短袖衬衣一件，深灰色西裤一条。 女性员工：浅蓝色短袖衬衣一件，深灰色短裙一条。 冬服：一律制发深灰色茄克一件同色长裤一条。 数量：男女性员工每年制发夏、冬服装各一套。 （6）套量：工作服装大小、尺码由承制商制成样装由员工套量而定。
3	换季：每年以四月、十一月为换装时间。
4	服装穿着规定： （1）穿着工作服即代表本公司之精神，必须保持整洁，假日可免穿着。 （2）为方便工作，工作服可以着出厂外。
5	使用年限： （1）工作服穿着及保管以一年为期，按领用之日起算。 （2）工作服如未达使用年限遗失或故意损坏者，应按原价赔偿。 （3）离职员工如领用服装未届保管年限应即缴还，如未缴还者，在其薪资内扣还。
6	工作服装制发费用由各部门按实发数量分摊。
7	各部门未达该期营业目标不赚钱时，及全公司未达到营业总目标均不制发上项工作服装（经总经理核准者不在此限）。

2.24 公司制服、工作服和其他劳保用品管理规范

公司制服、工作服和其他劳保用品管理规范，如表 2-24 所示。

表 2-24　公司制服、工作服和其他劳保用品管理规范

项目	规范内容
1	公司制服的发放，必须是本公司的正式调入职工和已正式办理了招工手续的合同制职工。借调人员、聘用人员和临时工（含试用）的制服发放，先公司垫付，然后以在本公司服务的实际工作年限折旧报销。
2	各类人员工作服装： （1）公司的干部、职工（含借调、聘用和临时工）按其所从事的工种发放工作服装。 （2）凡是从事工种工作的职工，按工作时间最长的工种发给工作服装。
3	制服、工作服和其他劳保用品的制作（购买）和管理： （1）公司制服、工作服和其他劳保用品由公司总务部统一加工制作（购买）和发放。 （2）对于公司制服和工作服装，任何部门和个人不得随意更改。 （3）对于调离公司的人员（含借、聘、临时工），要求收回服装不足使用年限部分的成本费。成本费的计算公式：每年摊销费 = 服装价格 ÷ 使用年限。 （4）制服要按公司要求统一着装，妥善保管，遗失自费补做。
4	本规范从下文之日起执行。

第3章 行政部重要工作操作规范

3.1 会议类型划分规范

会议类型划分规范，如表3–1所示。

表3–1 会议类型划分规范

条目	规范内容
董事会会议	由公司董事会成员出席，定期召开。一般在董事会专用的会议室由董事长召集或由董事长授权委托的人召集，讨论涉及企业发展的重大事项和战略、政策等。
公司股东年会	每年召开一次，由公司的股东就重大问题进行讨论，表决通过董事会提交的事项，形成股东大会决议。
管理人员会议	由公司经营决策层人员参加，讨论解决企业经营管理的具体问题。
研讨会议	这一类型的会议目的是收集信息并进行务虚，在进行过程中应尤其注重开放式、民主式的意见交流与意见反馈。
专业会议	在一定范围内就某一具体领域的具体问题进行专题讨论，一般规模较大。
员工大会	全体员工参加，一般由主发言人做主题报告。
销售会议	安排销售工作、布置销售任务、总结销售工作的专门会议。
产品、成果发布会	向消费者介绍及推广某种新产品，或对某项成果予以宣传、发布。
奖励、表彰会议	表彰、奖励工作出色的员工为主要内容的会议，是企业的一种重要的激励手段。
培训会议	培养提高员工素质的专门会议，这一类会议的时间往往不止一天，需要时间、地点、人员集中。有时在培训结束后还要进行一定的考核。

续表

条目	规范内容
其他一些特殊会议	为了与企业员工建立良好的沟通方式，经常有一些茶话会、晚餐会及一些娱乐活动。这样的会议应注意选择适宜的环境和场所。
常见例会类型	一般来说，在企业的各个部门中，例会是最为常见的，以下是 15 种最常见的例会类型： （1）企业规划会议； （2）资金会议； （3）行政技术会议； （4）降低成本会议； （5）经营分析会议； （6）质量分析会议； （7）生产调度会议； （8）产品对策会议； （9）索赔会议； （10）IMC 会议（经理人恳谈会）； （11）安全卫生管理会议； （12）科（部）长会议； （13）部门事务会议； （14）班组会议； （15）行政事务会议。

3.2 会前准备工作细节规范

会前准备工作细节规范，如表 3-2 所示。

表 3-2　会前准备工作细节规范

条目	规范内容
确定与会者	作为会议的主体，与会者的确定无疑是十分重要的。出于对会议成本的控制，应该控制与会者数量。但这种控制不以降低会议的目的和效果为代价。所以，确定与会者应该考虑以下因素： （1）与会者是不是必要成员； （2）与会者是否直接参与会后执行； （3）与会者是否有利于会议目标的实现； （4）与会者是否具有达成某项决议的能力； （5）与会者是否能全身心地投入； （6）与会者是否会对他人造成妨碍，从而影响会议的整体成效。
选择开会的时间	选择合适的开会时间，确保与会者可以按时出席，积极参与，从而取得好的效果。因此，选择开会时间应该考虑以下因素： （1）调查了解与会者方便的时间段，尽量不打乱与会者原来的时间计划安排； （2）注意选准会议中心人物的最佳开会时间段，确保其能够集中精力，安心开会； （3）开会时间尽量不要与企业重要的经营活动发生冲突，避免打乱企业正常的运行秩序，影响效益； （4）尽量开短会，可以保证参会者精力旺盛，达到最佳的开会效果。
选择开会的地点	会场的选择是否合适，会议地点的物质条件、环境氛围等都会对与会者的情绪产生影响。而且，选择会议地点还要考虑到硬件设施的条件。所以，应考虑： （1）会址与参会人员距离不宜太远； （2）会场的环境是安静的场所； （3）会场有足够的照明设施，并保持良好的通风及适宜的温度； （4）通信联系方便，保证信息流通顺畅； （5）会场的空间必须合适，过于空旷和过于狭窄都会影响会议效果。

续表

条目	规范内容
会场布置	作为会前准备的重要内容之一，会场布置应着重注意做好以下几方面的工作： （1）合理安排会场空间，既要便于与会者进出通畅，又要保持会场紧凑的格局。 （2）认真细致地做好会议用品发放及设备的调试工作，登记清晰，管理统一。 （3）按照会议的性质和领导的要求正确安排会议座次，做到方便沟通和讨论。其主要方式有以下三种： ①单向传递信息会议的座位排列方式； ②双向沟通交流会议的座位排列方式； ③多向沟通交流会议的座位排列方式。
拟订会议日程	拟订会议日程，即拟订会议的程序表，是为了让与会者事先对会议有所了解，以便提前做好准备。一般来说，会议日程由会议筹备部门提出草案，经会议主席审定后确定，包括：会议内容、讨论事项、与会者姓名、会议的时间地点、会议事宜的时间分配等。 会议的日程安排必须考虑以下因素： （1）优先安排重要或紧急的事项； （2）合理分配各项议案及事项的会议时间，为重要事项留出充足的时间； （3）会议议程不宜过于复杂，内容不宜过多； （4）提前把会议日程通知与会者，并发送相关的资料，以缩短会议做出决策的时间，提高会议效率。
会议通知	在确定了会议的议题、召开的时间、地点和场所等事宜后，应该及早印发会议通知。其内容包括会议的时间、地点、出席人员、会议内容以及日程等，并且应提示与会者尽早给予明确答复，或返还出席会议的回执，以便于统计与会者名单。

3.3 会前检查细节规范

会前检查细节规范，如表 3–3 所示。

表 3-3　会前检查细节规范

条目	规范内容
会议筹备期检查	（1）会议目的： ①本次会议是否确实需要召开？ ②开会的议题是否明确？ （2）会议事项： ①开会的时机、时间是否恰当？ ②开会的地点、环境是否合适？ ③会议邀请的对象是否合适？ （3）会议通知： ①与会者是否已经得到通知？ ②是否已经将会议的宗旨、议题通知与会者？ ③是否要求与会者事先准备有关资料？ ④与会者是否已经就议题做好准备？ （4）会议准备： ①是否已经拟订好会议议题的进行顺序及会议时间的分配？ ②准备工作是否已经完全就绪？ ③所准备的文件资料是否真实、准确？ ④是否已经安排好了会议记录？ ⑤是否需要使用相关设备？
会议活动细节检查	（1）活动的宗旨； （2）活动的范围； （3）预算； （4）招待对象的层次； （5）总人数（查会议通知的回执）； （6）活动的日期及时间（注意避免与其他同业的活动冲突）； （7）活动天数； （8）筹备单位； （9）活动负责人； （10）各项活动的明细分工表； （11）会场的预定； （12）制作来宾名册（姓名、地址、公司名称、电话、职衔等）； （13）会议活动邀请函（应在活动日期的 2~3 个星期前寄达给对方）； （14）纪念品； （15）交通工具；

续表

条目	规范内容
会议活动细节检查	（16）酬谢费； （17）会场布置； （18）宴会的形式； （19）饮料供应； （20）烟酒； （21）菜单的印刷； （22）花饰布置； （23）园景制作； （24）看板及标示板； （25）拍照及摄像； （26）会议桌的选择； （27）座位顺序（是否突出主宾、是否便于会议交流）； （28）胸章及名牌； （29）服务员的着装； （30）新闻报道（文字及摄影）； （31）资料的收发； （32）住宿安排； （33）特设专用柜台； （34）费用支付（住宿、餐饮、电话费等）； （35）用餐安排； （36）服务柜台的工作； （37）节目表演的总预算； （38）新的工厂、公司落成或成立的庆祝喜宴； （39）展览展示； （40）全部活动费用。

3.4 会中事务处理细节规范

会中事务处理细节规范，如表 3–4 所示。

表 3-4　会中事务处理细节规范

条目	规范内容
会议签到	会议签到是为了准确及时统计会议的出席人数。一般来说，与会者进入会场都要签到。并且，有些会议只有在达到规定的人数后才能召开。而准确及时的人数统计也为会议工作的有序安排提供了方便。 会议签到一般形式有： （1）簿式签到。簿式签到是指与会者在专门准备好的签到簿上签名，表示到会。一般来说，签到簿应包含姓名、职务、单位等内容。采用簿式签到的方法，名单容易保存，方便查找，可广泛应用于小型会议。而对于大型的会议来说，签到的人数众多，容易拥挤，簿式签到则不太方便。 （2）卡式签到。卡式签到是指工作人员事先把签到卡分发给每位与会者，与会者在卡上写好自己的名字，在进入会场时交给工作人员，表示到会。一般来说，签到卡应注明会议名称、时间、地点、座位号等内容。卡式签到较为方便，不会造成签到时的拥挤，但是，往往不方便查找人员。一般多用于大中型会议。 （3）电脑签到。随着科技的发展，电脑签到这一先进手段更多地被应用。采用这种方式，与会者只需在到场时将特制的卡片放入签到机内，电脑就会将与会者的姓名、号码等信息传到会场的主机，即刻完成签到。同时，将签到卡退还本人。电脑签到有着准确、快速的优点，已更多地被一些大型会议所采用。 此外，还有一些签到方式，大多根据会议的实际需要而运用。总之，会议签到是为了精确统计会议人数，保证会议能够顺利进行，必须予以重视。
会场服务	会场服务的好坏直接关系到会议能否有序进行，好的会场服务是会议顺利进行及圆满结束的必要条件。会场服务工作的内容比较多，主要包括以下几点： （1）引导座位。大多数会议的与会者座位都是事先安排好的，要求与会者对号入座。同时，工作人员要引导对会场不熟悉的与会者入座。一般情况下，为了方便管理与交流，往往安排以部门为单位集中就座。在一些大型会议中，由于会场较大，与会者人数较多，为了做好座位引导工作，可以在会场设置指示标记，或印制会议的座次表。以便引导与会者快捷、方便地入座。 （2）分发会议的文件资料。会议中往往有文件和材料需要分发给与会者，这就需要工作人员及时地将其送到与会者手中。文件资料的分发有两种形式。会前分发：一般在与会者入场时，由工作人员在入口处分发；也可以在开会之前在每位与会者的座位上放一份文件材料。会中分发：在会议进行期间根据会议进程的需要，由工作人员将文件资料分发或收回。有些会议的文件资料需要收回，一般应在文件的右上角写明收回时间，以及由何人收回。收回的时候应予以登记，以免发生错漏。

续表

条目	规范内容
会场服务	（3）维持会场秩序。在会议进行的过程中，为了防止混乱的发生，阻碍会议的正常进程，一般需要有工作人员维持会场秩序，禁止无关人员入场，保证会场的安全。在发生意外的时候，应及时做出有效的反应，制止发生的无序情况。 （4）信息传递。在会议进行的过程中，会场往往与外界是隔绝的，需要会议工作人员传递信息，进行内外的联系，将一些紧急情况传达给与会者。但是，在信息的传递过程中，工作人员必须保证对会议内容的保密，防止泄密。
会议记录	一般来说，会议都需要有记录。会议记录包括两个部分：第一部分是记录会议的组织情况，包括会议的名称、时间、地点、与会人员等；第二部分是记录会议的内容，包括会议的议题、发言情况、通过的决议、决定等。会议记录至关重要，它是会议内容和进程的客观记载，同时，也是重要的档案资料。既为撰写会议简报和会议纪要提供了材料，又为日后检查会议的执行情况提供了依据。所以，必须认真地做好会议记录。 会议记录有以下两种方法： （1）摘要记录。摘要记录就是摘录要义，记录会议的重点。例如发言者的发言要点、会议的决议等。摘要记录要求合理取舍，简明扼要，重点突出。用简捷的语言准确地表达会议的真实意思。因此，对记录人员素质的要求较高，不仅需要有速记能力，还得有较高的分析和语言概括能力。 （2）详细记录。详细记录是按照发言人原话的方式，不加任何改动或概括，准确完整地记录会议的所有内容。这就对记录的速度有极高的要求。所以，为了更加详细及时地记录会议内容，记录人员往往运用一些速记符号。而现代化的会议记录方式，更多地是使用录音机、速录机等设备进行记录。
注意	会议记录要求真实、准确。这就要求记录人员对会议记录的工作态度必须认真，技能必须熟练，了解会议宗旨，具有较高的专业素质，才能胜任会议记录工作。 会中事务，事无巨细，任何一个小小的纰漏，都有可能给会议造成无法弥补的损失，会议组织者千万不能疏忽大意。

3.5 会议控制细节工作规范

会议控制细节工作规范，如表 3–5 所示。

表 3–5　会议控制细节工作规范

条目	规范内容
会议的数量控制	在实际工作中，会议的数量经常失控，造成非必要会议充斥其间，而真正需要开的会议淹没于会海之中而无法突出其作用。所以，进行会议控制首先应遵循尽量减少会议数量这一原则。 控制会议数量的主要措施有： （1）熟练应用包括会议在内的多种工作方式，如打电话、制发文件、亲自指导等，因情制宜，选择最有效的工作方式； （2）建立严格的会议审批制度； （3）提高会议的质量，避免及减少连带性的冗长会议； （4）建立统一的协调机制，统筹安排各部门的会议，避免重复会议； （5）定期对例会进行检查与分析，取消功能和价值不高的例会； （6）合理设置组织机构，从机制上控制会议数量。
会议的质量控制	会议的质量表现为会议的效率。所以，要保证会议的功能和效率，就必须对会议进行有效的质量控制。 衡量会议质量的主要标准： （1）会议是否有召开的必要性和明确的目的性； （2）会议召开的时机是否成熟； （3）会议的规模是否适度； （4）会议的节奏是否紧凑； （5）会议的准备工作是否充分； （6）会议能否有正面的实际效果。 提高会议质量的主要方法有下列各点： （1）严格执行会议审批制度，杜绝不符合程序的会议； （2）充分有效地做好准备工作，特别是让与会者明确会议的宗旨和目的，以及掌握相关的文件和材料； （3）尽可能地控制会议的人数，精干高效； （4）会议的议题集中，会议日程紧凑； （5）保持良好的会场秩序，创造良好的会议环境； （6）实行有效的措施监督会议执行的全过程，保证会议的有效性； （7）提高会议主持人的能力，有效掌控会议。 充分利用电视、电话、录像、图板、照片、模型等现代化技术手段，提高信息的传递效率，改变传统会议模式，节省时间。

续表

条目	规范内容
会议的成本控制	现代企业管理应该注重投入与产出的比例。因此，对会议成本的核算不可忽视。 会议成本包括会议所花费的费用总和和与会者所消耗的时间资源。对于费用总和的计算，现在，国外流行一种计算公式： 会议成本 =2A × B × T 其中：A 为与会者的平均工资（以小时计）的 3 倍，B 为参加会议的人数，T 为会议时间。 时间的价值目前还难以量化，一般用倒推法来计算。即假定与会者在这一段会议时间若不开会，而进行正常的工作所可能创造的价值。
注意	（1）要控制会议的成本，首先需要将会议的费用进行精确的计算，做出会议预算，对预算进行严格的审批。 （2）强化人们的时间观念，提高办事效率，在减少会议数量的同时，也减少无形资源的支出。

3.6 会后工作处理规范

会后工作处理规范，如表 3–6 所示。

表 3–6　会后工作处理规范

条目	规范内容
会务工作总结	会务工作总结往往以总结会的形式进行。对会议组织及服务工作的全过程进行总结，找出其中的漏洞与不足，从中吸取经验教训，避免再次犯错。同时，对会议工作人员进行表彰与鼓励。
会议简报	（1）会议简报是为了方便交流情况。因此，要求简报要真实地反映会议的内容，并且做到文字简练，篇幅短小，着重反映会议中的重要问题。简报的印发数量和发送范围应视需要而定。应对会议简报进行编号，以便于分类归档。 （2）通常会议简报有两种写法：一是指导式写法。即采用新闻报道的形式反映会议情况，从会议中选取有价值的内容。二是转发式写法。即直接登载某些会议的发言，在前面配发一定的按语或评论，以强调转发内容的指导意义。

续表

条目	规范内容
会议纪要	（1）为更好地贯彻执行会议精神，会议结束后，通常要根据会议宗旨和精神撰写会议纪要印发给有关部门。会议纪要是纪实，必须反映会议的真实意思，不应掺杂个人的主观意见。同时，会议纪要必须简明扼要，语言精练概括，内容全面、条理清晰、主次得当。 （2）会议纪要是为宣传、贯彻会议宗旨服务的。所以，撰写者必须准确理解会议宗旨，把握会议的精神实质，并贯穿于纪要的始终。一般来说，撰写者应该参加会议的全过程。这样便于他理解会议精神，消化会议内容。 （3）会议纪要一般可分为两部分： ①简述会议情况，包括会议的时间、地点、与会人数、会议目的、讨论结果等。 ②阐述会议的主要精神，所讨论的主要问题，做出的正式决定等。这是会议纪要的主体，往往要对会议的原始记录进行提炼、选择。 （4）会议纪要写完之后需要经过有关人员的审核，审核通过后及时发给有关部门。印发会议纪要的方式有两种：一是全文印发，二是摘录需要的部分印发。所以，应视不同情况采用恰当的方式。 （5）如果会议纪要的内容具有机密性，应注明密级。并且印发纪要编制序号，以便归档保存。
文件资料的收退	一般来说，会议文件需要退回有以下几个原因： （1）一些文件内容有高度的机密性，为防止泄密，不宜扩散； （2）一些文件属于参考性质，与会议的精神并不完全相符，如果扩散会影响会议精神的准确传达； （3）一些文件记录了会议中与会人员的即席发言，不宜扩散。 文件资料的收退有多种方法，在一些小型的日常会议中，如与会者之间比较熟悉，可直接口头交代，进行文件的收交。而召开一些大型的会议往往事先开具文件资料的清单，由工作人员分发给与会者，要求在会后按照清单将文件资料退回。
议定事项的检查催办	（1）议定事项的检查催办是会后工作的关键环节，它可以保证会议的精神真正落到实处，而且它还有利于会后信息的及时反馈。 （2）一般来说，议定事项的检查催办应设置专人负责，并制定相关的登记及汇报制度。检查人员可以用电话催办、发放催办通知单或亲自检查催办。 （3）在检查催办的同时应随时向有关领导汇报相关情况并接受指导。

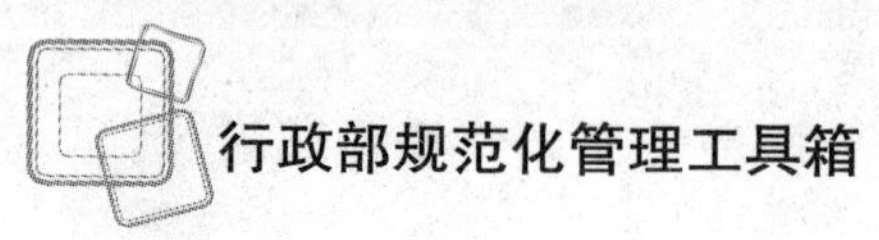

续表

条目	规范内容
注意	（1）会后工作是会议管理的收尾工作，看似可有可无，实际上却非常重要。 （2）经理人在对会后工作进行管理过程中，一定要注意上文列举的诸多注意事项。

3.7 会议管控细节规范

会议管控细节规范，如表3–7所示。

表3–7　会议管控细节规范

条目	规范内容
会议进程中的注意事项	在会议进行的整个过程中，为了保证会议能够高效进行，必须随时发现并纠正一些问题。包括： （1）开会和散会是否准时？ （2）会议议题的说明是否简练、明确？ （3）是否有无法讨论的议题？ （4）会议是否按照程序进行？ （5）是否强迫某位特定人员发言？ （6）是否批评某人的发言？ （7）是否有人发言过于感情用事？ （8）是否有人窃窃私语？ （9）是否得出了明确的会议结论？ （10）是否找到了解决与会者意见对峙的办法？ （11）是否尊重了少数人的意见和想法？ （12）是否正确记录了决定的事项？ （13）是否妥善保管了会议记录？ 以上问题经常在会议进行的过程中出现，如果处理不当，会对会议进程产生阻碍，影响会议质量。因此，必须予以高度重视。

续表

条目	规范内容
主持会议的注意事项	许多会议都设有主持人，以便于会议能严格按照议程进行。而作为会议的主持人，必须掌握相关知识，并且运用一定的技巧。一般来说，主持会议需要注意以下事项： （1）清楚开会的时间； （2）充分了解会议目的，把握会议主题； （3）引导与会者积极参与会议讨论； （4）让与会者公平自由地表达意见，不要擅自指定发言； （5）当讨论出现混乱时，应有拨乱反正的能力； （6）如果讨论偏离了议题，应及时予以扭转； （7）客观地接受每位与会者的意见，并及时总结归纳； （8）对会议的议案，应付诸表决，遵循少数服从多数原则； （9）会议的结论获得通过后，当场宣读会议决定的事项。 主持人的工作水平高低对会议质量有很大影响。所以，主持人应该在会前进行充分的准备，有针对性地做一些模拟练习。
参加会议的注意事项	作为会议的主体，与会者必须真正地投入到会议中去，这样，才能保证会议能取得成功。作为与会者，必须注意以下几个方面： （1）事先了解会议的宗旨、目的，并对议题进行研究； （2）准时出席，如果因故无法出席，必须事先请假； （3）积极发言，真实地表达个人意见，不要有所保留； （4）发言要言简意赅，避免长篇大论，并且要注意发言时机； （5）避免发言偏离议题； （6）认真听取与自己不同的意见； （7）反驳不同意见时，要注意态度和语气； （8）注意自己的发言时间，要给他人留出发言的机会； （9）发言讨论要具有大局观，不要总为细枝末节争论不休； （10）要遵守少数服从多数的原则。

续表

条目	规范内容
会议提问的注意事项	提问是会议中常见的方式，也是最重要的方式之一。因此，会议的提问必须做到合情合理。否则，不适当的提问不仅会影响会议的顺利进行，还可能挫伤与会者的积极性。所以，注重会议的提问方法和提问技巧是必要的，有助于达到提问的预期目的。 提问的方式有： （1）间接提问：不指名道姓，面向全体与会人员提问； （2）直接提问：指名道姓地向特定的人发问； （3）反问：在与会者提问之后，会议主席并不立刻回答，而是反问提问者或其他与会者。 提问时应该注意的问题： （1）使用正确的语言； （2）提问的问题要反映会议的主旨； （3）要提出引人深思的问题； （4）提问的语气要亲切； （5）提问的顺序要得当； （6）提问的问题应便于回答； （7）提问应说明问题的重点。

3.8 文书管理细节规范

文书管理细节规范，如表 3-8 所示。

表 3-8　文书管理细节规范

条目	规范内容
简洁明了	（1）文书是用来传递信息的重要工具，简洁明了的文书表达形式更有利于信息的准确传达和信息接受方的准确接受。例如，用第一章、第一条等类似的章节体的表达方式，更有利于清晰表达所规定的事项。 （2）一般来说，文书应该是一事一文。文书标题的选择更应把握简洁明了的原则，能够准确、明确地表达文书内容。

续表

条目	规范内容
准确及时	（1）日常管理中，文书的运用都具有及时有效的特点。文书一般是针对特定的人和特定的事情而做的。信息只有在最快的时间内传送出去，才能真正地发挥信息的作用，提高企业的行政管理效率。这也是文书管理的本质所在。 （2）由于信息的准确性离不开文书的准确表达，因而文书管理过程中绝不可以为了求快而放弃了文书的生命—准确性。特别是对于文书中所引用的其他文件，更应该注明其出处。
严格保密	（1）文书的内容关系到一个企业日常管理的方方面面，有许多甚至是关系到企业发展的重要文件。这就决定了文书的管理应该具有保密性。特别是对于一些机密文件的保管更应该是管理中的重中之重。 （2）文印室人员更应该树立严格的保密观念，不得随意泄露本公司的商业秘密，不得私自截留任何文件。
统一管理	文书管理针对的是全体员工，文书内容应该统一，传达信息应该一致，文书格式应该规范、具体，管理应该统一便捷。
注重程序	公文的受理、制发、归档都有着严格的程序规定。在日常管理中只有严格依程序办事，才能最大程度地简化文书管理，使之行之有效。例如在公文的归档这样一个大的程序上就可以分为：平时归卷、立卷、归档以及送交档案室等不同的子程序。

3.9 文书管理部门设置细节规范

文书管理部门设置细节规范，如表 3-9 所示。

表 3-9　文书管理部门设置细节规范

条目	规范内容
总收发部门	（1）由总务部门负责。总公司各部门与外界来往文书的收发由总务部门统一办理，各公司（工厂）所在地的总收发由其所属总务部门办理。 （2）总收发部门负责文书收受及发送。

续表

条目	规范内容
管理部门	（1）由于各个部门的管理分工不同，依照其不同的职能特点，可以让它们担当不同的管理任务。例如：各公司总经理室或管理处，负责管理各部、室、中心及以公司名义与外界来往的文书。 （2）各业务部门的最高主管部门，负责管理营业、采购、法律、服务、训练等业务部门的文书。 （3）各公司（工厂）经理室或管理处（或总务部门），负责管理其所在地域与外界来往的地区性文书；各分公司、部门间的来往文书，原则上以厂、处、部、室部门为管理部门。
主办及会办部门	（1）资料需报送工厂主管机构的，由各公司总经理室或独立厂区的管理部门主办，由法律事务室会办。 （2）资料需报送外汇贸易主管机构的，由资材部主办，由法律事务室、财务部会办。 （3）资料需报送新闻媒体的，由秘书室主办，但是如果资料涉及公司业务政策事项，应先报告董事长核定后才能对外发布。 （4）资料需报送股东及一般性客户的，由公司总经理室主办，但编印前必须先会晤法律事务室。 （5）资料需报送金融机构的，由财务部主办；需报送税务主管机构的，由各公司会计处主办；需报送商业及证券主管机构的，由各公司总经理室或证券办主办。
注意	资料报送部门的分类和设置，一定要本着必要和有限的原则，在此基础上，确定文书管理部门设置和工作流程。

3.10 文书行文细节规范

文书行文细节规范，如表 3-10 所示。

表 3-10　文书行文细节规范

条目	规范内容
公文类别	（1）公告：就主管业务向公众或特定对象宣布时使用。 （2）公函：发布规章或临时性规定及对机关团体、公司行文或公司与公司之间及公司内各部门间行文使用。 （3）便函：在企业、部门间或企业内各部门间业务接洽时使用。 （4）签呈：下级对上级请示或报告时使用。 （5）表格式公文：政府机关规定的表格式公文及公司人事令等，可依实际需要印为固定格式使用。 （6）其他：司法文书依司法部门规定程序实施；合同文书依法律、法规的规定实施；会议记录及例行报表等不必行文。 （7）业务处理须以电报行文时必须使用电报。
行文权限判别	行文时名义不同，署名就会不同，如何判别这些署名的正确性呢？这就要求需要划分不同的权限。 （1）以董事长署名行文者，应送总管理处总经理室转呈董事长审核执行。以总经理署名行文者，应送公司总经理室转呈总经理审核执行。 （2）以公司名义盖用公司公章行文者，应由经理级人员执行。 （3）总管理处各部室、中心代表公司对外行文须由该部门经理（主任）执行，以事业部经理署名行文者，应送经理室转呈经理审核执行。 （4）以部门名义行文者，应由部门主管执行。 （5）因专案业务需要如进出口、税务、关税、劳保、投标等使用公司名义须盖用董事长或总经理的业务专用章者，行文时应由该业务主管部门主管在授权范围内经核准后方能盖用。 （6）固定格式行文，应由署名的主管对原稿审核后，授权业务主办部门主管依式行文。
注意	文书行文有着特定的规范，写作者必须遵守这些规范，如此，才能使文书合理，并能准确发挥作用，从而减少不必要的麻烦。

3.11 文书收发细节规范

文书收发细节规范，如表 3-11 所示。

表 3-11　文书收发细节规范

条目	规范内容
文书收发部门	（1）文书收发工作，一般企业都会让总务部来负责。有些还特别要求总务部文秘室进行统一接收处理。 （2）公司各部、处、室都要设文书负责人，负责本部门内文件的分发、保管工作。 （3）在文书管理部门还须设立一名信使，负责在各部门之间传递各类文书，以使文书在各部门顺畅流通。
文书收发要求	（1）一般文书在启封后，分送各部门、科室。 （2）私人文书不必开启，直接送收信人。 （3）送各部门、科室的文书若有差错，必须立即退回到文书收发部门。 （4）启封后，编上文书的收发编号，注明收发编号和收发日期。 （5）文书当事人必须签名盖章领取文书。 （6）绝密文件或亲启文书，必须直接送交当事者，由文书当事者开封与处置。 （7）文书中夹带的所有附加物品，必须原样送到当事人手中。
需登记的文书	（1）在一般文书或送交部门的普通文书中，如果判定或者未开启也能判断是重要文书或者夹有重要物品的文书要登记。 （2）专人传递送达的文书要登记。 （3）标有“绝密”类或亲启类字样的文书要登记。
规定时间以外的文书收发	（1）在制度工作时间外接到文书，如果值班人员能够判定是紧急重要的文书，或者直接写给公司高层领导的文书，应该立即通知秘书室主任。 （2）其他次重要文书，只需通知收发室负责人，并按其指示处理。
注意	文书收发是个具体过程，大量的细节需要注意，必须明确程序和各个步骤，如此才能有条不紊，使收发工作有序运行。

3.12 文书寄发细节规范

文书寄发细节规范，如表 3-12 所示。

表 3-12　文书寄发细节规范

条目	规范内容
寄发	（1）寄发公司外的一般文书，各部门、科室及有关人员封缄之后，直接送交文秘室统一寄发。 （2）文秘室汇集所有待发文书，做好文书发送登记。 （3）待发文书必须在规定时间内送出去。特快专递以及电报等文书，必须及时发出。
重要文件	（1）机密或亲启文件，文秘科必须加盖“绝密”“密”“亲启”等字样印章后发送，并给发文部门、科室或发文者以必要的回复。 （2）其他重要文书或快递文书，必须加盖“专递”“面呈”“快递”等字样印章，并给发文当事者必要的回复。
费用	邮费与电报费用由文秘科统一开支。文秘科须按月决算全部邮费与电报费用开支。待发电报必须填写“文书发送登记簿”，由文秘科负责发送。
注意	寄发文书需要通盘考虑，确保文书的有效送达。

3.13 文书处理细节规范

文书处理细节规范，如表 3-13 所示。

表 3-13　文书处理细节规范

条目	规范内容
文书处理原则	（1）文书的审阅、回复、照会以及其他必要的处理由科长以上级别的主管负责，或者由其指定的下属进行具体处理。 （2）工作过程中遇到重要事宜要立即向上级主管部门报告，按上级指示办理。 （3）文书内容涉及其他部门或必须经过其他部门配合才能完成的，应与对方达成一致以后才能行事。
重要文书处理	机密文书原则上应该由当事人自行处理。亲启文书信封上一般注明文书所涉及事项的要点，注明发文者姓名，由发文者缄封，原则上应该由信封上所指名者开启，其他人不得擅自处理。

续表

条目	规范内容
注意	（1）凡是重要的往来交涉，都必须形成“文书”或形成记录。对那些并不重要的事项，或者通过电话、会面等简单形式处理的事项，只需要事后将处理结果的要点记录下来即可。 （2）文书处理过程中很容易出现延迟或停顿的现象，文书管理部门有责任督促其他有关部门及时处理文书指定的事项，以防止文书被搁置在一边的情况发生。一旦拖延的情况发生，文书管理部门应立即将文书催回，再做相应处理。 （3）文书处理的每个环节都应该坚持“准确”“及时”的原则，并且明确文书处理的责任者。

3.14 请示审批细节规范

请示审批细节规范，如表 3–14 所示。

表 3–14　请示审批细节规范

条目	规范内容
审批事项	（1）各种制度性变更； （2）与政府机关有关的各种重要请求的回执、申请等； （3）诉讼行为； （4）重要契约的缔结、变更与解除； （5）职务及重要人事安排； （6）大额馈赠、谢礼以及宣传广告费用； （7）预、决算事宜； （8）土地、建筑物等生产资料的购买与转让； （9）借、贷款以及借贷银行的开设与变更； （10）重要或高额物品的采购，不急用或不需要物品的转让或廉价出售； （11）分支机构的增减与升降； （12）有关经营的重要计划与企划； （13）定期或不定期刊物发刊、修改与废除； （14）有关费用开支的修订； （15）其他问题。

续表

条目	规范内容
审批事项书写要求	（1）请示审批的事项必须以提案文书的方式，经主管呈交总部。如果事情紧急，允许先直接以非文书的形式请示，但是事后必须尽快撰写请示提案文书上报。 （2）请示提案文书的内容和顺序，一般应该包括标题、正文、理由、说明和附录。提案文书应该一式多份，分别送达有关的部门，例如财务部、业务部门等。 （3）请示提案文书必须注明起草者或请示者所属分支机构及部门，由本人签名盖章，并且要进行编号，以形成有序管理。 （4）当上级认可该审批内容并做出相关决定后，则以请示提案书（副本）替代批复返回，并要求部门予以执行。 （5）请示提案的保存应由总务部保管。
注意	请示审批重在程序，要做到程序合法，内容适当。

3.15 文书制作细节规范

文书制作细节规范，如表 3–15 所示。

表 3–15　文书制作细节规范

条目	规范内容
注意事项	（1）一事一文，措辞准确。 （2）文件的起草要经过特定机关的同意，文件定稿前须经分管经理审核，审核者要对文件形式和内容进行审查，加以修改。 （3）明晰，除有特殊规定，应该有以下事项：文号、发文日期、发文机关（发文者）、收文机关（收文者），文件标题、文件拟稿人及有关责任人，并署上请示、审批者姓名。 （4）重要文书，须经公证，并附上具有法定效力的证据或证明文件。

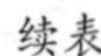
续表

条目	规范内容
文件编写要求	（1）用纸规格：一般采用A4规格，但特殊情况也可用其他型号。 （2）文体选择：一般用书面文体。 （3）文件号的编写：机关内部文件可注明本科室代字或代号，连续性文件应注有连续号；对外行文要标明本公司代字或代号。 （4）写法：文件第一行通常写文号，第二行写文件标题，第三行写制发年月日、制发者名称，再一行写收件人的姓名，之后一行写文件内容。 ①公司经理发出的指令性文件，应有收文单位的名称，有时还要写上号码和年月日。 ②对于复审呈报的文件，在文件末尾隔一行处写复审件的号码、必要事项、年月日及复审者姓名，以作证明。
文书署名要求	（1）内部文件署部门负责人的姓名和职务。 （2）对外以公司名义发文，署本公司名称。 （3）对外以公司名义缔结合同，署名“董事会代表”。 （4）不重要的文书，只需署上经办人姓名即可。
标志注明	根据文书重要性的等级，应该分别注明“传阅”“参考”“急件”“秘密”“机密”“绝密”的字样。文书信封上也可以特别注明“亲启”字样，以要求收件人亲自打开文书。
副本	文书一般应该保存两份副本。但是绝密文书未经主管认可不得擅自制作或复印副本，在特殊情况下，还须注明包括正本在内共复印多少份，送往何部门等。
注意	文书制作水平的高低关系到文书意图传达是否准确的问题，千万不能大意。

3.16 文书整理细节规范

文书整理细节规范，如表3–16所示。

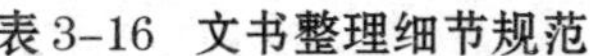

表 3-16　文书整理细节规范

条目	规范内容
文书整理	（1）文书的编写符号：表示部门名称的符号，用部门名称的第一个汉字，如总务处文秘科，用“总、文”表示。 各种文书按先后顺序用自然数排序编号。 文书类别用“绝密”“机密”“秘密”等表示。 同一名称的文书，追加一组自然数，用“-”隔开，例如，“总、文秘密-002”。编号按年度更新。 （2）文书的编写符号都必须填写在“文书登记簿”上，以有利于管理。 （3）文书整理：将大部分没有必要查询与翻阅的文书和另一类需要经常查阅的文书分门归类，区别对待。
文书保管	文书整理之后，一些为数不多的重要文书，在一定的期间内可能还留在责任部门、科室。而大量的不重要的文书可以直接送总务科进行保存。所有失效的文书，都必须最终移交总务科，并且在“文书保存簿”上做好登记，归档保存。
文书的保管年限	（1）永久保存文书：包括章程、股东大会及董事会议议事记录、重要的制度性规定；重要的契约书、协议书；股票关系文书类；重要的诉讼关系文书；重要的政府许可证书；有关公司历史的文书；决算书和其他重要的文书。 （2）保存十年文书：包括请求审批提案文书；人事任命文书；奖金工资与津贴有关的文书；财务会计账簿、传票与会计分析报表；不在永久保存范围的重要文书。 （3）保存五年文书：指不需要保存十年的次重要文书。 （4）保存一年文书：指无关紧要或者临时性文书。如果是调查报告原件，则由所在部门主管确定保存年限。
重要文书的保管	（1）全部重要的机密文书，一律存放在保险柜或带锁的文书柜中。 （2）保存期满以及没有必要继续保存的文书，经主管部门决定，填写废除理由和日期后予以销毁。 （3）职能部门变更或者作出调整，则必须在有关登记簿上注明变更与调整的理由以及变更与调整后的效果。 （4）对于重要文件的借阅，必须出具借阅证明。
注意	文书的整理工作是文书管理的重要一环，一定要细致入微，做好每一个细节，避免因为小疏漏而带来大错误。

3.17 归档处理细节规范

归档处理细节规范，如表 3-17 所示。

表 3-17 归档处理细节规范

条目	规范内容
明确归档范围	归档范围是指哪些文件资料应该归档，哪些不应该归档。只有明确了归档的范围，才能保证归档资料的完整和准确，同时减少档案的收集成本。一般来说，归档的范围应该包括以下两个方面： （1）公司对内的文书资料，包括公司的各项规章制度，公司各部门的发文，公司主持召开的各种专业会议形成的会议记录、文件、会议纲要、重要领导人的讲话及会议决定，公司制订的各项计划，公司的重要工作成果如工程设计图纸等。 （2）公司涉外的文书资料，包括公司与其他企业的信件、协议、合同等，公司参与的重要活动的文件、纲要及重要领导人讲话的音像资料等，出国学习、考察带回以及谈判人员获取的重要资料等。
把握归档时间	归档时间是指文书部门或专业部门将需要归档的文件材料向档案管理部门移送的时间。一般来说，文书处理完毕后应尽快归档，但特殊载体的文件如声像档案资料由于整理程序较一般文件复杂，可以适当延长归档时间，但最好能在一个月内归档。
审查归档的文件	（1）不属归档范围的文件应立即退回经办部门。 （2）文件及附本必须同时归档，如有缺失，应立即向相关部门追查。 （3）检查文件资料的处理手续是否完备，如有遗漏的应立即退回经办部门补办。
严格归档责任	鉴于归档工作的极端重要性，必须严格相关人员的责任，施行归档责任制度，以确保归档管理的有效执行。归档责任制度应包含以下两个方面的内容，即经办部门负责人即时归档责任制度和档案管理人员严格接收责任制度。
注意	归档管理是整个档案管理工作的起点，对随后的各个档案管理环节都有重要影响，因此应严格归档工作的各个要点和环节，为档案工作的顺利开展奠定良好的基础。

3.18 档案整理细节规范

档案整理细节规范，如表 3-18 所示。

表 3-18　档案整理细节规范

条目	规范内容
区分全案	（1）所谓“全案”，简言之，就是档案的性质归属，性质相同的档案隶属于一个“全案”。判断档案属于哪个全案，关键在于确定档案的形成者——立档单位。构成全案的文件大致可划分为三种基本类型：内部文件、发文和收文。 （2）立档单位的内部文件和发文（存本和原稿），其文件作者即为档案形成者，只要查到文件作者，就能够确定文件全案。 （3）立档单位的收文，其档案形成者是收文的实际接受者，而非文件作者，只需查明收文的实际接受者，就可以确定所属全案。区分全案为档案整理工作的系统化确立了基本的框架。
合理分类	（1）由于公司档案种类繁多，采用单一的分类方法已不能满足档案管理的实际需要，因而多是结合两种以上的分类方法对不同的档案进行多层次分类。 （2）一般首先从部门区分开始，部门区分之后，依档案内容，分为若干大类，再在大类中依年度及其他分类标准分为若干“子类”，三级分类不够用时还可以在三级之后增设四级“细类”。 （3）档案分类应本着一切从实际需要出发的原则确定分类的层级和标准，力求做到区分合理，层次清晰。
制作档夹	同一“子类”（或“细类”）的案件一般归于一个档夹，如果案件较多，一个档夹不够使用，也可分为两个或两个以上的档夹装订，并在“子类”（或“细类”）之后增设“卷次”编号。每一个档夹封面内首页应设“目次表”，以方便查找。
档案的命名	每一个档夹内的案件称为一个案卷，为了明确案卷内容，方便查找，需对每个案卷命名。对案卷命名时应遵循以下原则： （1）准确表达案卷内容； （2）文字简明扼要； （3）标题结构完整。

续表

条目	规范内容
档号编订	（1）档案分类的各级名称确定后，应编制“档案分类编号表”，将所有分类的各级名称及其代表数字编号按一定的次序排列，以便查阅。 （2）档号编订以一档一号为原则，以十进制阿拉伯数字表示（具体位数多少，视案件多少而定）。档号必须反映出档案的层次关系。如档号 A1A2—B1B2C1C2D1—a1a2 中，A1A2 为经办部门代号，B1B2 为大类号，C1C2 为小类号，D1 为档案卷次，a1a2 为档案目次。
档夹装订	（1）将各案卷以目次号顺序装订于相关类别的档案夹内：中文竖写文件以右方装订为原则；中文横写，或外文文件则以左方装订为原则。 （2）对有皱褶、破损、参差不齐的文件，应先补正、裁切、折叠、理齐后再订牢。最后在装订好的档夹背脊标明档夹内案件的分类编号及名称，以便于日后查档。
注意	档案管理是一件十分细心和耐心的工作，每一道工序都要求慎之又慎，不可有半点马虎。

3.19 档案保管细节规范

档案保管细节规范，如表 3-19 所示。

表 3-19　档案保管细节规范

条目	规范内容
对档案进行适当包装	选择档案的包装方法时应考虑以下因素： （1）档案的种类：如档案的重要性、制作材料等； （2）库房条件；如库房应干燥、易于通风、密封和避光等； （3）环境要求：如防尘、防污染及减少机械磨损等； （4）制作成本：在保护效果相同的情况下，应当选用比较经济适用的办法； （5）档案利用的取放方便程度。

续表

条目	规范内容
合理排放案卷	（1）将案卷排放到档案架时，应将同一时期、同一系统或相同性质的全案排放到一起；同时，必须严格按照已经确定的分类体系和案卷的顺序进行排列，以保持案卷之间的有机联系。 （2）案卷存在方式有两种：竖放和平放。竖放方便案卷检索，但从更好保护档案的角度看，平放的方式则更为有利，因为平放时文件躺着，自然压平而不会起皱裂，对于珍贵档案的保管，更应采取平放方式。 （3）为了方便取放和避免文件过重受压，平放的堆叠高度一般不宜超过 40 厘米。
创造适宜的库房条件	按照档案保管的技术要求，科学地控制库房的温度和湿度，保持有利于档案存放的库房环境和库内卫生，是做好档案保管工作的重要保障。
建立防火制度	防火是档案保管中最重要和最经常的工作，一项完善的防火制度应包含以下几个方面的内容： （1）加强检查，消除一切火灾隐患。库房内应严禁吸烟，定期检查各种电器设备，有隐患的立即进行修理，规模较大的库房，还应安装避雷针。 （2）提前做好灭火准备。灭火准备包括物质上的准备和思想上的准备两个方面：物质上的主要是灭火工具、水源、沙袋等应该放在便于取用的地方；思想上的准备主要指平时经常进行防火教育，学习防火方面的理论知识和技术方法。 （3）拟订档案抢救方案。根据档案的重要程度、机密程度和库房条件，拟订几套抢救方案，万一火灾发生时能够合理安排搬运路线方法，抢救最贵重的档案，避免抢救过程中的失密现象。 （4）火灾发生后的措施。火灾一旦发生，应迅速通知消防机关，同时迅速组织人员沉着抢救，维持现场秩序。
定期进行安全检查	只有定期对档案进行安全检查，才能及时发现和消除安全隐患，保护档案的安全。安全检查中最重要的就是进行防火检查，以确保防火管理工作得到切实保障。

续表

条目	规范内容
建立严格的保密制度	档案是公司的重要财富，特别是一些机密档案，对公司的生存发展更是具有生死攸关的意义，一旦失密，将对公司造成不可弥补的损失。因此，建立严格的保密制度是公司档案保管的关键一环。 保密工作的开展首先应防范泄密渠道，公司的泄密渠道主要有： （1）库房管理人员管理失职造成泄密； （2）非库房管理人员进入库房时盗窃和造成破坏； （3）管理人员在非工作时间和工作场所谈论档案内容造成泄密； （4）现代管理工具（如计算机）泄密。 明确了泄密渠道后，就应时刻提高警惕，建立一套严格的保密制度，杜绝一切失密可能，这一制度要求： （1）管理人员做到防盗工作万无一失，堵塞管理中可能存在的泄密渠道，绝密档案应该放入保险柜，在专门的地点进行保存； （2）非库房管理人员未经批准不得入库，确实需入库时，出入应进行仔细登记和检查，进入机密库房时，应执行更为严格的管理制度； （3）加强计算机系统的安全建设，防止内部工作人员和电脑黑客窃密。
防止档案搬动过程中的磨损	当库房内档案需要搬动时，必须轻拿轻放，防止磨损和污染，当搬动数量较多时，还应配备小型手推车等机械搬运工具。
及时修复破损档案	一旦档案遭到破损，必须及时发现和修复，以便档案能够长久保持和利用。档案修复是一件技术性很强的工作，必须设立专门的档案修复室统一进行。 档案修复工作的主要程序是： （1）接受登记。档案送往修复室，必须对其所属单位、份数加以详细登记，以避免档案遗失和混乱； （2）进行技术鉴定。档案修复人员对档案进行除尘、消毒后，应对其进行全面的技术鉴定，根据其字迹、纸张成分质量及毁损程度和性质，选择合理的修复方法，以避免因修复方法不当使档案遭受进一步的损失； （3）采用合适的修复方法对档案进行修复； （4）将修复好的档案及时交库房管理人员归位。
注意	档案保管是一个系统工程，每一步都要做到尽可能完善，以避免不必要的损失。

3.20 公司档案借阅管理细节规范

公司档案借阅管理细节规范，如表 3–20 所示。

表 3–20　公司档案借阅管理细节规范

条目	规范内容
设立档案管理机构	（1）设立专职档案管理机构开发利用档案的先决条件。一般情况下，是在行政经理机构下设档案室，集中负责公司的各项档案管理工作。 （2）公司档案室由行政经理负责，直属总经理办公室领导。在各部门相应设立档案管理机构和档案管理职位，管理属于本部门的档案，并由公司档案管理机构对其实行网络化管理，使公司和部门两级档案管理部门实现良性互动。 （3）公司档案室对各部门档案管理机构负有指导、监察、督促和把关的职责；另一方面，各部门档案管理机构及时向公司档案室反馈各部门档案管理机构工作情况。
编制检索工具	（1）编制科学有效的检索工具是建立档案利用制度的首要任务。 （2）档案检索工具的编制过程，实质上是由一次文献（原始档案）向二次文献（检索工具）的转化过程。 （3）首先根据检索的实际需要和各类检索工具的特征确定编制类型，然后对原始档案进行主体分析，将其内容和形式特征按照一定格式著录在卡片或簿册上成为一条条的记录，即条目，并用每个条目的首行或首项作为标引，从而形成目录和索引，作为原始档案的检索工具。
查阅规范	（1）出于安全和保密方面的考虑，外单位人员只能对档案进行当场查阅，且必须持有单位介绍信并经总经理批准。 （2）需对档案进行摘抄的，也需要总经理同意，并对摘抄的材料进行严格审查。

续表

条目	规范内容
借阅规范	（1）明确外借范围。一般来说，案卷不予外借，只能在档案室内查阅，这样才能保证全案的整体性，便于档案的分类整理。 （2）明确调阅范围。公司各部门经办人员所借阅的档案应与其经办业务有关，确需调阅与经办业务无关的档案时，必须经文书管理部门的同意。 （3）规范调阅程序。各部门经办人员需调阅档案时，应认真填写“调案单”，核查无误后，填注借出日期并将“调案单”按约定归还日期先后进行整理，以备催还。 （4）“调案单”以一单一案为原则，一般规定 1~2 周的借阅时间，特殊情况下需延长借阅时间的，应按调阅程序重新办理。归还档案时，档案管理人员需对档案进行审查，核查无误后将档案归入档案夹并将“调案单”留存备查。
做好借阅中的保密工作	（1）秘密级以上的档案必须经总经理批准才能借阅。 （2）对归档的文件资料进行严格审查，一旦发现泄密情形，应依据《保密法》追究相关人员的责任。 （3）采用计算机检索时，更应加强计算机安全管理，防止电脑泄密。

3.21 档案清理细节规范

档案清理细节规范，如表 3–21 所示。

表 3–21 档案清理细节规范

条目	规范内容
审查鉴定档案价值	档案管理人员和技术人员应定期做好档案保存价值的鉴定工作，鉴定标准有： （1）档案的形成时间； （2）档案内容的机密程度； （3）档案的利用价值。
销毁失去保存价值的档案	通过审查鉴定，确定失去保存价值的档案，并予以销毁。销毁的手续为： （1）制作“作废档案焚毁清册”，注明档案的档号、销毁理由及形成时间； （2）将清册呈交总经理核准； （3）在特定地点由焚毁执行人员和监焚人员对清册上的档案分类销毁； （4）在销毁档案的原目录表附注栏内注明销毁日期。

续表

条目	规范内容
确定有价值档案的保存期限	保存期限应视档案形成时间、内容重要程度、可靠性、有效性等因素进行划定，一般分为：永久保存、十年保存、五年保存和一年保存几种。
注意	档案的清理并不是一件轻松的工作，稍有不慎就会带来不可弥补的损失，因此必须，仔细分类和认真操作。

3.22 声像档案管理细节规范

声像档案管理细节规范，如表 3–22 所示。

表 3–22　声像档案管理细节规范

条目	规范内容
严格归档要求	声像档案管理的特殊要求有： （1）声像资料的内容务必要真实； （2）原则上只接受原版、原件，特殊情况下可以接受复制件，但复制件内容与原版、原件一定要完全相符； （3）在形成后的一个月内随其他载体形态的档案同时归档，特殊情况下可适当延长归档时间。
采用特殊分类编号，编写文字说明	（1）声像档案适于采用年代分类，并按时间或内容顺序在全案内编号。由于其必须随同其他载体形态的档案同时归档，故必须编注与其他载体档案相联系的参照号，格式为：声像档案档号和非声像档案档号。 （2）因声像档案缺乏明确的文字信息，因而必须对其编写文字说明。文字说明的编写应符合以下要求：准确揭示档案资料的内容、事由、时间（用阿拉伯数字表示）、地点、人物、背景、作者（摄影者）。文字简洁，语言通顺。照片一般以自然张为单位，录音带、录像带、摄像带一般以案卷为单位编写文字说明。
提供合格保管条件	声像资料档案对保管条件有较高的特殊要求，必须创造合格条件，才能确保声像资料的长期保存。
拓宽利用范围	声像档案除了可以通过借阅方式加以利用外，还应在不影响保密的前提下，利用其举办各种报告会、展览会，编辑综合性或专题性画册、资料片等，以充分发挥声像档案的价值和作用。
注意	现代公司声像档案的整理和利用已是一个必然的发展趋势，经理人对此要有充分的思想认识和必要的技术能力。

3.23 科技档案管理细节规范

科技档案管理细节规范，如表 3–23 所示。

表 3–23 科技档案管理细节规范

条目	规范内容
系统准确地归档	由于系统科技档案的价值含量较高，直接关系到公司经营目标的实现，因而对其归档工作提出了更高的要求，必须做到每项工程、技术活动、引进项目等资料都要完整、准确地归档保存。
合理选取分类方法	（1）有关设备方面的图纸、文件资料，包括各种原理图、说明书、维修手册等。 （2）有关工程方面的一系列原始材料，包括设计图、协议书、施工图、竣工图等。 （3）有关科教、技术革新方面的材料，包括技术革新图纸及批文、专业教学计划、审批文件等。
充分挖掘科技档案的价值	（1）将科技档案分类后，经过编目、编号、编织检索工具等工作，便可进行科技档案的借阅，为公司科技人员提供学习与研究的便利，从而更有利于开发公司的核心竞争力。 （2）在不影响保密的前提下，还应充分利用科技档案资源举办各种展览会，塑造公司高科技形象。 （3）对已获取专利的科技档案实行技术转让，使科技档案在流通中增值。
定期做好科技档案的价值鉴定工作	此项工作应由技术管理人员、相关专业人员和科技档案人员合作进行，对于已失去保存价值的档案及时销毁，以满足技术不断进步的要求。
注意	科技档案的利用和管理，是需要相关技术作保证的，经理人要抽出时间，对此进行专门的学习。

3.24 合同内容制定细节规范

合同内容制定细节规范，如表 3–24 所示。

表 3-24　合同内容制定细节规范

条目	规范内容
当事人的名称或者姓名和住所	（1）自然人的姓名是经户籍登记机关核准登记的正式用名。 （2）自然人的住所指自然人长期生活和活动的主要处所。 （3）法人、其他组织的名称是指经登记主管机关核准登记的名称，法人、其他组织的住所是指他们的办事机构所在地。
标的	（1）合同的标的指当事人权利和义务共同指向的对象。合同中应当清楚地写明标的名称，以使其特定化，才能够明确当事人权利和义务的范围。 （2）合同的标的可以是有形财产、智力成果（无形财产）和劳务。
数量	（1）合同标的数量是衡量合同当事人权利义务大小的尺度，一般以数字和计量单位来表示。 （2）合同标的数量表达要确切，应当选择国家标准或者行业标准的计量单位或者双方共同接受的计量单位，然后确定双方认可的计量方法。
质量	（1）合同的质量是检验标的内在素质和外观形态优劣的标准。 （2）根据各行业发展的具体情况，我国规定了各种产品或者服务的国家标准或者行业标准。 （3）当事人对标的有特殊约定时，要在国家法律规定的前提下，约定标的质量。
价款或者报酬	（1）价款是指以物或者智力成果为标的的有偿合同中，取得利益的一方当事人作为取得利益的补偿而应向对方支付的金钱。 （2）报酬指以行为或劳务为标的的有偿合同中，取得利益的一方当事人作为取得利益的补偿而应向对方支付的金钱。 （3）当事人双方在签订经济合同时，必须对价款或报酬协商一致，并应在合同中写明价款或报酬的计算标准、结算方式和程序等。
履行期限、地点和方式	（1）履行期限是指当事人履行合同和接受履行的时间。期限包括期日和期间两种类型。所谓期日，是指履行时间不可分或者视为不可分的特定时间，在某时履行；期间是指履行时间为一个时段。期间是指履行时间为一个时段。 （2）履行方式是当事人履行合同和接受履行的方式，包括交货方式、验收方式、付款方式、结算方式、运输方式等。 （3）履行地点是当事人履行合同的地点。
违约责任	（1）违约责任是指当事人不履行合同义务或者履行合同义务不符合约定而应当承担的民事责任。 （2）违约责任是法定责任，即使合同中没有作出约定，违约方也不会因此而免除责任。

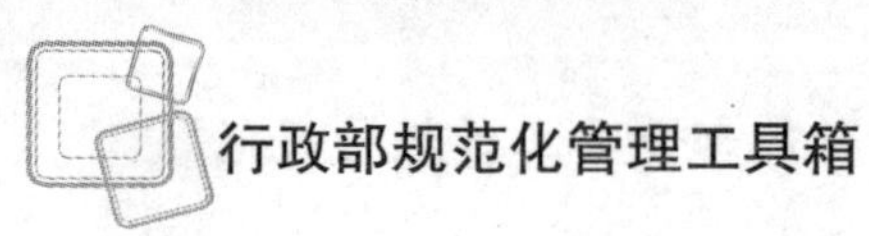

续表

条目	规范内容
解决争议的方法	（1）解决争议的方法是指合同当事人解决合同纠纷的手段。根据我国《合同法》第一百二十八条的规定，当事人解决合同争议的方法主要包括和解、调解、仲裁和诉讼四种。 （2）这四种解决争议的方法中，诉讼是法定方式，无须由当事人约定，而且即使当事人作出约定，也不能改变法院的管辖权。

3.25 合同订立细节规范

合同订立细节规范，如表 3-25 所示。

表 3-25　合同订立细节规范

条目	规范内容
确定当事人资格	（1）当事人订立合同，应当具备相应的资格，即具有相应的民事权利能力和民事行为能力。 （2）民事权利能力，是当事人作为民事主体能够享有民事权利和承担民事义务的资格。 （3）民事行为能力，是民事主体能够以自己的行为享有民事权利和承担民事义务的能力。
要约	要约，是希望和他人订立合同的意思表示。根据《合同法》的规定，该意思表示应当符合下列规定： （1）内容具体确定，即表达出订立合同的意思，并包括合同成立所必须具备的条款。 （2）要约要表明一经承诺即受其约束。 （3）要约必须向未来的合同相对人发出。 （4）要约的生效。要约到达受要约人时生效。 （5）要约可以撤回。要约的撤回是指要约发出和生效前，要约人宣布将要约取消，使要约不发生法律效力的行为。撤回要约的通知应当在要约到达受要约人之前或与要约同时到达受要约人。 （6）要约可以撤销。要约的撤销是指在要约生效后，取消要约，使之失去法律效力的行为。撤销要约的通知应当在受要约人发出承诺通知之前到达受要约人。 （7）但有下列情形之一的，要约不得撤销： 要约人确定了承诺期限或者以其他形式明示要约不可撤销。 受要约人有理由认为要约是不可撤销的，并已经为履行合同做了准备工作。

续表

条目	规范内容
承诺	（1）承诺，是受要约人同意要约的意思表示。承诺应当由受要约的特定人或非特定人向要约人以通知的方式作出，通知的方式可以是口头或书面形式。承诺必须具备以下条件： 承诺必须由受要约人作出。 承诺的内容必须与要约的内容一致。 承诺须在合理期限内向要约人作出。 （2）明确承诺期限。要约以对话方式作出的，承诺应当即时作出，但当事人另有约定的除外；要约以非对话方式作出的，承诺应当在合理期限内到达。所谓合理期限，是指依通常情形可期待承诺到达的期间，包括要约到达受要约人的期间、受要约人作出承诺的期间、承诺通知到达要约人的期间。 （3）明确承诺生效时间。承诺自承诺通知到达要约人时生效。承诺不需要通知的，自根据交易习惯或者按照要约的要求作出承诺行为时生效。承诺生效时合同即成立。 （4）承诺撤回。承诺的撤回，是承诺人阻止承诺发生法律效力的行为。撤回承诺的通知应当在承诺通知到达要约人之前或者与承诺通知同时到达要约人，即在承诺生效前到达要约人。我国法律未规定承诺一经发出便不允许撤回。
确定合同成立的时间和地点	（1）根据《合同法》的规定，在一般情况下，承诺生效时合同成立。当事人采用合同书形式订立合同的，自双方当事人签字或者盖章时合同成立。如双方当事人未同时在合同书上签字或盖章，则以当事人中最后一方签字或盖章的时间为合同的成立时间。 （2）当事人采用合同书形式订立合同的，双方当事人签字或者盖章的地点为合同成立的地点。如双方当事人未在同一地点签字或盖章，则以当事人中最后一方签字或盖章的地点为合同成立的地点。 （3）采用数据电文形式订立合同的，收件人的主营业地为合同成立的地点；没有主营业地的，其经常居住地为合同成立的地点。
注意	合同是生产经营、生活中常见的契约形式，是当事人共同意愿的表现，双方当事人应按照法律的规定，通过协商一致，制定具体的合同条款。

3.26 合同履行细节规范

合同履行细节规范，如表 3-26 所示。

表 3-26 合同履行细节规范

条目	规范内容
确定履行的期限	（1）履行的期限，包括生效时间、有效期和失效时间。一般地说，有效期和履行期是一致的。 （2）即时生效结清的合同不必写明履行期限，因为结清即是履行。有的合同有效期和履行期不一致。 （3）有的虽已生效，但不能立即履行。有的合同，要分期分批履行，应写明每批的履行时间和期限，以便按期履行。 （4）在签订合同时，要注意写明月度交货量，有特殊要求和季节限制性强的产品要约定按旬按日的交货期限。 （5）在签订合同时，一定要把履行时间和履行期限写具体。
确定履行的地点	（1）履行的地点，也就是指权利人行使权利、义务人履行义务的地方。 （2）它可以是负有履行义务的人的所在地，可以是对方当事人的所在地，也可以是标的物的存放地。由双方当事人共同商定履行地点，并在合同条款中规定清楚。 （3）确定履行地点，涉及运输、仓储保管等诸多问题，涉及劳务和费用的问题，万不可粗心大意。 （4）合同中规定了标的物的履行地点，当事人任何一方都无权随意改变。
确定履行的方式	合同的履行，一般包括对标的的履行或对价款或酬金的履行。任何合同都必须通过一定的方式才能履行，如货物的交付方式，移交工作成果的方式，验收方式，付款方式，结算方式等等。只有通过这些方式，合同双方才能全面地享受权利和承担义务。 （1）以商品为标的物的合同，应写明交货方式和到货地点。到货地点必须详细准确，如必须写明省、市、街道名称、门牌号以及单位名称，或者双方认定的某具体港口、车站等。 （2）验收的方式包括验收的标准、验收的地点和验收、复验的机关，以及发生争议时，由哪一质量监督机构执行仲裁等。 （3）合同中一旦规定了履行方式，则任何一方不得擅自变更。如一方需要变更方式，要取得另一方的同意，否则，就是违约行为。

续表

条目	规范内容
履行部分条款约定不明确的合同	合同生效后，当事人对合同内容中的部分条款约定不明确的，可协议补充；不能达成补充协议的，按照合同有关条款或者交易习惯确定。依照上述履行原则仍不能确定的，则按《合同法》规定履行。 （1）质量要求不明确的，按照国家标准、行业标准履行；没有国家标准、行业标准的，按照通常标准或者符合合同目的的特定标准履行。 （2）价款或者报酬不明确的，按照订立合同时履行地的市场价格履行；应当依法执行政府定价或者政府指导价的，按照规定履行。 （3）履行地点不明确，给付货币的，在接受货币一方所在地履行；交付不动产的，在不动产所在地履行；其他标的，在履行义务一方所在地履行。 （4）履行期限不明确的，债务人可以随时履行，债权人也可以随时要求履行，但应当给对方必要的准备时间。 （5）履行方式不明确的，按照有利于实现合同目的的方式履行。 （6）履行费用的负担不明确的，由履行义务一方负担。
履行涉及第三人的合同	（1）为保证涉及第三人合同履行中各方当事人的正当权益，《合同法》规定，当事人约定由债务人向第三人履行债务的，债务人未向第三人履行债务或者履行债务不符合约定的，应当向债权人承担违约责任。 （2）当事人约定由第三人向债权人履行债务的，第三人不履行债务或者履行债务不符合约定的，债务人应当向债权人承担违约责任。
履行当事人合并或分立后的合同	（1）《合同法》第九十条规定，当事人订立合同后合并的，由合并后的法人或其他组织行使合同权利，履行合同义务。 （2）当事人订立合同后分立的，除债务人和债权人另有约定的以外，由分立后的法人或其他组织享有连带债权，承担连带债务。 （3）这样可以有效防止借合并或分立来逃避债务，保护债权人合法权益。 当事人分立是指一个法人或其他组织被分为两个以上的新法人或其他组织，原法人或其他组织的权利和义务由新的法人享受和承担。

续表

条目	规范内容
履行抗辩权	根据《合同法》的规定，在合同的履行中，当事人可同时享有履行抗辩权、后履行抗辩权和不安抗辩权。这些履行抗辩权利的设置，使当事人在法定情况下可以对抗对方的请求权，使当事人的拒绝履行行为不构成违约，可更好地维护当事人的合法权益。 （1）同时履行抗辩权。所谓同时履行抗辩权，又称不履行抗辩权，是指双务合同的当事人应同时履行义务的，一方在对方未履行前，有拒绝对方请求自己履行合同的权利。《合同法》规定，当事人互负债务，没有先后履行顺序的，应当同时履行。 （2）后履行抗辩权。后履行抗辩权，是指双务合同中应先履行义务的一方当事人未履行时，另一方当事人有拒绝对方请求自己履行的权利。《合同法》规定，当事人互负债务，有先后履行顺序，先履行一方未履行的，后履行一方有权拒绝其履行要求。先履行一方履行债务不符合约定的，后履行一方有权拒绝其相应的履约要求。 （3）不安抗辩权。不安抗辩权，是指双务合同中后履行当事人有证据表明对方当事人不能或可能不能履行合同义务时，在对方当事人未履行合同或提供担保前，有权拒绝履行自己的债务。《合同法》还规定，应当先履行债务的当事人，有确切证据证明对方有下列情形之一的，可以中止履行： ①经营状况严重恶化； ②转移财产、抽逃资金以逃避债务； ③丧失商业信誉； ④有丧失或者可能丧失履行债务能力的其他情形。 当事人没有确切证据中止履行的，应当承担违约责任。
提前履行和部分履行	（1）债权人可以拒绝债务人提前履行债务，但提前履行不损害债权人利益的除外。 （2）债务人提前履行债务给债权人增加的费用，由债务人负担。 （3）债权人可以拒绝债务人部分履行债务，但部分履行不损害债权人利益的除外。 （4）债务人部分履行债务给债权人增加的费用，由债务人负担。
注意	不同类型的合同因法律规定和内容约定的不同而有不同的履行情况，合同当事人应明确自身和对方的履行义务，监督对方的履行情况，保护自身的权益。

3.27 合同担保细节规范

合同担保细节规范，如表 3–27 所示。

表 3–27　合同担保细节规范

条目	规范内容
保证	保证是指保证人和债权人约定，当债务人不履行债务时，保证人按照约定履行债务或者承担责任的行为。 （1）担任保证人须具有的资格：具有代为清偿债务能力的法人、其他组织或者公民，可以担任保证人，如从事经营活动的事业单位和社会团体。以公益为目的的事业单位和社会团体、企业法人的分支机构和职能部门不能为保证人。 （2）保证的方式有两种，一种是一般保证，即当事人在保证合同中约定，债务人不能履行债务时，才由保证人承担保证责任。另一种是连带责任保证，即当事人在保证合同中约定，保证人对债务人的债务承担连带责任。只要债务人在主合同规定的债务履行期届满时没有履行债务，债权人可直接要求保证人在其保证范围内承担保证责任。 （3）当出现下列情况之一，即主合同当事人双方串通，骗取保证人提供保证的；或合同债权人采取欺诈、胁迫等手段，使保证人在违背真实意思的情况下提供保证的，保证人不承担民事责任。
抵押	抵押是指债务人或者第三人不转移对财产的所有权，将该财产作为债权的担保。债务人不履行债务时，债权人有权依法对该财产折价或者以拍卖、变卖该财产的价款优先受偿。 （1）可以进行抵押的财产包括以下几种：抵押人所有的房屋和其他地上定着物；抵押人所有的机器、交通运输工具和其他财产；抵押人依法有权处分的国有土地使用权、房屋和其他地上定着物；抵押人依法有权处分的国有机器、交通运输工具和其他财产；抵押人依法承包并经发包方同意抵押的荒山、荒沟、荒丘、荒滩等荒地的土地使用权；依法可以抵押的其他财产。 （2）不可抵押的财产包括：土地所有权；耕地、宅基地、自留地、自留山等集体所有的土地使用权；学校、幼儿园、医院等以公益为目的的事业单位、社会团体的教育设施、医疗卫生设施和其他社会公益设施，但以上述设施以外的财产为该事业单位、社会团体自身债务设定抵押的，抵押有效；所有权、使用权不明或者有争议的财产；依法被查封、扣押、监督的财产；依法不得抵押的其他财产。

续表

条目	规范内容
质押	质押可分为动产质押和权利质押。 （1）动产质押，是指债务人或者第三人将其动产移交债权人占有，将该动产作为债权的担保。债务人不履行债务时，债权人有权依法以该动产折价或者以拍卖、变卖该动产的价款优先受偿。 （2）权利质押，是指债务人或者第三人以其财产权利出质作为债权的担保。可供质押的权利包括：汇票、支票、本票、债券、存款单、仓单、提单；依法可以转让的股份、股票；依法可以转让的商标专用权、专利权、著作权中的财产权；依法可以质押的其他权利，如公路桥梁、公路隧道或者公路渡口等不动产的收益权。
留置	（1）留置是指债权人按照合同约定占有债务人的动产，债务人不按照合同约定的期限履行债务，债权人有权留置该财产，以该财产折价或者以拍卖、变卖该财产的价款优先受偿。 （2）留置担保的范围包括主债权及利息、违约金、损害赔偿金、留置物保管费用和实现留置权的费用。 （3）留置物折价或者拍卖、变卖后，其价款超过债权数额的部分归债务人所有，不足部分由债务人清偿。
定金	（1）定金是由合同一方当事人预先向对方当事人交付一定数额的货币，以保证债权实现的担保方式。 （2）《担保法》规定，当事人可以约定一方向对方给付定金作为债权的担保。债务人履行债务后，定金应当抵作价款或者收回。给付定金的一方不履行约定的债务的，无权要求返还定金；收受定金的一方不履行约定的债务的，应当双倍返还定金。 （3）定金应当以书面形式约定。定金的数额由当事人约定，但不得超过主合同标的额的 20%。 （4）合同当事人在进行担保时要了解合同担保的具体形式，明确每种形式的具体要求和适用条件，选择合适的担保方式。

3.28 合同变更细节规范

合同变更细节规范，如表 3–28 所示。

表 3-28　合同担保细节规范

条目	规范内容
明确合同变更的性质	（1）合同变更必须要在变更范围内，使合同当事人之间形成新的权利义务关系和新的债权债务内容。 （2）合同变更只是对当事人订立的原合同的某一或者某些条款作出一定的修改或者补充，而不是变更所有合同条款，是在保持原合同效力的基础上，再形成新的合同关系。 （3）合同变更需要双方协商一致，并在原来合同的基础上达成新的协议。在变更协议未达成以前，原合同关系仍然有效。
明确合同变更的法律要件	（1）当事人之间已存在有效的合同关系。合同的变更是在原合同的基础上，经过双方当事人协商一致，对原合同内容进行修改或补充。如果不存在原合同关系，也就不可能有合同的变更。 （2）必须经双方当事人协商同意。根据《合同法》第七十七条规定，当事人协商一致，可以根据法律、行政法规规定，办理批准、登记等手续进行合同变更。未遵循这些法定程序，则当事人即使达成了变更合同的协议，也是无效的。 （3）变更后的合同内容必须合法。变更后的合同内容必须符合国家法律规定，并不得损害国家或社会公共利益，否则，合同变更无效。 （4）必须遵守法律规定的程序。法律、行政法规规定变更后应当办理批准、登记手续的，当事人必须按其规定的程序进行，否则，这种合同变更不具有法律效力。
注意	（1）合同变更后，当事人应当按照变更后的合同履行，合同的变更，仅对变更后未履行的部分有效。 （2）因合同的变更而使一方当事人受到经济损失的，受损一方可向另一方当事人要求赔偿损失。

3.29 合同转让细节规范

合同转让细节规范，如表 3-29 所示。

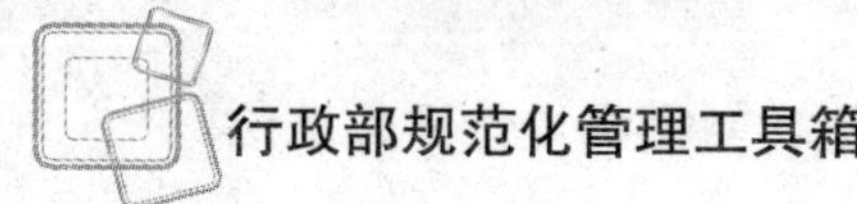

表 3-29 合同转让细节规范

条目	规范内容
明确合同转让必须具备的条件	（1）必须存在合法的合同关系。 （2）合同转让不得违背国家和社会公共利益。 （3）合同的转让应当符合法律规定的程序。由于合同权利义务的转让涉及原合同债务人和债权人的利益，因此，《合同法》规定，在转让合同的义务时，应当取得原合同另一方当事人的同意；在转让合同权利时，应及时通知另一方。
了解合同转让的内容	（1）合同转让一般涉及合同主体的变化。在合同的权利、义务全部转让的情况下，转让人作为合同关系的一方由作为受让人的第三人取代，原合同关系消灭，第三人成为合同关系的当事人，从而导致新的合同关系成立。在合同的权利、义务部分转让的情况下，转让人作为合同关系的一方和作为第三人的受让人与合同关系的另一方当事人共同作为合同关系的当事人。 （2）合同转让并不改变原合同的权利义务内容。合同转让只是把原合同的权利或者义务全部或部分从合同一方当事人转移给第三人，因此受让人的权利或者义务既不会超出原权利义务的范围，也不会从实质上更改原合同的权利义务内容。
明确不能进行合同转让的情况	（1）根据合同性质不得转让。主要指基于当事人特定身份而订立的合同，如出版合同、赠予合同、委托合同、雇用合同等。 （2）按照当事人约定不得转让。根据合同自愿原则，当事人可以在订立合同时或订立合同后特别约定，禁止任何一方转让合同的有关权利，前提是此约定不违反法律的禁止性规定和社会公共道德。 对债务的转让问题，《合同法》规定，债务人将合同的义务全部或部分转移给第三人，应当经债权人同意。 （3）依照法律规定不得转让。根据我国《民法通则》第十一条规定，依照法律规定应由国家有关主管部门批准的合同，当事人在转让权利义务时，必须经过原批准机关批准，如原批准机关对权利的转让不予批准，则权利的转让无效。
注意	合同当事人在进行合同转让时要明确法律规定和合同约定的转让条件，避免因转让不当而承担违约责任。

3.30 合同解除细节规范

合同解除细节规范，如表 3-30 所示。

表 3-30　合同解除细节规范

条目	规范内容
明确合同解除的适用条件	（1）合同解除只适用于有效合同。 （2）合同解除必须有解除行为。 （3）合同解除必须具备一定的解除条件。 （4）合同解除必须使合同关系消失。
合意解除	（1）合意解除，是指根据当事人事先约定的情况或经当事人协商一致而解除合同。 （2）在订立合同时，当事人可以约定一方解除合同的条件。 （3）解除合同的条件成立时，解除权人可以解除合同。
法定解除	法定解除，是指根据法律规定而解除合同。《合同法》第九十四条规定，有下列情形之一的，当事人可以解除合同： （1）因不可抗力致使不能实现合同目的的。 （2）在履行期限届满之前，当事人一方明确表示或者以自己的行为表明不履行主要债务。 （3）当事人一方迟延履行主要债务，经催告后在合理期限内仍未履行。 （4）当事人一方迟延履行债务或者有其他违约行为致使不能实现合同目的的。 （5）法律规定的其他情形。
注意	合同的解除在法律上是有明确规定的，合同当事人在解除合同时一定要了解相关的法律规定。

第4章 行政部工作制度制定模板

4.1 前台接待礼仪制度

前台接待礼仪制度

第一条　为保障公司正常办公秩序，维护公司良好形象，充分发挥公司前台对外的窗口作用，依据公司相关行政管理制度，特制定本制度。

第二条　公司前台工作人员均应严格遵守本制度的相关规定，做到“礼仪规范，服务优良”。

第三条　形象礼仪

（1）仪表

前台接待人员工作期间一律着职业装，具体礼仪要求如下表所示。

前台接待人员仪表要求

总体要求	1. 适体性：服装、修饰要与容貌、体型、年龄、个人气质相适宜，合乎和表现内在素养。 2. 整体性：各部位的修饰要与整体协调一致。 3. 适度性：无论在修饰程度，还是饰品的数量和修饰技巧上，都要自然适度，把握分寸。
男士着装要求	1. 西装：款式简洁、单色为宜，西裤的长度应正好触及鞋面，还要注意与其他配件的搭配。 2. 领带：颜色必须与西装和衬衫协调、干净、平整不起皱；长度合适，打好的领带尖应恰好触及皮带扣，领带的宽度应该与西装翻领的宽度和谐。 3. 衬衫：领型、质地、款式都要与外套和领带协调。注意领口和袖口要干净。 4. 鞋：最好穿黑色或深棕色的皮鞋，并注意保持鞋子的光亮及干净。 5. 袜子：宁长勿短，以坐下后不露出小腿为宜；袜子颜色要和西装协调，深色为佳。

续表

女士着装要求	1. 保持衣服平整，穿质地较好的职业装，但不要过于华丽。 2. 袜子颜色要协调。以透明近似肤色或与服装搭配得当为好。 3. 饰品要适量，应尽量选择同一色系，注意与整体的服饰搭配协调。 4. 忌穿紧身、暴露服装，如短裤、背心、超短裙、紧身裤、牛仔服（衣、裤）、拖鞋（包括时装凉拖）均不可在上班时间穿着。

（2）仪容

整洁的仪容及恰到好处的修饰均能显示出人的修养及本人对工作的自信心，因此前台接待人员除了衣着要得体，在个人卫生方面也应严格要求自己。具体的礼仪要求如下表。

前台接待人员仪容要求

总体要求	大方整洁、职业
其他细节要求	1. 头发勤理、勤洗，并梳理整齐，不要有头皮屑。 2. 勤剪指甲，不要留长，不留污垢。 3. 体味严重者要想办法除味，香水的味道不宜浓烈。 4. 不要戴墨镜或变色镜。 5. 女性上班期间要化淡妆。

（3）仪态

前台接待人员应举止文明、殷勤有礼、尊重他人，并善于控制自己的情绪，塑造自己的仪态美，主要要求如下。

①站姿要求

站姿要求

正确的站姿	错误的站姿
头正、颈直、收下颏、闭嘴	垂头、垂下巴、张嘴
挺胸、双肩平，微向后张，使上体自然挺拔，上身肌肉微微放松	含胸、耸肩、驼背
收腹，收腹可以使胸部突起，也可以使臀部上抬，同时大腿肌肉会出现紧张感，这样会给人以“力度感”	腹部松弛、肚腩凸出
收臀部，使臀部略为上翘	臀部凸出
两腿挺直，膝盖相碰，脚跟略为分开，对男士来讲，双腿张开与肩宽；站立时间长时可以一腿支撑，一腿稍微弯曲为宜	曲腿，双腿分开的距离过大、交叉
身体重心落在两腿中间、脚的前端的位置上，立直	耸肩勾背、倚靠物体
两臂自然下垂，双手垂于体侧，或右手搭在左手上，贴放于腹部	双手抱在胸前或将手插于裤兜里
两眼平视前方，表情自然明朗，面带微笑，谈话时要面向对方并保持一定的距离	懒洋洋，无精打采

续表

②坐姿要求

坐姿要求

正确的坐姿	错误的坐姿
坐下之前应轻轻拉椅子，用右腿抵住椅背，轻轻用右手拉出，切忌发出大声；坐下的动作不要太快或太慢、太重或太轻，应大方自然、不卑不亢、轻轻落座	随便拉出椅子，或拖出椅子，发出刺耳的声音，或一屁股就坐在上面，给人不稳重、粗俗的印象
坐下后身体正直，双肩齐平	耷拉肩膀、驼背、含胸，前倾或后仰
坐下后上半身应与桌子保持一个拳头左右的距离，坐满椅子的 2/3	瘫坐在椅子上，坐满座位，或只坐一个边
两腿、膝并拢，脚自然着地，两脚踝内侧互相并拢，两足尖约距 10cm	双脚大分叉或呈八字形；双脚交叉；足尖翘起；半脱鞋；双脚蹭地；跷二郎腿、频繁摇腿
肩部放松、手自然下垂，交握在膝上，五指并拢，或一手放在沙发或椅子扶杆上，另一只手放在膝上	坐时手中不停地摆弄东西，如头发、饰品、手指、戒指之类或手舞足蹈
坐着与人交谈时，双眼平视对方，使用手势恰当	头身过于向下，双眼盯视对方时间过长或过短，手势过多或动作幅度过大

③走姿要求

走姿要求

正确的走姿	错误的走姿
速度适中，几个人一起走路时，尽量保持步调一致	速度过快或过慢
头正颈直，两眼平视前方，面色爽朗	低头、歪脖、左顾右盼、盯住别人乱打量
上身挺直，挺胸收腹	身体摆动不优美，上身摆动过失、含胸
两臂收紧，自然前后摆动，前摆稍向里折约 35 度，后摆向后约 15 度	双臂摆动过大或不动
身体重心在脚掌前部，两腿跟走在一条直线上，脚尖偏离中心线约 10 度	扭动臂部幅度过大、挺腹
脚步应稳重、大方、有力	脚步笨重、拖拉
双手自然随走路一起摆动	手插在衣兜或裤袋内，双手撑腰或倒背着手
靠道路的右侧行走，遇到同事、领导要主动问好；上下楼梯时，应让尊者、女士先行	多人行走时，排行走而占据路面；行走时吸烟、吃东西、吹口哨、整理衣服等

续表

④手势礼仪要求

手势礼仪要求

手势礼仪要求	详细说明
大小适度	手势的上界一般不应超过对方的视线，下界不低于自己的胸区，左右摆的范围不要太宽，应在人的胸前或右方进行。一般场合，手势动作幅度不宜过大，次数不宜过多和重复
自然亲切	多用曲线柔和的手势，少用生硬的直线条手势，以求拉近心理距离
避免不良手势	1. 与人交谈时，讲到自己不要用手指自己的鼻尖，而应用手掌按在胸口上
	2. 谈到别人时，不可用手指别人，更忌讳背后对人指点等不礼貌的手势
	3. 避免交谈时指手画脚。手势动作过多、幅度过大
	4. 不可在接待客人时做抓头发、玩饰物、掏鼻孔、剔牙齿、抬腕看表、高兴时拉袖子等粗鲁的手势动作
指向目标	在给客人指引方向、介绍时，手指自然并拢，手掌以肘关节为轴指向目标，同时眼神要看着目标

⑤递接物品要求

递接物品礼仪要求

递物时	需要双手，表示对对方的尊重，例如递交购买的物品，要把物品正面（能看说明的地方）朝上
接物时	要身体前倾一步，用双手接住，并表明谢意

第四条　语言礼仪

（1）与客人交谈时，首先保持站姿端正，无任何小动作。

（2）正面对着客人，表情自然大方，态度亲切、诚恳。

（3）谈话清晰易懂，注意语音、语调、语速及节奏感。

（4）正确提及客人姓名并在后面加上先生、女士、小姐等称呼用语。

（5）谈话中如想咳嗽或打喷嚏时，应先说对不起，再转身向侧后下方，同时尽可能用面巾纸遮住。

第五条　迎接礼仪

（1）有客人来访时，应立即与之招呼，应该认识到大部分来访客人对公司来说都是重要的，要表示出热情友好和愿意提供服务的态度。若正在打字应立即停止，即使是在打电话也要对来客点头示意，但不一定要起立迎接，也不必与来客握手。

（2）主动热情问候客人：打招呼时，应轻轻点头并面带微笑。如果是已经认识的客人，称呼要显得比较亲切。

（3）陌生客人的接待：陌生客人光临时，务必问清其姓名及公司或单位名称。通常可问：请问您贵姓？请问您是哪家公司？问明来意后再进行登记、引领等工作。

续表

第六条　接待礼仪

（1）客人到来进行来访登记后，要立即通知被访者，如果有需要，前台接待人员应该运用正确的引导方法和引导姿势。

引导规范

引导方法	详细说明
在走廊的引导方法	接待人员在客人二三步之前，配合步调，让客人走在内侧
在楼梯的引导方法	当引导客人上楼时，应该让客人走在前面，接待人员走在后面，若是下楼时，应该由接待人员走在前面，客人在后面，上下楼梯时，接待人员应该注意客人的安全
在电梯的引导方法	引导客人乘坐电梯时，接待人员先进入电梯，等客人进入后关闭电梯门，到达时，接待人员按“开”的钮，让客人先走出电梯
客厅里的引导方法	当客人走入客厅，接待人员用手指示，请客人坐下，看到客人坐下后，才能行点头礼后离开。如客人错坐下座，应请客人改坐上座（一般靠近门的一方为下座）

（2）客人到来时，若我方负责人由于种种原因不能马上接见，一定要向客人说明等待理由与等待时间，若客人愿意等待，应该向客人提供茶饮和杂志，如果可能，应该时常为客人换饮料。

（3）客人要找的负责人不在时，要明确告诉对方负责人到何处去了，以及何时回本单位。请客人留下电话、地址，明确是由客人再次来单位，还是我方负责人到对方单位去。

（4）不速之客的接待：有客人未预约来访时，不要直接回答其要找的人在或不在。而要告诉对方：“让我看看他是否在。”同时婉转地询问对方来意：“请问您找他有什么事？”如果对方没有通报姓名则必须问明，尽量从客人的回答中判断能否让他与同事见面。如果客人要找的人是公司的领导，就更应该谨慎处理。

（5）当客人离开公司时，要主动打招呼致意并表示希望下次再来。

第七条　电话礼仪

通过电话，应给来电者留下一个礼貌、温暖、热情和高效的公司形象，因此前台接待人员在接、打电话时要遵循以下礼仪要求：接打电话时绝对不能吸烟、喝茶、吃零食，而要保持端正的姿势，同时说话清晰，声音亲切，当作对方就在眼前。

（1）接电话的礼仪

①迅速准确地接听

听到电话铃声，应准确迅速地拿起话筒，最好在 3 声之内接听，不要让铃声响过 5 声。电话铃声响一声大约 3 秒钟，若长时间无人接电话，或让对方久等是很不礼貌的，对方在等待时心里会十分急躁，这样会给对方留下不好的印象。

续表

即便电话离自己很远，听到电话铃声后，如附近没有其他人，也应该用最快的速度拿起听筒，这样的态度是每个人都应该拥有的。如果电话铃响了 5 声才拿起话筒，应该先向对方道歉，如果电话响了许久，接起电话只是“喂”了一声，对方会十分不满，会给对方留下恶劣的印象。 ②要用喜悦的心情，愉快地接听电话 拿起电话应用亲切、优美的声音自报家门，“您好，这里是 ×× 公司前台”，询问时应注意在适当的时候，根据对方的反应再委婉询问。 一定不能用很生硬的口气说“他不在”、“打错了”、“没这人”、“不知道”等语言。电话用语应文明、礼貌，态度应热情、谦和、诚恳，语调应平和，音量要适中。 ③了解所来电话的目的 上班时间打来的电话几乎都与工作有关，公司的每个电话都十分重要，不可敷衍，即使对方要找的人不在，切忌只说“不在”就把电话挂了。 ④转接电话 不同的来电者可能会要求转接到某些人。任何找管理者或领导的电话必须首先转到相关的秘书或助理那里，这样可以保证管理者或领导们不被无关紧要的电话打扰。 若来电要找的人电话占线，要询问来电者是否愿意继续等待，若“是”就让其“稍等”，若“否”则询问其来电事由，是否可以转告等。 若来电要找的人暂时不在办公室，则应向来电者说明情况，并询问其来电事由、是否可以转告等，这样就不会误事，而且会赢得对方的好感。 ⑤认真清楚地记录 前台工作人员在接电话时，要将电话内容随时记录，这些记录应简洁完整，最好具备以下 6 点内容：何时（when）、何人（who）、何地（where）、何事（what）、为什么（why）、如何进行（How）。 ⑥复诵来电要点 电话接听完毕之前，不要忘记复诵一遍来电的要点，防止记录错误或者偏差而带来的误会，使整个工作的效率更高。例如，应该对会面时间、地点、联系电话、区域号码等各方面的信息进行核查校对，尽可能地避免错误。 ⑦挂电话前应有礼貌 电话交谈完毕时，应尽量让对方先结束对话，然后彼此客气地道别，说一声“再见”，再挂电话，不可只管自己讲完就挂断电话。 若确需自己来结束，应解释、致歉。通话完毕后，应等对方放下话筒后，再轻轻地放下电话，以示尊重。 ⑧有客人来访不能接待时应致歉 当你正在通电话，又碰上客人来访时，原则上应先招待来访客人，此时应尽快向通话对方致歉，得到许可后挂断电话。不过，电话内容很重要而不能马上挂断时，应告知来访的客人稍等，然后继续通话。

续表

（2）打电话礼仪

①工作时间禁止接、打私人电话。

②因工作需要打电话时要注意以下要点。

☆拟好通话要点。前台工作人员应在打电话前准备好通话内容，若怕遗漏，可拟出通话要点，理清说话顺序，备齐与通话内容有关的文件和资料。

☆电话接通后，首先通报自己的姓名、身份。必要时，应询问对方是否方便，在对方方便的情况下再开始交谈。

☆电话用语应文明、礼貌，电话内容要简明、扼要。“您好”、“请”、“谢谢”等词语应不离口。同时注意语音语调，切不可高声大喊、装腔作势或拿腔捏调、嗲声嗲气，更不能粗暴无礼。

☆通话完毕时应道“再见”，然后轻轻放下电话，以免让人感到粗鲁无礼。

第八条　公司内部工作礼仪

（1）离座和外出

前台接待人员工作的特殊性决定了其离座不应该太久，一般不能超过 10 分钟。如果是因为特殊原因需要外出时，应先找妥代办人，并交代清楚接听电话的方法等。

（2）严守工作时间

前台接待人员应该严格遵守作息时间。一般情况下，应该提前 5 ~ 10 分钟到岗，下午下班应该推迟 20 ~ 30 分钟。

（3）闲谈与交谈

应该区分闲谈与交谈。前台人员应该尽量避免长时间的私人电话占线，更不可在前台与其他同事闲谈聊天。

（4）遵守公司的其他规章制度

第九条　以上各项礼仪制度要求，前台工作人员应严格遵守执行，行政部及人力资源部相关负责人员将不定期进行检查，若发现违反行为，根据公司奖惩制度，视情况给予相应处分。

第十条　公司行政部拥有本制度的最终解释权。

第十一条　本制度自公布之日起施行。

4.2 前台接待管理制度

前台接待管理制度

第一条　前台是公司对外的重要窗口，是外单位人员对公司的第一印象，直接反映公司员工的素质。

续表

为了充分发挥前台的窗口作用，切实维护好公司的良好形象，特制定本制度。 第二条　公司前台接待人员均应严格遵守本制度的相关规定。 第三条　前台接待专员要求具备大专以上学历，具有一定的学识和知识面，有一定英语会话能力，熟悉和掌握公司的基本情况，能较好地处理与前台接待业务相关的事宜。 第四条　前台接待专员要按职能分工做好本职工作，对工作要认真负责，任劳任怨，不断增强服务意识，为领导和员工服好务。自觉遵守考勤、作息制度，坚守岗位，提前上班、延后下班，有事及时请销假。 第五条　前台接待专员在接转电话时要做到迅速、准确；推销类电话不随便转接，如有转接必要请征求当事人意见；上班不接、打私人电话，不随意喧闹和闲谈，不做与工作无关的事情。 第六条　前台接待专员在工作中要注重礼节、礼貌、着装和仪表，做好来宾接待、询问、引导、解答等工作。 第七条　前台接待专员接到门卫通知有客人来访时，应立即联络被访者，明确被访者是否与客人有约或是否接受来访，再通知门卫放行。 第八条　所有来访客人，必须登记，由相关人员带领才准许进入工作区域。 第九条　对于普通来宾，一般安排在公司会议室内接待；对于贵宾来访，根据接见对象，由接见对象安排接待地点，前台协助指路；对于面试人员，在会议室允许的条件下，尽量安排在会议室接待。 第十条　未经核准的来宾及公司员工擅自带人来公司参观，前台有权制止并通知上级拒绝参观。 第十一条　严格会客、特快专递、挂号信件的登记制度，经手人要严格履行收、发、登记、签字手续，及时处理特快专递，分发信件、报刊等服务和管理工作。为避免丢失信函和报刊，不要让别人随意翻阅领导和各部门的信函与订阅的报刊，应将公司领导信函和订阅的报刊及时送到领导的办公室。 第十二条　前台接待专员应在上班前做好前台卫生，迎候员工上班。 第十三条　前台接待专员负责前台办公环境的整洁、美观，负责检查督促办公楼大厅的环境卫生等，发现环境卫生有问题，应请保洁员及时打扫、清理，始终保持办公楼大厅有一个良好的卫生环境。. 第十四条　前台接待专员不得随意离开座位，有事请让其他人员帮助接听电话。 第十五条　前台接待专员对一时不好处理的问题，应及时向有关部门请示报告。 第十六条　前台接待专员平时要提高警惕，发现情况及时报告。遇火险、治安等突发事件时，应积极配合保安在第一时间报警（火警 119、匪警 110），把损失降低到最低限度。 第十七条　电话铃声响起之后，应尽快拿起话筒并告诉对方“您好，这里是 ×× 公司”。在电话铃声响起 3 声之内，必须接听电话，以免引起来电者的失望或不快。 第十八条　电话用语应简洁、通顺、礼貌、热情，使对方感到心情舒畅，给对方留下较好的印象。

续表

第十九条　若来电指名找人，前台接待人员应迅速把电话转给要找的人。若其要找的人是各部门领导，要尽量将电话转给其秘书或助理。如果要找的人不在，应明确告诉对方；如果需要留言，必须做好记录。 第二十条　接听电话时要认真，前台接待人员应备电话记录本，重要的电话应做记录。对于经常往来的电话，前台接待人员应备有他们的姓名和电话号码，以便于查找。 第二十一条　若对方说话声小，听不清楚，前台接待人员不能大声叫嚷，而要有礼貌地告诉对方“对不起，声音有点小”。 第二十二条　通话时如果有客人来访或其他人等进入办公场所，不得置之不理，应该点头致意。如果需要与同事讲话，应有礼貌地说“请您稍等”，然后捂住送话筒，小声交谈。 第二十三条　若通话突然中断，不要立即挂断电话，应该等对方挂断之后再轻轻放下。 第二十四条　电话内容谈毕，应该让对方先结束电话，并以“再见”作为结束语，待对方放下电话之后再轻轻地放下电话，以示对对方的尊重。 第二十五条　在电话中接到对方邀请和各种会议的通知时，应该热情致谢。 第二十六条　公司行政部拥有本制度的最终解释权。 第二十七条　本制度自公布之日起施行。

4.3 办公用品管理制度

办公用品管理制度

第一条　本公司为规范办公用品的发放工作，特制定本制度。

第二条　公司各部门应本着节约的原则领取、使用办公用品。

第三条　办公用品的采购与管理由行政部统一负责。

第四条　本制度适用于公司全体员工。

第五条　对于日常易耗品申请，直接由申请部门填写申请单（见本书表 5-87），经主管签字确认后，到行政部登记领取。

第六条　各部门如申购办公用品，还必须另填一份订购审批单（见本书表 5-88），经办公事务部门确认审核后，由办公事务部门统一购买。

第七条　在申请书中要写明所要物品、数量、质量规格。

第八条　为了统一限量、控制办公用品规格以及节约经费开支，所有办公用品的购买都由办公事务部门统一购买。如有特殊情况，允许各部门在提出“办公用品购买审批单”的前提下就近采购。在这种情况下，办公事务部门有权进行审核，并且把审核结果连

续表

同审批单一起交付监督检查部门保存，以作为日后使用情况报告书的审核与检查依据。

第九条　购买量的确定。根据办公用品库存量情况以及消耗水平，确定订购数量。

第十条　供应商的确定。办公事务部门在购买办公用品时，必须货比三家选择其中价格、质量最优者。

第十一条　办公事务部门必须依据订购单，填写“订购进度控制卡（见本书表5-89）”，卡中应写明订购日期、订购数量、单价以及向哪个商店订购等。

第十二条　所订购办公用品送到后，办公事务部门要按送货单进行验收，核对品种、规格、数量与质量，确定无误，在送货单上加盖印章，表示收到。然后，在订购进度控制卡上做好登记，写明到货日期、数量等。

第十三条　收到办公用品后，对照订货单与订购进度控制卡，开具支付传票，经主管签字、盖章，做好登记，转交出纳室负责支付或结算。

第十四条　办公事务部门依据申请部门的申请单，在所需物品全部到库后，填写办公用品分发通知书（见本书表5-90）。

第十五条　办公事务专员进行核对后，把申请所要全部用品备齐，分发给各部门。

第十六条　用品分发后做好登记，写明分发日期、品名与数量等。一份申请书连同用品分发通知书，转交办公用品管理室记账存档；另一份作为用品分发通知，连同分发物品一起返回各部门。

第十七条　办公事务部门必须对所有入库办公用品一一填写台账（如本书表5-91所示）。

第十八条　必须清楚地掌握办公用品库存情况，经常整理与清扫，必要时要实行防虫等保护措施。

第十九条　办公用品仓库一年盘点两次。盘点工作由办公事务主管负责。盘点要求做到账物一致，如果不一致必须查找原因，然后调整台账，使两者一致。

第二十条　印刷制品与各种用纸的管理按照盘存的台账为基准，对领用的数量随时进行记录并进行加减，计算出余量。一旦一批消耗品用完，应立即写报告递交办公事务主管。

第二十一条　非易耗类办公用品如有故障或损坏，应以旧换新，如遗失应由个人或部门赔偿、自购。

第二十二条　所有办公用品非工作原因严禁带出公司。

第二十三条　报废审核。对于各部门提交的报废物品清单（如本书表5-92所示），办公事务专员要认真审核，确认其不能再次利用后，经办公事务主管签字方可做报废处理。

第二十四条　对决定报废的办公用品，要做好登记，在报废处理册上写清用品名称、价格、数量及报废处理的其他有关事项。

第二十五条　报废品不得随意丢弃，应集中存放、集中处理。

第二十六条　办公事务部门定期核对用品申请书与实际使用情况。

第二十七条　办公事务部门不定期核对用品领用传票与用品台账。

续表

第二十八条　办公事务部门不定期对各部门办公用品使用情况进行检查，杜绝浪费办公用品行为。

第二十九条　本制度经总经理办公会讨论通过。

第三十条　本制度自发布之日起执行。

4.4 办公设备管理制度

办公设备管理制度

第一条　为了保证公司办公设备正常运转，提高办公设备工作效率和使用效率，特制定本制度。

第二条　本制度所指办公设备包括电话、电脑、打印机、复印机、传真机等。

第三条　本制度适用于公司全体员工。

第四条　办公设备购买由各部门在年初部门计划中统一列入预算，经公司领导审批后由办公事务部门统一以招标形式购买。

第五条　对于临时增购的办公设备要经总经理审批同意方可。

电脑使用管理

第六条　专人专管

（1）每台电脑指定专门人员上机，负责日常操作，非操作人员不得随意上机。

（2）电脑使用人员设密码管理，密码属公司机密，未经批准不得向任何人泄露。

第七条　操作规定

（1）严禁在电脑上从事与本职工作无关的事项，严禁使用电脑玩游戏。

（2）不得使用未经病毒检查的软盘，防止病毒入侵。

（3）严禁私自拷贝、泄露涉及公司有关机密的文件资料。

第八条　病毒防护

（1）装有软驱的计算机一律不得入网。

（2）对于联网的计算机，任何人在未经批准的情况下，不得从网络复制软件或文档。

（3）对于尚未联网的计算机，其软件的安装由电脑室负责。

（4）任何计算机需安装软件时，须由相关专业负责人提出书面报告，经部门主管同意后，由专业人员负责安装。

（5）所有计算机不得安装游戏软件。

（6）数据的备份由相关专业负责人管理，备用的软盘由专业负责人提供。

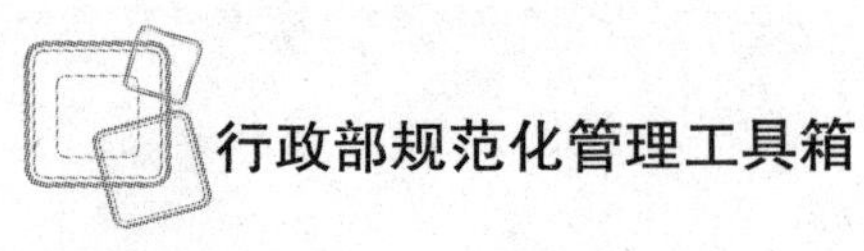

续表

（7）软件在使用前，必须确保无病毒。

（8）任何人未经过他人同意，不得使用他人的电脑。

第九条　硬件保护

（1）除负责硬件维护的人员外，任何人不得随意拆卸所使用的计算机设备。

（2）硬件维护人员在拆卸计算机时，必须采取必要的防静电措施。

（3）硬件维护人员在作业完成后或准备离去时，必须将所拆卸的设备复原。

（4）各部门负责人必须认真落实所辖计算机及配套设备的使用和保养责任。

（5）各部门负责人必须采取必要措施，确保所用计算机及外设始终处于整洁和良好的状态。

（6）所有带锁的计算机，在使用完毕或离去前必须上锁。

（7）对于关键的电脑设备应配备必要的继电设施以保护电源。

第十条　电脑保养

（1）保持电脑的清洁，严禁在电脑前吸烟、吃东西等，严禁用手、锐物触摸屏幕。使用人在离开前应退出系统并关闭电脑，盖上防尘罩。确保所用的电脑及外设始终处于整洁和良好状态。

（2）定期（每月末）对电脑内资料进行整理，做好备份及删除不必要的文件资料，保证电脑内运行空间的充足。备份的磁盘由电脑管理员保管。

（3）定期（每月一次）由指定的专业电脑维护公司进行维护和保养。

电话使用管理

第十一条　电话由行政部统一负责管理，各部门主管负责监督与控制使用。

第十二条　每次通话时间以 3 分钟为限。通话时应简洁扼要，以免耗时占线、浪费资金。

第十三条　使用前应对通话内容稍加构思或拟出提纲。

第十四条　各种外线电话须配置专用长途电话记录表，并逐次记录使用人、受话人、起止时间、联络事项及交涉结果。该记录表每月转办公事务主管审阅。

第十五条　长途电话限主管以上人员使用，其他人员使用长途电话需先经主管批准。

第十六条　禁止因私拨打长途电话。

打印机、复印机使用管理

第十七条　打印机、复印机由专人负责管理使用，其他人员未经批准不得擅自使用。

第十八条　打印、复印文件资料要办理审批手续，详细填写打印、复印的时间、标题、份数、密级，经主管批准签字后方可。

第十九条　凡需打印的文件、表格等，字迹要清楚、语句要通顺。打印的文件由拟稿部门负责校对。

第二十条　为确保复印机的安全运转，每天开机时间不宜过长，急件经主管批准后，方可临时开机。

第二十一条　打印复印人员要严守文件内容，做到不泄密、不失密。

续表

传真机使用管理

第二十二条　传真机由专人保管使用，其他人员不得自行使用。

第二十三条　不得使用传真机传送个人材料，机密文件需经公司领导批准。

第二十四条　建立传真登记、签收制度，立档备案。

第二十五条　每天下班后，传真机设置为自动接收，以防止遗漏重要文件。

其他办公设备使用管理

第二十六条　专管专用。公司所有办公设备都要指定专人使用，其他人员若使用必须经设备主管人员批准方可。

第二十七条　办公设备要定期进行养护，以免老化影响使用。

第二十八条　办公设备使用人员要保证设备的安全。如果能够上锁，全部上锁；如果因使用人员过失造成办公设备丢失，要追究相关责任人责任。

办公设备使用监管

第二十九条　公司办公事务部门负责对办公设备使用情况进行不定期检查。

第三十条　公司办公事务部门对违规使用人员有提请处罚的权力。

4.5 文书管理制度

文书管理制度

第一条　为使公司公文处理准确、及时，提高公文处理的工作效率和公文的质量，特制定本制度。

第二条　公司各部门与外界来往文书的收发由办公事务部门统一负责。

第三条　办公事务部门指定人员负责来往文书的核稿及收发、拆封、登记、分发、稽催、校对、监印等事宜。

第四条　公司的通用公文种类

（1）请示

向上级部门请求请示、批准的事项。

（2）报告

向上级部门汇报工作、反映情况、提出建议、答复下级的请示事项。

（3）决定

对公司重要事项或重大活动做出安排。

（4）决议

经过会议讨论或议定，要求贯彻执行的事项。

续表

(5)批复 上级答复下级的请示事项。 (6)通告 在公司范围内公布应当遵守或周知的事项。 (7)通知 传达、批转上级、同级、不相属部门的公文；传达要求下级部门协助或需要周知或共同执行的事项；发布规章、任免聘用事项。 (8)通报 表彰先进，批评错误，传达重要情况。 (9)函 对同级或不相属单位间相互介绍、商洽、询问、催办、答复某些问题，请有关部门批准。 (10)会议纪要 记载和表达会议重要精神及议定事项，要求与会单位共同遵守执行。 第五条　文书的保密等级划分 (1)绝密。指极为重要并且不得向无关人员泄露内容的文书。 (2)秘密。指次重要并且所涉及内容不能向无关人员透露的文书。 (3)机密。指不宜向公司以外人员透露内容的文书。 (4)普通。指非机密文书。如果附有其他调查问卷之类的重要东西，则另当别论。 第六条　到达文书全部由文书主管部门接收，并按下列要点处置。 (1)一般文书予以启封，分送各部门。 (2)私人信件直接送收信人。 (3)分送各部门的文书若有差错，必须立即退回。 第七条　各部门的邮寄文书，必须于发送前在“发信登记本”与“邮资明细账”上做好登记。 第八条　公文格式 (1)公文内容 ①发文号：由公司的代字、发文年度、发文顺序号组成，位于文头与界栏线上。 ②收文机关：向上级的请示、报告，一般只写一个主送单位，需同时报送另一个上级部门的，用“抄送”；对同级或下级则用“抄送”。 ③标题：对公文主要内容的概括和反映，是公文的眉目。 ④正文：公文的主体部分。 ⑤发文机关：制发文的单位，位于正文的右下侧，应写全称或通用简称。 ⑥公文日期：包括年、月、日，写在公文末尾，一般以印刷日期为准，重要公文以签发日期为准。 ⑦公文印章：加印在发文日期中间。 ⑧密级：保密文件注明密级。

续表

⑨附件：附件位于正文之后、印章之前，注明附件的序号、标题。

（2）用纸格式

本公司公文用纸一律以 A4 为标准纸，左侧装订。

（3）印装格式

①公文均采用横书横排。

②单面印刷可在上端装订，双面印刷在左面装订。

③装订可用钉装、胶粘办法。

第九条　文书的署名

（1）公司内文书，如果是一般往来文书，只需主管署名；如果是单纯的上报文书或者不涉及各部门且内容不重要的文书，只需部门署名；如果是重要文书，按责任范围由总裁、副总裁、常务董事署名，或者署有关部门的主管姓名和职务。

（2）对外文书，如合同书、责任状、政府许可申请书、回执、公告等重要文书，一律署总裁职务与姓名。如果是总裁委托事项可由指名责任者署名。上列规定以外的文书，也可署分公司或分支机构主管的职务与姓名。

第十条　文书的盖章

（1）在正本上必须加盖文书署名者的印章，副本可以加盖署名者或所在部门印章。

（2）如果文书署名者不在，可加盖代理者印章，并加盖具体执行者印章。但在这种情况下，文书存档前必须加盖署名者印章。

（3）以部门或公司名义起草的文书，须在旁侧加盖有关责任者印章。

第十一条　文书制作注意事项

（1）文书必须简明扼要，一事一议，语言措辞力求准确规范。

（2）起草文书的理由包括起因以及中间交涉过程，并加以证明，附上相关资料与文件。

（3）必须明确起草文书的责任者，并署上请示审批提案者姓名。

（4）对请示提案文书进行修改时，修改者必须认真审阅原件，并且必须署名。

第十二条　文书的整理与保存

（1）全部完结的文书，在办结后 3 天内，交行政主管归存，按“完整、有序”原则对文件整理、检查，按类别、年代立卷，分别按所属部门、文件机密程度、整理编号和保存年限进行整理与编辑，并在“文书保存簿”上做好登记，归档保存。

（2）公司个人不得保存公司公文，凡参加会议带回的文件，应及时交行政部登记保管，调离公司的员工应将文件和记录本清理移交。

（3）分公司或分支机构的文书分为两类：一类是特别重要的文书，直接归主管保存；另一类是一般文书，留存各部门保管。

第十三条　文书的保存年限

（1）永久保存文书包括：章程、股东大会及董事会议事记录、重要的制度性规定；重要的契约书、协议书、登记注册文书；股票关系文书、重要的诉讼关系文书；重要的政府许可证件；有关公司历史的文书；决算书和其他重要文书。

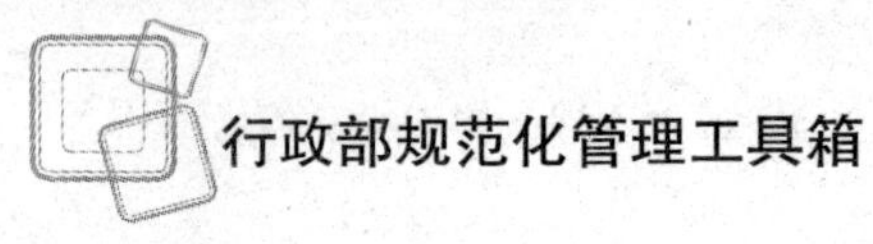

续表

（2）保存 10 年的文书包括：请求审批提案文书；人事任命文书；奖金工资与津贴有关文书；财务会计账簿、传票与会计分析报表以及永久保存以外的重要文书。

（3）保存 5 年的文书，指不需要保存 10 年的次重要文书。

（4）保存 1 年的文书，指无关紧要或者临时性文书。如果是调查报告，则由所在部门主管负责确定保存年限。

第十四条　注意事项

（1）重要的机密文件，一律存放在保险柜或带锁的文件柜中。

（2）保存期满及没必要继续保存的文书，经主管决定，填写销毁的理由和日期之后，予以销毁。机要文书一律以焚烧的方式销毁。任何个人不准擅自销毁文件，或以废纸出售。不需立卷的文件材料逐件登记报公司领导批准销毁。

（3）销毁秘密级以上文件要进行登记，由专人监督，保证不丢失、不遗漏。

（4）如果职务或部门划分发生变更或者作出调整，则必须在有关登记簿上注明变更与调整的理由，以及变更与调整后的结果。

（5）必须做好重要文书的借阅登记工作，并注明归还日期。一切借阅都必须出具借阅证。

4.6 档案管理制度

档案管理制度

第一条　管理部门

（1）文书结案后，原稿由行政部门归档，经办部门根据实际需要留存影本。如因业务处理需要，原稿须由经办部门保管，应经文书管理部门主管同意后妥善保存，文书管理部门以影本归档。

（2）各分公司档案分类目录及编号原则，由公司办公事务部门统一制定。

第二条　文件点收

文件结案移送归档时，根据如下原则点收：

（1）检查文件的文本及附件是否完整，如有短缺，应立即追查归入。

（2）文件如经过抽查，应有管理部门主管的签认。

（3）文件的处理手续必须完备，如有遗漏，应立即退回经办部门。

（4）与本案无关的文件或不应随案归档的文件，应立即退回经办部门。

（5）有价证券或其他贵重物品，应退回经办部门，经办部门送指定保管部门签收后，将文件归档处理。

续表

第三条 文件整理

点收文件后，应依下列方式整理。

（1）中文竖写文件以右方装订为原则，中文横写或外文文件则以左方装订为原则。

（2）右方装订文件及其附件均应对准右上角，左方装订则对准左上角、理齐订牢。

（3）文件如有皱褶、破损、参差不齐等情形，应先补整、裁切、折叠，使其整齐划一。

第四条 档案分类

（1）档案分类应视案件内容、部门组织、业务项目等因素，按部门、大类、小类三级分类。先以部门区分，然后依案件性质分为若干大类，再在同类中依序分为若干小类。

（2）档案分类应力求切合实用。如果因案件较多、三级分类不够应用时，须在第三级之后增设第四级“细类”。如案件不多，也可仅使用“部门”及“大类”或“小类”二级。

（3）同一“小类”（或“细类”）的案件以装订于一个档夹为原则，如案件较多，一个档夹不够使用时，可分为两个以上的档类装订，并于小类（或细类）之后增设“卷次”编号，以便查考。

（4）每一档夹封面内首页应设“目次表”，案件归档时依序编号、登录，并以每一案一个“目次”编号为原则。

（5）档号的表示方式如下：

A_1A_2——$B_1B_2C_1C_2D_1$——E_1E_2

其中 A_1A_2 为经办部门代号，B_1B_2 为大类号，C_1C_2 为小类号，D_1 为档案卷次，E_1E_2 为档案目次。

第五条 档案名称及编号

（1）档案各级分类应赋予统一名称，其名称应简明扼要，以充分表明档案内容性质为原则，并且要有一定范畴，不能笼统含糊。

（2）各级分类、卷次及目次的编号，均以十进制阿拉伯数字表示，其位数使用视案件多少及增长情形斟酌决定。

（3）档案分类各级名称经确定后，应编制“档案分类编号表”，将所有分类各级名称及其代表数字编号，用一定顺序依次排列，以便查阅。

（4）档案分类各级编号内应预留若干空档，以备将来组织扩大或业务增多时，随时增补之用。

（5）档案分类各级名称及其代表数字一经确定，不宜任意修改，如确有修改必要，应事先审查讨论，并拟定新旧档案分类编号对照表，以免混淆。

第六条 档案编号

（1）新档案。应从“档案分类编号表”查明该档案所属类别及其卷次、目次顺序，以此来编列档号。

（2）档案如何归属前案，应查明前案的档号并予以同号编列。

续表

（3）档号以一案一号为原则，遇有一案件叙述数事或一案归入多类者，应先确定其主要类别，再编列档号。

（4）档号应自左而右编列，右方装订的档案，应将档号填写于案件首页的左上角；左方装订者则填写于右上角。

第七条　档案管理

（1）归档文件，应依目次号顺序以活页方式装订于相关类别的档夹内，并视实际需要使用“见出纸”注明目次号码，以便翻阅。

（2）档夹的背脊应标明档夹内所含案件的分类编号及名称，以便查档。

第八条　保存期限

文件保存期限除政府有关法令或本企业其他规章特定者外，依下列规定办理。

（1）永久保存

①公司章程；

②股东名册；

③组织规程及办事细则；

④董事会及股东会记录；

⑤财务报表；

⑥政府机关核准文件；

⑦不动产所有权及其他债权凭证；

⑧工程设计图；

⑨其他经核定须永久保存的文书。

（2）10 年保存

①预算、决算书类；

②会计凭证；

③事业计划资料；

④其他经核定须保存 10 年的文书。

（3）5 年保存

①期满或解除之合约；

②其他经核定须保存 5 年的文书。

（4）1 年保存：结案后无长期保存必要者。

（5）各种规章由规章管理部门永久保存，使用部门视其有效期予以保存。

第九条　档卷清理

（1）档案管理人员应该及时擦拭档案架，保持档案清洁，以防虫蛀腐朽。每年更换时，依规定清理一次，已到保存期限者，给予销毁。销毁前应造册呈总经理核准，并于目录附注栏内注明销毁日期。

（2）保管期限届满的文件中，部分经核定仍有保存参考价值者，管档人员应将“收（发）文登记单”第五联附注在其保留文件上，并在第五联上注明部分销毁的日期。

续表

第十条　调卷程序

（1）各部门经办人员因业务需要需调阅档案时，应填写“调卷单”，经其部门主管核准后向管档人员调阅。

（2）借阅档案包括文件资料必须在档案借阅登记簿登记后方可借阅，秘密级以上的档案文件须经经理级领导批准方能借阅。

（3）案卷不许借出，只供在档案室查阅，未归档的文件及资料可借出。

（4）档案管理人员接到“调卷单”，经核查后，取出该项档案，并于“调卷单”上填注借出日期，然后将档案交予调卷人员。“调卷单”应按归还日期先后整理，以备催还。

（5）借阅期限不得超过两星期，到期必须归还，如需再借应办理续借手续。

（6）借阅档案的人员必须爱护档案，要保护档案的安全与保密，不得擅自涂改、勾画、剪裁、抽取、拆散、摘抄、翻印、复印、摄影、转借或损坏，否则按违反《保密法》追究当事人责任。

（7）借阅的档案交还时，必须当面点交清楚，如发现遗失或损坏应立即报告领导。

（8）外单位借阅档案应持有单位介绍信并经总经理批准后方能借阅，但不能将档案带离档案室。

（9）外单位摘抄卷内档案应经总经理同意，对摘抄的材料要进行审查签章。

（10）档案归还时，经档案管理人员核查无误后，档案即归入档夹。“调卷单”由档案管理人员留存备查。

第十一条　调卷管理

（1）“调卷单”以一单一案为原则，借阅时间以一周为限，如有特殊情况需延长调阅期限时，应按调阅程序重新办理。

（2）调卷人员对于所调档案，不得抽换增损，如有拆开必要时，亦须报明原因，请管档人员负责处理。

（3）调卷人员调阅档案，应于规定期限内归还，如有其他人员调阅同一档案时，请变更调卷登记，不得私自接受。

（4）调阅的档案应与经办业务有关，如调阅与经办业务无关之档案，应经文书管理部门主管同意。

4.7 文书档案立卷归档制度

文书档案立卷归档制度

第一条　为加强本公司文书立卷工作，特制定本制度。

第二条　归档的文件材料必须按年度立卷，本公司内部机构在工作活动中形成的各种有保存价值的文件材料，都要按照本制度的规定，分别立卷归档。

第三条　公文承办部门或承办人员应保证经办文件的系统完整（公文上的各种附件一律不准抽存），结案后及时交专（兼）职文书人员归档。工作变动或因故离职时应将经办的文件材料向接办人员交接清楚，不得擅自带走或销毁。

第四条　坚持部门收集、管理文件材料制度。各部门均应指定专（兼）职文书人员，负责管理本部门的文件材料，并保持相对稳定。人员变动应及时通知档案室。

第五条　凡本公司缮印发出的公文（含定稿和两份打印的正件与附件、批复请示、转发文件含被转发的原件）一律由办公室统一收集管理。

第六条　一项工作由几个部门参与办理，在工作活动中形成的文件材料，由主办部门收集归卷。

第七条　公司工作人员外出学习、考察、调查研究、参加上级机关召开的会议等公务活动的相关人员核报差旅费时，必须将会议的主要文件资料向档案室办理归档手续、档案室签字认可后财务部门才给予核报差旅费。

第八条　本公司召开会议，由会议主办部门指定专人将会议材料、声像档案等向档案室办理归档手续，档案室签字认可后财务部门才给予报会议费用。

第九条　各部门专（兼）职文书的职责

（1）了解本部门的工作业务，掌握本部门文件材料的归档范围，收集管理本部门的文件材料。

（2）认真执行平时归档制度，对本部门承办的文件材料及时收集归卷，每年的三月份前应将归档文件材料归档完毕，并向档案室办好交接签收手续。

（3）承办人员借用文件材料时，应积极地提供利用，做好服务工作，并办理临时借用文件材料登记手续。

第十条　准档文件

（1）重要的会议材料，包括会议的通知、报告、决议、总结、领导人讲话、典型发言、会议简报、会议记录等。

（2）上级机关发来的与本公司有关的决定、决议、指示、命令、条例、规定、计划等文件材料。

续表

（3）本公司的各种工作计划、总结、报告、请示、批复、会议记录、统计报表及简报。 （4）本公司各种奖惩、活动、任免等资料。 第十一条　各部门都要建立健全平时归卷制度。对处理完毕或批存的文件材料，由专（兼）职文书集中统一保管。 第十二条　各部门应根据本部门的业务范围及当年工作任务，编制平时文件材料归卷使用的“案卷类目”。“案卷类目”的条款必须简明确切，并编上条款号。 第十三条　公文承办人员应及时将办理完毕或经领导批存的文件材料收集齐全，加以整理，送交本部门专（兼）职文书归卷。 第十四条　专（兼）职文书人员应及时将已归卷的文件材料按照“案卷类目”条款，放入平时保存文件卷夹内对号入座，并在收发文登记簿上注明。 第十五条　立卷工作由相关部室兼职档案员配合，档案室文书档案员负责组卷、编目。 第十六条　案卷质量总的要求是：遵循文件的形成规律和特点，保持文件之间的有机联系，区别不同的价值，便于保管和利用。 第十七条　归档的文件材料种数、份数以及每份文件的页数均应齐全完整。 第十八条　在归档的文件材料中，应将每份文件的正件与附件、印件与定稿、请示与批复、转发文件与原件、多种文字形成的同一文件，分别立在一起，不得分开，文件应合一立卷；绝密文件单独立卷，少数普通文件如果与绝密文件有密切联系，也可随同绝密文件立卷。 第十九条　不同年度的文件一般不得放在一起立卷，但跨年度的请示与批复，放在复文年立卷；没有复文的，放在请示年立卷；跨年度的规划放在针对的第一年立卷；跨年度的总结放在针对的最后一年立卷；跨年度的会议文件放在会议开幕年，其他文件的立卷按照有关规定执行。 第二十条　卷内文件材料应区别不同情况进行排列，密不可分的文件材料应依序排列在一起，即批复在前，请示在后；正件在前，附件在后；印件在前，定稿在后；其他文件材料依其形成规律或特点，应保持文件之间的密切联系并进行系统的排列。 第二十一条　卷内文件材料应按排列顺序，依次编写页号。装订的案卷应统一在有文字的每页材料正面的右上角、背面的左上角打印页号。 第二十二条　永久、长期和短期案卷必须按规定的格式逐件填写卷内文件目录。填写的字迹要工整。卷内目录放在卷首。 第二十三条　有关卷内文件材料的情况说明，都应逐项填写在备考表内。若无情况可说明，也应将立卷人、检查人的姓名和日期填上以示负责。 第二十四条　案卷封面，应逐项按规定用毛笔或钢笔书写，字迹要工整、清晰。

4.8 声像档案管理制度

声像档案管理制度

第一条　为加强本公司的声像档案管理，特制定本制度。

第二条　本公司的声像档案是指本公司各部门或个人在社会实践活动中直接形成的对国家、社会和公司有保存价值的录音、录像、照片、影片等辅以文字说明的历史记录。

声像档案一般由录音带、录像带、摄像带、影片（母片）、照片（含底片）和文字说明两部分组成。

第三条　声像档案是本公司全宗的组成部分，必须由档案室实行集中统一管理。

第四条　声像档案资料收集范围

1. 反映本公司主要职能活动工作成果和存在问题的声像资料。

2. 各级领导人和著名人物参加的与本公司有关的重大活动的声像资料。

3. 本公司有关人员组织或参加的重要会议，会见以及外事活动的声像资料。

4. 涉及本公司和邮电系统权益的声像资料。

5. 其他单位形成的与本公司有关的重要声像资料。

6. 其他具有保存价值的声像资料。

第五条　声像档案资料收集时间

1. 声像档案资料应在形成后一个月内随立档部门其他载体形态的档案同时归档；如有特殊情况可以适当延长归档时间。

2. 档案部门应随时收集零散的具有保存价值的声像资料。

第六条　声像档案资料收集要求

1. 录音带、录像带、摄像带、影片、照片（含底片）和文字说明要收集齐全，按时归档并建立归档控制措施。凡未按规定归档的，其形成费用不予报销，以防散失。

2. 接收原版、原件，特殊情况下可接收复制件。

3. 声像资料的内容要真实，底片、原件与影像、复制品要相符。

第七条　声像档案资料的征集

1. 档案部门有责任随时征集重要声像资料。

2. 在征集的声像资料中，凡涉及国家和行业重大事件的，应向行业管理部门档案处报送目录。

第八条　声像档案费用的报销

本公司各部或个人凡按本办法第四条形成声像档案的费用，只要将档案资料按要求向档案室归档，经档案室签字认可，财务部门应给予核报费用。

续表

第九条 声像档案的整理，包括分类、组合、排列和编目，使其系统起来，便于保管和利用。

第十条 声像档案的整理由摄录人员负责，档案部门协助。

第十一条 声像档案的分类、编号

1. 照片档案按年代、问题分类。同属一类的照片按时间顺序编号，同时填写其底片号。底片在全宗内编流水号。格式：全宗号—流水号。

2. 录音带、录像带、摄像带按年代、题分类，按内容编号。同一内容分录几盘的应视为一个案卷，编一个案卷号，然后每盘再依次编排序号。

3. 编注与其他载体档案相联系的参照号。格式为（档案形态）档号 /（档案形态）档号。

第十二条 保管期限：应视其内容的重要程度、时间、名称、可靠程度、有效性等因素，划定保管期限。

第十三条 文字说明的编写

1. 文字说明基本内容包括事由、时间、地点、人物、背景、作者（摄制者）等。

2. 编写文字说明的要求：

（1）准确揭示档案材料的内容，概括其反映的全部信息，标注项目正确齐全。

（2）照片的自然张（内容相近的亦可以若干张）编写文字说明。录音带、录像带、摄像带按案卷编写文字说明。一组声像资料联系密切的应加文字说明。

（3）文字简洁、语言通顺。

（4）时间用阿拉伯数字表示。

第十四条 编制格式

1. 照片编制采用横写格式。其格式为照片 / 底片号—文字说明—参见号—摄制时间—摄制者。

2. 录音带、录像带、摄像带的编制格式：在盒套上置标注页，按要求逐项填写。

第十五条 案卷要求

1. 将具有共同主题内容的若干份声像资料组成案卷，集中编辑整理存放。

2. 卷内目录：

（1）照片、底片以自然张为单元填写卷内目录。

（2）录音、录像带、摄像带以盒为单元填写卷内目录。

3. 卷内备考表，用于说明卷内声像材料的整理、变动情况。

第十六条 编目。声像档案的著录依照 GB3792.5−85《档案、著录规则》进行。

第十七条 声像档案入库前要进行检查，对已被污损的，要进行必要的技术处理。

第十八条 声像档案的保管条件

（1）底片、胶片库温度应保持在 13~15℃，相对湿度应保持 35%~45%。

（2）照片库温应保持 15~24℃，相对湿度应保持 37.5%~67.5%；录音、录像带库温应保持 18~24℃，相对湿度应保持 40%~60%。

第十九条 底片册、录音、录像带、摄像带应立放，磁带库必须避开 30 奥斯特以上

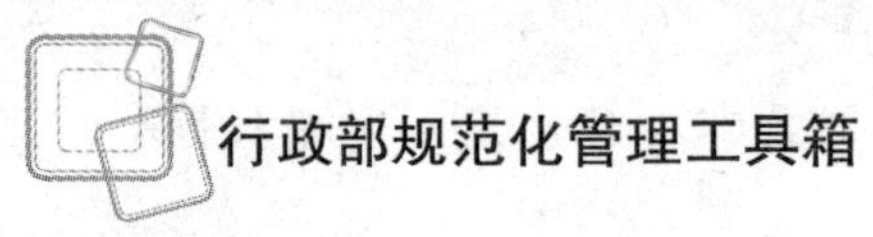

续表

的磁场，盒与盒的间距不小于3mm；存放磁带最好不用铁皮柜。 第二十条　对库存的照片档案，要两年检查一次。 第二十一条　归档保存的声像档案，任何人不得私自撤销、抽出、清洗、消磁和涂改；销毁声像档案必须经过鉴定，征得归档单位同意，报经主管领导审批，登记造册。 第二十二条　建立健全声像档案统计制度，做好声像档案收进、移出、库存数量、保管情况、提供利用及效果等项统计工作。 第二十三条　编制声像档案目录、卡片等检索工具，为利用提供方便条件。 第二十四条　建立声像档案借阅，利用制度，严格审批手续，根据声像档案的机密程度，确定利用范围。 第二十五条　具有专利的声像档案，外单位利用时，应按《中华人民共和国专利法》的有关规定办理。已移交档案馆的，所得专利收益，原则上应拨给原移交单位，档案馆收取保管费。 第二十六条　声像档案原版一般不得借出档案室。如有特殊需要，经主管领导批准后，方可限期外借。利用率高的声像档案可将复制件外借；外单位借用或复制声像档案，由档案室负责办理，并按有关规定收费，实行有偿服务。如在借用中造成损坏，则由借用单位负责赔偿。 第二十七条　在不影响保密的前提下，各单位可利用声像档案举办报告会、展览会，编辑综合性或专题性画册、资料片等，积极开发利用现有的声像档案。

4.9 往来信件管理制度

往来信件管理制度

第一条　为规范报刊、信件管理，确保其准确投递和分发，特制定本制度。

第二条　行政部负责公司信件的管理，并落实专人负责。

第三条　信件分类

（1）依其重要性分别归类，一般分为电报类，限时信件，或其他附有支票等重要文件的信函，公司、机构的其他部门来函，亲启信函，报刊、杂志，商品目录及其他广告宣传资料，包裹等。

（2）报刊杂志、商品目标和邮购广告，除与主管有直接关系，一般由办公室人员处理。这类信件数量大，主管无暇一一过目，办公人员可做重点报告，或者用红笔将有关事项勾出，以便主管参阅。

（3）对于亲启信函，除主管有指示可以拆所有的信件外，不应拆注明“亲启”的信件。如误拆，应立即封妥，并签名注明“误拆”字样。

续表

第四条　拆信或包裹

（1）拆信。拆信时，剪封口要在信封的固定位置上。拆前先将信在桌子上轻敲，使信内物品落在底部，以免拆时受损。拆信后，必须注意下列事项。

①查看信纸上的地址是否与信封上的相同，如果不同，以信封为准，故信封必须保留。

②查看信上是否有写信人的签名，并对照信封，找到写信人的姓名。

③查看信是否有耽误，可从邮戳及信上注明的日期作出判断。耽误的原因可能是写信人在信写好时未立即寄出，或由于邮局耽误所致。

④信上所提到的附件是否附上。如果未附上，在信上注明“缺附件”，并保留信封。如果附有支票或汇票时，应核对金额是否相符。如果无误，在信上注明“核对无误”；如果有差错，要注明差异之处。

⑤信封的邮戳有时可作证明用，信封需妥善保存。可在信封上加盖收信日期章，依收信日期排列，直到确定信件已无用后再一起销毁。

（2）拆包裹。拆包裹时可用刀子或其他工具。在拆时，需注意包裹里面是否附有信件或其他文件。

如果是订购的东西，可取出订单核对，审核寄来的物品是否正确无误，填写核对单交会计部门，通知物品已收到。

（3）其他。拆刊物时先请示上级领导刊物如何处理。领导一般让办公人员先看一遍，然后夹上便条指出主管须看的文章，并标明页数。随着办公人员工作经验的增加，可在阅读文章时，标出重点，准备纲要，以利查阅。

（4）误投邮件，必须退回邮局。如果是已迁走公司的邮件，如知其新地址，可代转过去。

第五条　收发信件登记簿

信件登记设立收发登记簿，每日重要邮件，包括来信及专信，都需登记在收发登记簿中，尤其是挂号信、包裹等。登记簿通常记录收、发信件的日期，以备日后查询。

第六条　分信

来信如以单位为收件人，拆开后应按信件的类别，由各部门接收。如是个人函件，可直接交由收件人。如是公事，分信时需注意以下原则：

（1）用红笔勾出信件要点，节省他人阅读时间。

（2）对于需要回复或需上级领导指示的信件，可加注在信纸边上，供上级裁决。

第七条　回信程序

在回信时必须考虑信件的重要性与时效性。有些信件只是简单的询问或例行通函，处理比较简单，可直接由办公人员回复。有些信件，需请示主管之后才能回复。有些甚至必须收集资料，并经主管审核后，才能回复。要注意的是，不论简单还是复杂的信件，在回信时，应仔细阅读来函，清楚该回复事项，以及需准备的资料，这样才不会遗漏。回信的程序包括来信，直接回复或请示上级，回复（拟稿、打样、核对、签名），寄信（核对、装封、邮寄），复印件归档。

续表

<table>
<tr><td>
第八条　回信注意事项
要写好一封回信，应把握以下要点。
（1）清楚。写信时应措辞明白清楚，使阅信人能立即明了内容，不致引起误会。最忌模棱两可的表达方式。
（2）正确。书信写作，正确是不可或缺的要素。信件内容不正确，易引起纠纷。要避免夸张或过分含蓄。
（3）具体。所谓“具体”就是要言之有物，措辞、文意切中要领，据实直陈，切忌空泛、抽象。
（4）完备。所有的信件都是为某种目的而写，信中该写的内容不可遗漏。如果一封信写得不完备，不但不能达到目的，甚至还会引起相反的效果。
（5）简洁。书信应力求简洁，切忌冗长。须知商场中人，业务繁忙，没时间阅读连篇累牍的信件。
（6）谦恭。谦恭有礼是商场上的重要法则。接待顾客固然要有礼貌，写信时也不能缺少。有礼貌的信会博得收信人的好感。但乱用恭敬的词句也是不对的。
（7）体谅。写信人在写信时，不能只顾从自己的立场出发，而应设身处地地为对方着想。具体地说，提起任何事物，应少用第一人称，要把对方的利益放在最重要的位置。
第九条　各部门若有信件外发，经办人员须在当天下午四点前将外发信函、包裹送至行政部，并填写快递、挂号、包裹外发登记表，行政部四点半前将当日外发信件清点，交邮局工作人员寄发。
</td></tr>
</table>

4.10 公司印章管理制度

<table>
<tr><td>
公司印章管理制度
第一条　为规范公司印章的管理，特制定本制度。
第二条　本制度中所指印章是在公司发行或管理的文件、凭证文书等与公司权利义务有关的文件上，因需以公司名称或有关部门名义证明其权威作用而使用的印章。
第三条　公司印章的制定、改刻与废止的方案由行政部经理提出。
第四条　正式印章，指公司章、董事会章、监事会章以及公司所属分支机构印章。
第五条　专用印章，指公司财务专用章、人事专用章、各职能部门章、董事会办公室章、总裁办公室章、监事会办公室章、保卫工作专用章以及分支机构财务专用章、分公司人事专用章等用于指定用途的印章。
</td></tr>
</table>

续表

第六条　人名用章，指公司法定代表人、分支机构负责人以个人名义刻制的用于公务的签名章或印鉴章。 第七条　公司公章的使用范围 （1）发送正式公文、电函、传真件等。 （2）报送或下达各类业务计划、业务报表、财务报表等。 （3）授权委托书、人事任免、劳动合同、对外介绍等。 （4）签订重要业务合同、协议等。 （5）上岗证、先进集体和个人荣誉证书等。 （6）需要代表本单位加盖行政公章的其他批件、文本、凭证、材料等。 第八条　董事会、监事会印章使用根据公司章程规定的范围及职权行使。 第九条　分公司和职能部门印章使用范围，根据公司、分公司的授权用于第七条的全部或部分项目。 第十条　各职能部门印章使用范围 （1）在其职权范围内，与公司内部对口业务部门的电文、通知、函件等工作联系。 （2）用于对外工作介绍信和授权范围内的工作函件等。 第十一条　印章刻制和更换的申请和审批 （1）公司印章、董事会和监事会印章，由公司行政部根据有关单位核发的证、照及有关批准文件制发。 （2）分公司印章，由分公司根据有关批准单位核发的证、照及有关批准文件制发。 （3）公司内部各部门之间信函往来，以部门负责人签字或内部网上部门信箱为准。若部门因工作需要而要求刻制印章，应另行申请，限定使用范围，经公司领导批准后方可刻制。 （4）印章不能继续使用的，使用单位应向上级单位提出书面制发申报。 第十二条　印章的刻制 公司各类印章由行政部到公安机关办理有关手续后在公安机关指定的专营单位刻制。 第十三条　各类印章的规格、材质 （1）公司印章、董事会印章、监事会印章，外直径为 × 毫米，圆形，带五角星，塑质。 （2）公司专用章（除财务专用章外）和分公司印章，外直径为 × 毫米，圆形，带五角星，塑质。 （3）分公司人事专用章，外直径 × 毫米，圆形，带五角星，塑质。 （4）财务专用章、人名章的规格、材质根据有关主管机关的规定执行。 第十四条　使用公司印章或高级职员名章时应当填写“公司印章使用申请单”（如本书表 5-94 所示），写明申请事项，征得部门领导签字同意后，连同需盖章文件一并交印章管理人。 第十五条　使用部门印章和分公司印章，需在申请单上填写用印理由，然后送交所属部门经理，获得认可后，连同需要用印文件一并交印章管理人。

续表

第十六条　公司印章的使用原则上由印章管理人掌握。印章管理人必须严格控制用印范围和仔细检查用印申请单上是否有批准人的印章。 第十七条　代理实施用印的人要在事后将用印依据和用印申请单交印章管理人审查。同时用印依据及用印申请单上应用代理人印章。 第十八条　公司印章原则上不准带出公司，如确因工作需要，需经总经理批准，并由申请用印人写出借据并标明借用时间。 第十九条　常规用印或需要再次用印的文件，如果事先与印章主管人取得联系或有文字证明者，可省去填写申请单的手续。印章主管人应将文件名称及制发文件人姓名记入一览表以备查考。 第二十条　公司印章的用印，依照以下原则进行：公司、部门名章及分公司名章，分别用于以各自名义行文时；职务名称印章在分别以职务名义行文时使用。 第二十一条　公司印章的保管，应实行印章专人保管、负责人印章与财务专用章分管制度，并严格执行保管人交接制度。 第二十二条　正式印章、人事专用章启用前，有关部门应将印章保管人员名单报公司主管部门备案。印章使用过程中，保管人员如有变动，应在变动当日内通知公司主管部门。 第二十三条　印章保管人因故临时请假，须更换印章保管人。单位领导应指定临时保管人，并做好交接记录。 第二十四条　印章颁发单位和使用单位均须把已启用的各类印章印模，批准启用的有关文件立卷归档，永久保存。 第二十五条　印章应存放在安全、保密处。 第二十六条　印章内容需要变更或机构终止时，应停止使用有关印章并交由行政部予以封存或销毁。 第二十七条　因印章内容变更或机构终止而停止使用印章时，印章管理部门在印章停用五日内，由保管人写出印章停用说明，经部门领导签字后上报行政部。 第二十八条　印章散失、损毁、被盗时，各管理者应迅速向公司递交说明原因的报告书，行政部经理则应根据情况依相关规定的手续处理。 第二十九条　除特别需要，由行政部经理将废止印章保存 3 年。

4.11 图书资料管理制度

图书资料管理制度
第一条　本公司图书的购进、保管、整理、外借与归还等管理业务均按本制度办理。

续表

第二条　图书资料是指由公司行政部统一购进、管理的图书、刊物和报纸。图书资料主要用于促进公司经营业务合理运作，提高本公司所有职员专业水平，使公司在经营道路上创造出自己的经营风格。

第三条　本制度的制定、修改与废除，由行政部提议、常务董事会决定。

第四条　行政部负责对图书市场的调查研究，寻找合适的图书。

第五条　购买图书由行政部根据“公司学习计划”以及各部门的申请要求进行，并由行政部经理对购买图书的各个环节进行控制与检查。

第六条　行政部必须逐月、逐年制订图书购买计划。图书采购人员按计划实施采购。

第七条　如果属购进图书，则在接收图书时支付现金，结清图书书款，并注意控制预算，不得超支。如果属捐赠图书，则应在接收图书时开具收纳凭证。

第八条　图书资料的目录及借阅情况由行政部的具体管理人员按日更新后在内部网上公布，公司职员可通过内部网查询图书使用情况。

第九条　所有图书都必须按图书管理卡（见本书表 5-95）要求进行登记，注明购入时间、著作名称、作者姓名、出版社名称、出版年月以及必要的项目，并且把卡片分类放入各索引柜内，以便于检索。

第十条　公司职员借阅使用图书期间要爱惜，不得污损图书资料。行政部的图书管理人员在收回图书资料时要认真检查，发现污损要追究当事人责任。

第十一条　图书资料一般借阅期限为一个月，对于不按时归还的，行政部图书管理人员要及时催还。

每次每人限借杂志一本、书籍两本，期限已至而未归还者，应承担一定责任。

第十二条　公司职员不得将图书资料转借他人，职员如丢失图书资料，需照价赔偿。

4.12 电子资料管理制度

电子资料管理制度

第一条　为了使公司员工能够适应现代科学技术日新月异的发展，能够更加规范化处理电子资料，特制定本制度。

第二条　本制度适用于公司全体员工。

第三条　本制度中电子资料包括电子文字、数据信息、图片、图像及声音等。

第四条　外来资料

（1）外来电子资料，主要指通过互联网或外部存储设备（如 U 盘、硬盘等）获得的电子版资料。

续表

（2）外部资料电子化，主要指公司各部门从外部获得的非电子版资料，为了修改、保存等目的，通过一定的手段（如扫描、输入等）将其电子化，生成电子版资料。

第五条　内部资料

（1）内部电子资料，包括公司内部各种文件、合同等的电子版本以及因某种需要而编制的各种电子资料（如PPT、数码照相、摄像等）。

（2）内部资料电子化，指公司为了保存、修改等需要把非电子资料转化为电子资料。

电子资料的类别

第六条　共享资料，指公司内部员工可以共同分享的电子信息，一般为供企业内部员工学习成长及一般性工作指导类电子文件。

第七条　核心资料，指对公司经营发展有一定影响的，流传范围限制在一定范围内的资料，一般包括企业核心流程、企业发展计划等。

第八条　绝密资料，指对公司发展有重大影响的，流传范围限定在为数不多的几个人的范围内的资料，一般包括新的创意、核心技术资料等。

电子资料的控制管理

第九条　共享资料的控制管理。共享资料由各部门指定专人负责统一管理，本公司员工可以共享，如果有需要拷贝、复制需经部门主管同意。

第十条　核心资料的控制管理。本公司所有核心资料由行政部指定专人统一管理，部门主管级以上人员登记后可以使用，其他人员确因工作需要使用核心资料时需经行政部经理同意。核心资料除行政部做必要备份外任何人不得拷贝、复制，其他人员确因工作需要拷贝、复制时需经总经理同意并登记记录版本编号。

第十一条　绝密资料的控制管理。绝密资料由总经理指定专人管理，任何人需要使用绝密电子资料必须经过总经理审批。其他人员确因工作需要拷贝、复制时需经总经理同意并登记记录版本编号。

电子资料的安全管理

第十二条　本公司所有电子资料都必须备有必要的备份，以免发生意外事故。

第十三条　核心电子资料与绝密电子资料要严格控制版本数量，并指定责任人跟踪记录，以免泄密。

第十四条　文件加密。本公司所有核心电子资料与绝密资料必须进行加密。目前的加密方法包括硬加密和软加密两种。前者指用物理的方法进行加密，如在存有数据和文件的光盘上用激光打孔加密等；后者指对数据或文件进行加密，如采用“密钥”的处理方法等。

第十五条　定期检查。电子资料的负责人应该根据数据和文件的保存、使用价值及存储介质的寿命长短，明确规定对备份文件进行检查的间隔时间，以有效地保证各种存储介质上的数据和文件的完整性和准确性。

第十六条　防病毒管理。电子资料的负责人要经常对电子资料的存储介质进行病毒检查，防病毒软件一定要确保为最新版本。

4.13 员工考勤管理制度

员工考勤管理制度

第一条　为员工能明确工作和休息时间，严格遵守劳动纪律，保证工作效率，特制定本制度。

第二条　公司实行每天 8 小时标准工作日制度，周一至周五为正常工作日，周六、周日休息，若有特殊情况，可另行安排作息时间。

第三条　上班时间为每天 8：30 ~ 17：00，12：00 ~ 13：00 为午餐时间。

考勤（打卡）规定

第四条　打卡地点：公司 ×× 处。

第五条　打卡时间：每天 8：30 ~ 9：00，17：00 ~ 18：00，一天打卡两次。

第六条　员工上下班必须打卡，因故不能打卡者，须在当天向上一级负责人陈述原因（出差者除外），并由部门负责人签字报人力资源部，否则以旷工论处。

第七条　所有员工上下班均需亲自打卡，任何人不得代理他人或由他人代理打卡，违反此条规定者，一经发现，打卡者与持卡者每次各扣罚工资 ×× 元。

第八条　公司每天安排人员监督员工上下班打卡，并负责将员工出勤情况报告值班领导，由值班领导报至劳资部，劳资部据此核发全勤奖金及填报员工考核表。

第九条　考勤卡损毁或丢失，影响打卡考勤的，须及时向总公司办公室备案。

第十条　各部门负责人为本部门考勤第一责任人，考勤员由部门负责人确定。

第十一条　各部门（或实体）每月 × 日前根据考勤原始记载和打卡记录情况，对本部门上月的出勤情况实事求是地汇总，经部门主要负责人审定并签字后报总公司办公室（或实体）汇总。

第十二条　全体员工的年度考勤情况，由总公司办公室负责在次年的元月十日前予以公示。

第十三条　员工出勤管理办法如本书表 5-96 所示。

第十四条　假日

（1）一般公休日：周六、周日。

（2）法定节假日：元旦 1 天、春节 3 天、劳动节 3 天、国庆 3 天。

上述给假为一般执行标准，因公司工作需要，总经理可以调整与决定具体的放假时间和长短。

续表

第十五条　事假

（1）员工遇事必须在工作时间亲自办理的，应事先填写员工请假表（见本书表5-97），注明请假类别，经部门经理批准并把工作交代清楚后可休事假。

（2）无法事先请假的，可以以电话、传真的方式请假，获得批准后方可请事假。

（3）事假每月不得超过 × 天，全年累计不得超过 × 天，逾假者以旷工论。

（4）事假不满 1 日者以实际请假时间计算。

（5）事假必须事前请准，不得事后补请。如因特别事故不能事前请假者，须申述充足理由，呈请特准者才可补假。

（6）一般员工请假 × 天内由直接主管领导批准；× 天以上至 × 天以内应由隔级上级领导批准；× 天以上事假必须报总经理批准。

（7）中层以上管理人员请假需经总经理批准，报人力资源部备案。

（8）员工请事假期间不享受正常工资和津贴。

第十六条　病假

（1）因病或非因公受伤，凭公司规定的医院病休证明，予以休病假。

（2）员工病假期间的工资按其日工资标准的 ×% 核发（累计病假在半年以内）。病假累计超过半年的，员工工龄为 × 年及以上的，按其日工资标准的 ×% 核发，员工工龄为 × 年及以下的，按其日工资标准的 ×% 核发。

第十七条　婚假

（1）符合法定婚龄的员工可享受婚假 3 天。

（2）休婚假的员工需持结婚证办理休假手续，否则按事假处理。

（3）婚假期间享受岗位工资和津贴，但不享受绩效工资。

第十八条　产假

（1）符合国家计划生育规定的生育女员工，正常分娩者给予产假 90 天，难产者增加 15 天，多胞胎生育者每多育一个婴儿，增加产假 15 天。

（2）按国家有关规定执行。

第十九条　丧假

职工配偶、父母、子女或养父母死亡，给丧假 3 天；祖父、祖母、外祖父、外祖母、岳父母、公婆死亡，给丧假 2 天。外地酌情计路程假，假期工资照发。

第二十条　加班类别及实施程序

（1）工作日加班，即员工正常工作时间 8 小时以外的时间进行工作。员工加班，需于加班前一天填写员工加班申请单（见本书表 5-98），一般员工经直接主管批准，主管级员工经部门经理批准。

（2）公休日加班，即周六、周日加班，员工需在加班前最后一个星期五的下班前将填好的“员工加班申请单”交至相关领导审批。

（3）节假日加班，于加班前的最后 × 个工作日内将“员工加班申请单”交至相关领导审批。

续表

第二十一条　加班待遇规定

（1）员工因加班而事后安排补休的，不予以计发加班工资。

（2）正常工作日员工加班，原则上一般不超过 4 个小时，加班薪资 = 基本小时工资 ×150%。

（3）公休日加班，加班薪资 = 日基本工资 ×200%。

（4）法定节假日加班，加班薪资 = 日基本工资 ×300%。

（5）加班费连同员工工资于每月 10 日发放。

第二十二条　不得报销加班费的包括以下人员：

（1）公差外出已支领出差费者。

（2）销售人员任何时间从事工作，均不得支领加班费。

（3）门房、守夜、司机、厨师等因工作情形有别，其薪资已包括工作时间因素在内的人员，不得支领加班费。

第二十三条　员工必须按时上下班，坚守工作岗位，听从指挥，服从分配，努力做好本职工作，保质保量地完成各项工作任务。

第二十四条　各部门考勤由公司行政部、部门主管监督执行，各部门主管于次月 × 日前将员工考勤统计汇总，上报公司行政部。

第二十五条　事假、病假、休息、离岗前必须填写工作交接单，离岗人员与指定人员进行工作交接，以保证工作的连续性。未填写工作交接单者，每次处以 ×× 元的罚款。

第二十六条　外出前必须填写员工外出登记表（见本书表 5-99），未填写者以旷工处理。

第二十七条　员工无故不上班，以旷工论处。旷工半天扣半天工资（以此类推），取消当月全勤奖，连续旷工 × 天作自动辞职处理，并罚没其当月全额工资作为工作（生产）损失的赔偿。

第二十八条　工作人员全年的考勤结果作为年度考核评定等级的依据之一，并与年终一次性奖金挂钩。全年迟到、早退累计 × 次以上者，年度考核不得评为优秀。其中，全年累计迟到、早退次数达 × ~ × 次者，扣发 ×% 的年终一次性奖金。

第二十九条　公司将不定期对考勤情况进行抽查，检查结果作为各部门年度考核的一项内容。

其他

第三十条　对严重违反考勤制度，经教育不改者，除按上述规定予以处罚外，还将视情节轻重，予以责令警告、记过直至辞退处理。

第三十一条　各部门考勤统计结果严重失实的，一旦查实，考勤员、部门负责人负连带责任，将受到与当事人同等的处罚。

4.14 员工出差管理制度

员工出差管理制度

第一条　为规范出差管理流程，加强出差预算的管理，特制定本制度。

第二条　本公司员工因公务上需要，受命出差国内外（包括迁调）者，悉依照本制度之规定办理。

出差程序与审核权限

第三条　员工出差前应填写“员工出差申请表”（见本书表 5-100）。出差期限由派遣负责人视情况需要，事前予以核定，并依照程序核实。

（1）员工将填写好的“员工出差申请表”送人力资源部留存。

（2）出差途中生病、遇意外或因工作实际需要延长差旅时间时，应打电话向公司请示；不得因私事或借故延长出差时间，否则其差旅费不予报销。

第四条　出差的审核决定权限如下：

（1）当日出差：出差当日可能往返，一般由部门经理核准。

（2）远途国内出差：× 日内由部门经理核准，× 日以上由主管副总核准，部门经理以上人员一律由总经理核准。

（3）国外出差：一律由总经理核准。

第五条　出差费用报销包括如下内容：

（1）交通费；

（2）出差补贴；

（3）住宿费；

（4）伙食费；

（5）通信费；

（6）正当业务支出费用；

（7）其他。

第六条　出差人凭核准的“员工出差申请表”向财务部暂支相当数额的差旅费，返回后 × 天内需出具“差旅费报告单”，并结清暂支款。

第七条　当日出差

（1）当日出差每延误正餐时间 1 小时以上的按延误餐次支给误餐费每餐 ×× 元。但外勤已支津贴人员概不支给误餐费。

（2）当日出差之交通费及其他必要的开支凭相关证明实数支给，其费用报销凭证丢失者，应说明丢失原因；使用公司提供的交通工具者，不支付交通费。

续表

（3）当日出差人员必须于当日返回，不得在外住宿。但因实际需要，需事先通知部门主管，其发生的必要的费用，员工返回公司后如数予以报销。

第八条　国内远途出差

（1）出差旅费分为交通费、住宿费、伙食费、业务支出费及其他杂费等。

（2）随同高职人员出行的一般工作人员，其差旅费用可按高职人员的差旅费用支付。

第九条　国外出差

（1）国外出差人员得凭核准的《出差申请表》预编出差费概算，于出国前向财务部预借旅费。

（2）出国人员如夜间恰在旅途中，不得报销当日住宿费。

（3）出国人员回国后 × 日内提交工作报告。

第十条　费用报销标准

单位：元

<table>
<tr><th colspan="2">职别
费用标准</th><th>总经理</th><th>副总经理</th><th>各部门经理及主管</th><th>一般员工</th></tr>
<tr><td colspan="2">交通费</td><td>实报</td><td>实报</td><td>软卧实报或者飞机票价的 ××%</td><td>硬卧实报</td></tr>
<tr><td colspan="2">每日住宿费</td><td>实报</td><td>实报</td><td>1. 经济特区 ×× 元以内
2. 一般地区 ×× 元以内</td><td>1. 经济特区 ×× 元以内
2. 一般地区 ×× 元以内</td></tr>
<tr><td rowspan="2">每日餐费</td><td>早餐</td><td>实报</td><td>实报</td><td>1. 经济特区 ×× 元以内
2. 一般地区 ×× 元以内</td><td>1. 经济特区 ×× 元以内
2. 一般地区 ×× 元以内</td></tr>
<tr><td>午餐、晚餐</td><td>实报</td><td>实报</td><td>1. 经济特区 ×× 元以内
2. 一般地区 ×× 元以内</td><td>1. 经济特区 ×× 元以内
2. 一般地区 ×× 元以内</td></tr>
<tr><td colspan="2">每日杂费</td><td>实报</td><td>实报</td><td>×× 元以内</td><td>×× 元以内</td></tr>
<tr><td colspan="2">业务必要的开支</td><td>实报</td><td>实报</td><td>实报</td><td>实报</td></tr>
</table>

注：不按上表规定而超出报销标准的费用必须提交书面说明，写明理由，经副总经理签字后方可报销。否则由报销人自己承担。

4.15 公司会议管理制度

公司会议管理制度

第一条　为了使公司的会议管理规范化、有序化，减少不必要的会议，缩短会议时间，提高公司会议效率，特制定本制度。

第二条　公司级会议，指公司员工大会、全公司技术人员及各种代表大会，应经总经理批准，由各相关部门负责组织召开，公司领导参加。

第三条　专业会议，指公司性的技术、业务综合会，由分管公司领导批准，主管业务部门负责组织。

第四条　各车间、部门、支部召开的工作会议，由各车间、部门、支部领导决定召开并负责组织。

第五条　班组（小组）会由各班组长决定并主持召开。

第六条　上级或外单位在公司召开的会议（如现场会、报告会、办公会等）或公司之间的业务会（如联营洽谈会、用户座谈会等），一律由公司受理安排，相关部门协作做好会务工作。

第七条　会议准备

（1）明确参会人员

（2）选择开会地点

会场地点的环境要保证内外干净卫生、安静、通风、照明效果好、室温有利于开会等。

（3）会议日程安排

会议的举办时间要事先告知参会人员，以保证参会人员能准时列席会议（如本书表5-101所示）。

（4）会场布置

一般情况下，会场布置应包括会标（横幅）设置、主席台设置、座位放置、台卡摆放、音响安置、鲜花摆设等，会场布置和服务有特殊要求的按特殊要求准备。

（5）会议通知

会议通知应包括参会人员名单、会期、开始时间、地点、需要准备的事项及要求等内容（见本书表5-102）。

第八条　会中管理

（1）人员签到

会议组织部门或单位应编制《参会人员签到表》，参加会议人员在预先准备的签到

续表

簿上签名以示到会。

（2）会场服务

会场服务主要包括座位引导、文件分发、维护现场秩序、会议记录、处理会议过程中的临时突发性问题等工作内容。

会议记录人员应具有良好的文字功底和逻辑思维能力，能独立记录并具有较强的汇总概括能力。会议记录应完整、准确，充分记录会议的主要精神，字迹清楚可辨。

第九条　会后管理

会后管理主要包括整理会议记录、形成纪要、决议等结论性文件，检查落实会议精神，并将材料分发存档以及做会务总结等工作。

会议记录人员应在 × 个工作日内草拟会议纪要，经行政部领导审核后，由会议主持人签发。会议纪要应充分体现会议精神，并具有较强的可操作性。

第十条　为避免会议过多或重复，公司正常性的会议一律纳入例会制，原则上要按例行规定的时间、地点、内容组织召开。

部分会议内容说明

会议类型	内容
总经理办公会	研究、部署行政工作，讨论决定公司行政工作的重大问题；总结评价当月生产行政工作情况，安排布置下月工作任务。
经营管理大会或公司员工大会	总结上季（半年、全年）工作情况，部署本季（半年、全年）工作任务，表彰、奖励先进集体、个人。
经营活动分析会	汇报、分析公司计划执行情况和经营活动成果，评价各方面的工作情况，肯定成绩，指出问题，提出改进措施，不断提高公司经济效益。
质量分析会	汇报、总结上月产品质量情况，讨论分析质量事故（问题），研究决定质量改进措施。
安全工作会	汇报、总结前季安全生产、治安、消防工作情况，分析处理事故，检查分析事故隐患，研究确定安全防范措施。
技术工作会	汇报、总结当月技术改造、新产品开发、科研、技术和日常生产技术准备工作计划完成情况，布置下月技术工作任务，研究确定解决有关技术问题的措施方案。
生产调度会	调度、平衡生产进度，研究解决各车间、部门不能自行解决的重大问题。
各部门例会	检查、总结、布置本部门工作。

第十一条　其他会议安排

（1）凡涉及多部门负责人参加的会议，均需于会议召开前 × 日经部门或分管公司领导批准后，分别报办公室汇总，并由公司办公室统一安排，方可召开。

（2）行政部每周五应将全公司例会和各种临时会议，统一平衡编制会议计划并装订、分发到公司相关部门。

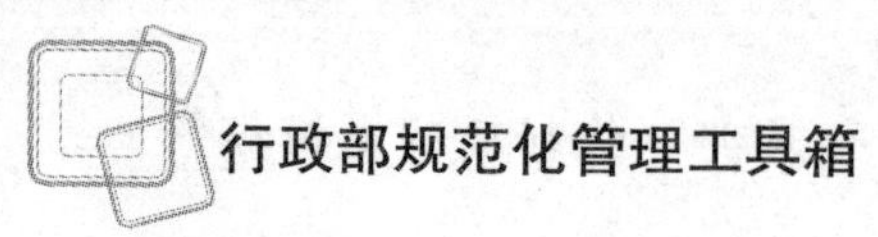

续表

（3）已列入会议计划的会议，如需改期或遇特殊情况需安排新的其他会议时，召集部门应提前 × 天报请公司行政部并经公司相关领导同意。

（4）对于参加人员相同、内容接近、时间相适的几个会议，公司有权安排合并召开。

（5）各部门会期必须服从公司统一安排，各部门小会不应安排在与公司例会同期召开（参会人员不发生时间上的冲突除外）的时间内，应坚持小会服从大会，局部服从整体的原则。

第十二条　会议注意事项

（1）发言内容是否偏离议题；

（2）发言目的是否出于个人的利益；

（3）全体人员是否都专心地聆听发言；

（4）发言者是否过于集中于某些人；

（5）某个人的发言是否过于冗长；

（6）发言的内容是否朝着结论推进；

（7）在必须延长会议时间时，应取得大家的同意后再决定延长会议时间。

第十三条　会议禁忌规定

（1）严格遵守会议时间；

（2）发言时间不可过长（原则上以 × 分钟为限）；

（3）发言内容不可对他人进行人身攻击；

（4）不可打断他人发言；

（5）不可中途离席。

第十四条　公司行政部负责本制度的制定、发放、修改、废止之起草工作。

第十五条　总经理负责本制度的核准工作。

第十六条　本制度从颁布之日起执行。

4.16 公司提案管理制度

公司提案管理制度

第一条　为充分发挥广大员工的聪明才智，调动员工积极性、主动性和创造性，鼓励员工对公司在经营管理过程中的问题和不足之处提出合理化建议，给公司带来更大的经济效益，特制定本制度。

第二条　对于企业产品销售或售后服务，提出具体改进方案，对企业发展具有重大价值或增进企业效益者。

第三条　对于产品维护技术，提出改进方法，并值得实行者。

续表

第四条 对于企业各项作业方法、程序和报表等提供改善意见，具有降低成本、简化作业、提高工作效率者。

第五条 对于企业未来经营的研究发展事项，提出研究报告，具有采纳价值或实际效果者。

第六条 适应于市场的新产品、新技术、新工艺、新材料和新设计。

第七条 对引进的先进设备制造工艺和先进技术进行消化、吸收和改进者。

第八条 开拓新的生产业务。

第九条 计算机技术在通信生产和管理中的应用。

第十条 生产中急需解决的技术难题。

第十一条 有关机器设备以及其维护保养的改善。

第十二条 有关提高原料的使用效率，改用替代品原料，节约能源等。

第十三条 新产品的设计、制造、包装及新市场的开发等。

第十四条 废弃能源的回收利用。

第十五条 促进作业安全，预防灾害发生等。

第十六条 对于企业各项规章、制度、办法提供具体改善建议，有助于企业经营效益提高者。

第十七条 提出上述提案建议应使用公司规定的“提案建议表”（见本书表 5–103）。

第十八条 本企业为审议员工建议案，设置“员工建议审议委员会”（以下简称审委会），由各部门主管为主要审议委员。

第十九条 审委会的职责如下：

（1）关于员工建议案的审议事项；

（2）关于员工建议案评审标准的研讨事项；

（3）关于员工建议案奖金金额的研讨事项；

（4）关于员工建议案实施成果的研讨事项；

（5）其他有关建议制度的研究改进事项。

第二十条 由审委会根据有关员工建议案审议表中各个审议项目分别逐项研讨并评定分数后，以总平均分数拟定等级及奖金金额（见本书表 5–104）。

第二十一条 建议案经审委会审定认为不宜被采纳实施的，应将建议案交由行政部主管据实委婉核对签注理由，通知原建议人。

第二十二条 建议案经审委会审定认为可以采纳并实施于本企业者，应由审委会召集人会同行政部主管，于审委会审定后 3 日内，以书面形式详细注明建议人姓名、建议案内容及该建议案实施后对企业的可能贡献、核定等级及奖金数额及理由，同审委会各委员的审议表，一并报请经营会议复议后，由总经理核定。

第二十三条 为避免审委会各委员对建议人的主观印象，影响审议结果的公平，行政部主管在建议案未经审委会审议前，对建议人的姓名应予以保密，不得泄露。

第二十四条 建议案如由 2 人以上共同提议的，其所得奖金按人数平均分配。

续表

第二十五条　有下列情形之一者，不得申请奖励。 （1）各级主管人员对其本身职责范围内所提出的建议。 （2）被指派或聘用为专门研究工作而提出与该工作有关的建议方案者。 （3）由主管指定其为业务、管理、技术的改进或工作方法、程序、报表的改善或简化等作业，而获得改进建议者。 （4）同一建议事项，他人已经提出并已获得奖金的。

4.17 日常纪律管理制度

日常纪律管理制度

第一条　为加强公司管理，维护公司良好形象，特制定本制度。

第二条　公司员工按照公司制定的作息时间按时上、下班，工作时间内不得擅离职守或早退。

第三条　员工上、下班走员工通道，乘员工专用电梯。

第四条　举止文明，对来宾热情礼貌。

第五条　注意自身品德修养，切忌不良嗜好。

第六条　员工之间应通力合作、同舟共济，共同维护公司形象。

第七条　员工应忠于职守，关心公司，爱护公司，维护公司利益。

第八条　顾客至上。用心去关注、理解每一位顾客，尽量为顾客提供优质的服务。

第九条　秉公办事、平等待人；敬业乐业、钻研业务；讲求效率。

第十条　切实服从领导的工作安排和调度，保质保量地完成工作任务。

第十一条　爱护公司财产，不浪费，不损公肥私。

第十二条　保护公司信誉，不能有任何有损公司信誉的行为。

第十三条　未经批准，不得泄露公司业务信息和商业秘密。

第十四条　着装应整洁、大方，颜色力求稳重，纽扣须扣好。不得卷起裤脚，不得挽起衣袖（施工、维修、搬运时可除外）。

第十五条　上班时必须佩戴胸卡。胸卡应端正地佩戴在左胸口处，正面向外，不许有遮盖，保持卡面清洁。非因工作需要，不得在公司以外的地方佩戴胸卡。

第十六条　上班时间不得穿短裤、超短裙及无领无袖、露背、露肩、露胸装。

第十七条　化妆宜淡雅朴实。

第十八条　头发应修剪、梳理整齐，保持干净，禁止梳奇异发型。男员工不准留长发（以发脚不盖过耳背及衣领为适度），禁止剃光头、留胡须。

第十九条　男士应穿着整洁、素淡的衣服。

续表

第二十条　有良好的个人卫生习惯。 第二十一条　接待来宾 （1）接待客人时面带微笑，文明使用礼貌用语。例如，“您好”、“请稍等”、“请慢走”等。 （2）与宾客谈话时应站立端正，讲究礼貌，用心聆听，不抢话插话、争辩，讲话声音适度有分寸，语气温和文雅，不与来宾发生争执。 （3）遇到客人询问，做到有问必答，不能说“不”、“不知道”、“不会”、“不管”、“不明白”、“不行”、“不懂”等，不得以生硬、冷淡的态度待客。 （4）尊重客人风俗习惯，不议论、指点，不讥笑有生理缺陷的客人，不嬉戏客人小孩，不收受客人礼品，如实在不能推辞，工作人员应将客人送来的礼品上交公司行政部。 第二十二条　电话礼仪 （1）接电话时应在电话铃响 3 声内接听电话。接听电话应先说“您好，××”。 （2）通话过程中请对方等待时，应主动致歉“对不起，请稍候”。 （3）如接到的电话不在自己的业务范围之内，应尽快转给相关业务人员接听，如无法联系应做好书面记录，及时转告。接到打错的电话应同样礼貌对待。 （4）邻座无人时，应主动接听电话。 （5）通话结束时，应待顾客、客户或者上级领导先挂断电话，方可挂断。 第二十三条　考勤 （1）工作时间 企业每周一至周五的工作时间是每天 8：30 ~ 17：30（12：00 ~ 13：00 为午餐时间）。每周工作 40 小时。各经营单位因生产需要实行不定时或综合计时工时制的，根据各部门的员工排班表而定。 （2）考勤 ①员工必须按时上下班，不得迟到、早退。 ②企业上下班实行打卡的方式。员工超过 8：30 上班刷卡视为迟到，员工在 17：30 前下班刷卡视为早退。 ③员工上下班必须打卡，因故不能打卡者，须在当天向上一级负责人陈述原因（出差者除外），并由部门负责人签字报人力资源部，否则以旷工论处。 ④所有员工上下班均需亲自打卡，任何人不得代理他人或由他人代理打卡，违犯此条规定者，一经发现，打卡者与持卡者每次各扣罚工资 ×× 元。 第二十四条　休假 （1）公休 ①周六、周日。 ②法定节假日及政府临时公布的休假日。 ③公司年假。

续表

年假实施规定			
工作年限（单位：年）	1≤年限＜3	3≤年限＜5	年限≥5
年休假（单位：天）	3	7	10
备注	工作年限满五年的，为企业服务每增加一年，增加1个工作日的年假，但总计不得超过20个工作日，且不跨年度累计。		

以上假日员工工资照发。

（2）员工请假

假期类别	说明	工资待遇
事假	1. 事假须填写请假单，请相关领导按权责核准签章后方能生效，并报人力资源部存档。 2. 事假必须事前请准，不得事后补请，如因特别事故须申述充足理由，呈请特准者才可补假。 3. 事假不满1日者以实际缺勤时间计算。	不计发薪资。
病假	需持医院出具的相关证明。	1. 年累计病假超过半年，其工龄满×年的职工按×%计发工资。 2. 工龄满×年（含×年）的职工按×%计发工资。 3. 工龄不满×年的职工按×%计发工资。
工伤	根据工伤情况安排休假。	按劳保规定办理，薪资照发。
婚假	符合法定婚龄的员工可享受婚假3天；符合法定晚婚年龄的员工婚假可增加到10天。	薪资照发。
产假	符合国家计划生育规定的生育女员工，正常分娩者给予产假90天，难产者增加15天，多胞胎生育者每多育一个婴儿，增加产假15天。	按国家有关规定执行，公司将在不违反国家规定的情况下对工资标准做适当调整。
丧假	职工的配偶、父母、子女死亡，可以请丧假3天。	薪资照发。

第二十五条　公司若因生产或其他业务需要，可于办公时间以外安排员工加班。

第二十六条　员工因加班而事后安排补休的，不予以计发加班工资。加班工资计算办法如下。

续表

（1）正常工作日员工加班，原则上一般不超过 × 个小时，加班薪资 = 基本小时工资 ×150%。

（2）公休日加班，加班薪资 = 日基本工资 ×200%。

（3）法定节假日加班，加班薪资 = 日基本工资 ×300%。

（4）加班费连同员工工资于每月 10 日发放。

第二十七条 按时上下班，不得迟到、早退。

第二十八条 凡本公司员工上班要佩戴胸卡、着装整洁、不得在办公场所化妆。

第二十九条 坚守工作岗位，不要串岗。

第三十条 上班时间不得看报纸、玩游戏、打瞌睡或做与工作无关的事情。

第三十一条 不得因私事长期占用电话。

第三十二条 不得在公司电脑上发送私人邮件或上网聊天。

第三十三条 未经允许，不得使用其他部门的电脑。

第三十四条 办公桌上应保持整洁并注意办公室的安静。

第三十五条 接待来访和业务洽谈应在会议室进行。

第三十六条 吸烟到卫生间，在办公场所吸烟，一经发现，罚款 ×× 元 / 次。

第三十七条 不私自经营与公司业务有关的商业或兼任公司以外的职务。

第三十八条 服从上级指挥。如有不同意见，应婉转相告或以书面陈述，一经上级主管决定，应立即遵照执行。

4.18 会议室管理制度

会议室管理制度

第一条 为了加强会议室的管理，保证会议室的安全、整洁及各种设施的完好，确保公司各项会议的顺利召开及其规范有序使用，特制定本制度。

第二条 会议室仅限于本公司用于举行会议，教育训练，来宾接待等工作需要。

第三条 公司所有人员不得随便进入会议室，除有上述规定的需要。

第四条 会议室由行政部指定专人负责管理，统一安排使用。

第五条 各部门若需使用会议室，需提前向公司行政部提交申请，由行政部统一安排会议室的使用（如本书表 5-105 所示）。

第六条 各部门在使用会议室过程中，要注意保持卫生，爱护室内设备，禁止吸烟。

第七条 会议室内所使用设备、工具、办公用品未征得公司同意，任何人不得拿出会议室或作为他用。

第八条 会议室环境卫生由行政部派专人负责，在每次会议召开前后均要认真进行

续表

卫生打扫，并做好日常清洁工作。 第九条　会议室使用完毕，应随时关闭门、窗和全部设施设备电源，切实做好防火、防盗及其他安全工作。 第十条　会议室钥匙由行政部派专人管理。

4.19 公司值班管理制度

公司值班管理制度
第一条　值班事项。为了处理公司在节假日及工作时间外应办的一些事务，除由主管人员在各自职守内负责外，公司另外安排员工值班处理如下事项： （1）突发事件； （2）管理、监督保安人员及值勤员工； （3）预防突发事件、火灾、盗窃及其他危机事项； （4）治安安全管理； （5）公司随时交办的其他事宜。 第二条　值班时间 （1）自周一至周六每日下午下班时起至次日上午上班时止。 （2）节假日实行轮班制，日班 8：00 ~ 17：00；夜班 17：00 ~ 次日 8：00（可根据公司办公时间的调整而变更）。 第三条　员工值班时间安排表由各部门编排，于月底公布并通知值班员工按时值班，同时把值班员工的姓名写在值日牌上，以便提醒。 第四条　值班室是保障公司安全的重要窗口，其运作状态直接影响公司的安全和工作秩序。值班员工应坚守工作岗位，不得擅离职守，不做与值班无关的事项。 第五条　维护好室内秩序，做到整洁卫生。禁止在工作时间内大声喧哗。无关人员不得随便进入值班室。 第六条　值班室遇有特殊情况需换班或代班者，必须经值班主管同意，否则责任自负。 第七条　值班室按规定时间交接班，不得迟到、早退，并在交班前写好值班记录，以便分清责任。 第八条　值班员工应按规定时间在指定场所连续执行任务，不得中途停歇或随意外出，并须在本公司指定的地方食宿。 第九条　值班员工在值班时间内擅离职守应给予处分，造成重大损失者，应从重论

续表

处。值班员工因病和其他原因不能值班的，应提前请假或请其他员工代理并呈准，出差时亦同。代理者应负一切责任。

第十条　值班员工遇有事情发生可先行处理，事后再报告。如遇其职权不能处理的，应立即通报并请示主管办理。

第十一条　值班人员如遇有重大、紧急和超出职责范围内的业务应及时地向上级业务指挥部门和公司领导汇报和请示，以便及时处理和在第一时间通知相关负责人。

第十二条　值班人员应将值班时所处理的事项填写报告表，于交班后送主管领导检查。

第十三条　值班员工收到信件应分别按下列方式处理。

（1）属于职权范围内的可即时处理。

（2）非职权所及，视其性质应立即联系有关部门负责人处理。

（3）密件或限时信件应立即原封保管，于上班时呈送有关领导。

第十四条　值班人员可领取津贴。其具体数额按照《公司值班人员津贴费用规定》领取和发放。

第十五条　值班员工遇紧急事件处理得当，视其情节给予嘉奖。嘉奖分为两种：书面表扬和物质奖励。奖励办法参见《公司值班人员津贴费用规定》。

第十六条　本制度自发布之日起开始执行，每年修订 1 次。

4.20 公司出入管理制度

公司出入管理制度

第一条　为维护公司员工人身、财产安全和生产的有序进行，特制定本制度。

第二条　凡人员、车辆、物品出入本公司均需遵守本制度之规定。保安人员有责任与权力按本制度执行和处理。

第三条　本公司员工出入

（1）出入办公区或厂区均应着工作装，佩挂胸章。

（2）因公需经常出入本公司的人员，经经理核准颁发特制胸章，凭此自由出入公司办公区或厂区。上述人员如因工作变动不再符合“自由出入办公区”条件时，应立即办理注销手续。行政部门每年年底重新审核自由出入办公区人员名册并送公司相关人员进行核签。

（3）值班人员临时因公需要出入公司时，应凭“本公司员工出入证”一式三联，经主管签字：第一联存放其所属部门，第二、三联交保安室签注出公司时间，第三联暂存

续表

保安室，第二联由员工本人携带。返厂时，将第二联交由保安室对照检查，连同原存第三联暂存于保安室。于次日上午 10：00 前将第三联转送出公司员工所属部门主管核查，将第二联转送考勤部门核对考勤记录，如有不符应立即通知其所属部门主管调查处理，并将调查处理结果报保卫部门备案。 （4）非值班人员临时因公需要出入公司时，应于保安室填写“本公司员工出入证”一式三联，经保安核对签注出入公司时间后，第一联留存保安室，第二、三联由本人携带出入公司；事毕经主管核对签注，交保安室核对，并连同第一联核对签注出公司时间，如有不符，应立即通知其所属部门主管调查处理，结果报保卫部门。第三联于次日上午 10：00 前由保安转送所属部门主管核查。 （5）本公司员工于工作时间请假离开公司时，应按规定办理请假手续，打卡后出公司。 第四条　外来人员出入 （1）工程承包人及其雇用人员 工程承包人及其雇用人员如因施工需进入公司办公区或厂区，先由工程承包人填具“出入公司（厂）申请书”一式二份，经工程主办部门负责人及保安室核对签注后，一份送事业关系室审核，一份送保安主管部门存查，并凭此换发“工程承包人出入凭证”。如在本公司进行工程的时间在 1 日以内者可免送事业关系室审核。 ①入公司。凭身份证明文件及“工程承包人出入凭证”交保安核对无误后换发“工程承包人出入证”佩挂入公司。因完成工程进度或原有工作人员未到而临时增加或更换人员，不能事先办理手续时，应按以下规定办理。 临时增加人员，经由保安以电话联络工程主办部门同意，临时上岗人员持被更换者的出入证由保安核对并收取身份证明文件后，发给“工程承包人出入证”佩挂出入，但工程承包人应于当日内补办所需的一切手续。 ②出公司。当日工作完毕出公司时，应交还“工程承包人出入证”，换回身份证明文件及“工程承包人出入凭证”。午间出公司及工作中出入公司时亦同。 （2）外来公务人员 ①厂商、顾客前来洽谈业务，保安或服务台人员应先将其安排在会客室，并以电话通知接待部门，接待部门应及时派人员前来。 ②洽谈业务一般应在公司外或公司内会客室进行，必须入公司办公区或厂区才能达成接洽目的者，应按下列规定办理。 ☆接待部门同意入公司洽谈者。接待部门应开具“车辆 / 人员出入证”，经部门主管级别以上人员核对签注后送保安室作为放行依据。 ☆临时需入公司洽谈者。经保安或服务台人员以电话联络接待部门主管同意后，须由保安室或服务台人员代填“车辆 / 人员出入证”，经保安室负责人核对签注后入公司。 ☆经核对签注入公司的公务人员应由保安室电话联络接待部门，接待部门应派员工直接引导入公司，事毕派员工直接引导出公司。 “车辆 / 人员出入证”一式三联，第一联填单部门留存，第二、三联经保安室签注

续表

入公司时间后，第三联暂存保安室，第二联交外来人员暂存，并以身份证明文件换发胸章佩挂入公司。事毕由接待人员签章后持出，经保安室检出原存第三联，分别签注出公司时间并收回胸章，发还身份证明文件后出公司，第二联留保安室留存，第三联于次日上午 10：00 前送主办部门留存。

（3）参观人员

①政府机关、人民代表、人民团体或本公司人员亲友在必要情况下入公司或厂区参观时，由经办人或申请人按划定准许参观路线（各公司自定路线，行政部门应按不同参观路线，制作不同颜色胸章备用）填写“参观申请登记表”，经总务部门主管核对签注后，由总务部门发给色别胸章（贵宾或 5 人以上团体免发），并派人员（或要求有关部门派人员）引导参观。入厂时保安室应在“参观申请登记表”上核对签注入公司时间，出公司时核对签注时间并收回胸章，于次日将胸章及“登记表”送行政部存查。

②请求参观划定准许参观区域之外的区域，应呈总经理核对签注。

③有公司部门经理以上人员陪同参观划定的准许参观区域者，事前可免办申请手续，但应于当日内补填“参观申请登记表”送保安室核对签注出入公司时间后，送行政部门留存。

④参观活动只可在日常上班时间内安排。假日参观，应专函预约，并经经理核对签注方予安排。

第五条 胸章管理

（1）本公司人员胸章管理

①本公司人员具体包括正式员工、定期合同工及临时员工。

②本公司人员出入公司应佩挂胸章，对未按规定佩挂者，保安应予纠正。入公司时未带胸章者，应在保安室登记借用“临时出入证”，经保安核对并扣留考勤卡后入公司，待下班时以“临时出入证”换取考勤卡，方可打卡离开公司。保安于次日上午将“借用临时出入证登记单”交行政部门留存。年累计借用满 3 次以后，每次借用即由行政部门警告 1 次。

③非值班人员临时因公入公司而未佩戴胸章者，应向保安室借用“临时出入证”，并由保安将该号码登记于“本公司员工出入证”备注栏后，方可进入公司，事毕离开公司时缴回。

④遗失胸章应立即向主管部门申请补发，同时书面说明遗失经过并检讨，并缴工本费每枚 2 元。年累计补发达 3 次以上者，行政部门应视情节给予警告。

⑤使用他人胸章或伪造、涂改胸章者，一经查实，使用者、借予者、伪造涂改者均将被予以免职处分。

（2）胸章遗失处理

①本公司员工使用“临时出入证”出公司时，应将该证归还保安人员，未归还者将予以追究。遗失“临时出入证”者，应按前述丢失处理办法处理。保卫部门应适时换发新证以消除隐患。私自将“临时出入证”借予他人使用或借故不还者，均将予以免职处分。

续表

②前来洽谈业务的厂商、顾客若遗失“公务”胸章，或工程承包人及其雇用人员遗失“工程承包人出入证”，保安人员应责令其以书面说明情况，保证不重犯，并缴纳工本费2元，方可发还身份证明文件。必要时还应换制，以防他人盗用，如发现借给他人使用者，将取消其申请进入公司资格，情节严重者追究其法律责任。 第六条　外来车辆出入 （1）交货车辆凭主管核发的“车辆、人员出入证”或本、分公司交货的“移转交运单”、“材料调拨单”、“材料领用单”及送修、出借、返工的“物品出入证”，经保安确认，核对签注时间后进入公司至指定地点交货，并由收料人（或接待人）签章。交货完毕出公司时应经公司保安核对签注出公司时间。 （2）提运本公司各种货品的车辆凭经理核发编有统一流水号码的“材料交运单”、“移转交运单”、“物品出入证”、“材料领用单”或主管核发编有统一流水号码的“成品交运单”、“材料调拨单”、“免列账物品出入证”、“托工交运单”，经保安核对签注时间后入公司至指定地点装货。车辆于装货完毕出公司时经保安核对，并核对签注时间后放行。 第七条　公司车辆出入 本公司车辆出入公司时，除空车外，均须按第六条的规定处理。 第八条　物品清点 （1）物品出入公司或厂区，保安有权参与清点，所涉项目及方式如下。 ①成品、半成品。可采取方式有：仓库清点数量；出入公司清点数量、称重量。 ②原料、物料。可采取方式有：出入公司称重量，出厂时清点数量，仓库收料时除油罐车或特别指定项目外可免于清点。 ③下脚料、废弃物。可采取厂内清点数量、厂门过磅重量的方式。 ④购置各种事务用品，可免于清点。 （2）为加强出入公司物品清点管理，保安室应填写“物品清点日报表”一式二联，经保安主管核对签注后，第一联保安室留存，第二联于次日10：00前送会计部门留存。 第九条　成品交运 （1）客户寄存的成品、赠送客户试用或送检验部门试验的样品等无须返厂的成品、返厂重加工或来料加工的成品等，应凭“成品交运单”出厂（注明出厂原因）。 （2）前项送客户试用或送检验部门试验的样品数量零星，未经缴库，可由主办部门凭“样品出门证”一式三联，详注出货依据及用途，经主管人员核签后送出货部门发货。发货部门留存第一联，第二、三联随样品经保安核对并签注出厂时间后，第二联暂存保安室，于次日上午10：00前转送会计部门核对，第三联随样品出厂送主办部门。 第十条　料品交运 各种材料、下脚料、退回供料单位的机件材料等出厂，应凭“料品交运单”一式四联由经办部门填具，经主管人员核签后填注“车型”、“车号”、“随车人数”，经保安核对签注入厂重量、时间后，送出料部门出料。

续表

经出料部门主管签章并登记入账后，将第一联送会计暂存，第二、三、四联随物品交承运人，经保安核对并签注车重、实重、出厂时间后留存，第二联于次日上午 10：00 前送会计部门存查（与第一联核对后将第二联转送出料部门），第三、四联经收料部门签收后，由收料部门留存第三联，第四联交承运人持有并向经办部门请领运费。 第十一条　免列账物品交运 凡垃圾、废弃物或厂商交货后需归还的包装用具等出厂，应凭经办部门主管核签的“免列账物品出厂证”一式三联，经保安查对签注出厂时间后放行，第一联保安室存查，第二联由保安于次日上午 10：00 前转送会计部门，第三联交承运人送经办部门以请领运费。 第十二条　领用材料 领用材料需经厂门时，由领用部门开具“材料领用单”一式四联，经主管人员核签后送发料部门发料，发料后第一联由发料部门自存，第二至四联经保安核点无误并签注出厂时间后，第二联由保安暂存，于次日上午 10：00 前转送会计部门。第三、四联经领用部门收料后，第三联转送会计部门与第二联核对后送回领料部门留存，第四联交承运人以请领运费。 如领用部门属于另一分公司者，第一联由发料部门自存，第二至四联经出厂保安核点并签注时间后，由守卫暂存第二联，于次日上午 10：00 前转送会计部门。第三、四联连同材料交运至领用部门厂区，由入厂保安核对签注入厂时间，并经领用部门收料后，第三联转送会计部门与第二联核对后送回领料部门留存。第四联交承运人以请领运费。 第十三条　本公司出入物品 （1）成品调拨 凭“成品交运单”办理调拨交运，填具“车辆 / 人员出入证”，凭此出入厂门。 （2）材料调拨 凭“材料调拨单”一式五联由经办部门填单，经主管核对签发后，第五联送往拨入库凭以收料，第一至四联送往出料库出料，出料库填完实拨数量后，第一联送拨出部门会计暂存，第二、三、四联随物品至厂门由保安暂存第二联，于次日上午 10：00 前送会计核对，再转送出料库存查。第三、四联经拨入库保安核对入厂时间、车重后，交拨入库收料。拨入库凭前存第五联核对签收后，并转记有关资料留存第五联，第三联送拨入库会计存查，第四联交承运商凭此向拨出部门请领运费。 （3）转移交运 凡半成品、机配件，固定资产、已领材料需转移交运时凭“转移交运单”一式六联由托运部门填单，经主管人员核签后第一联自存，第二联送会计暂存，第三至六联保安清点并签注出厂车重及时间后，第三联由保安暂存，于次日送托运部门会计，经与第二联核对无误后，于 1 日内将第二联转送收料部门会计凭以核对收料。第四、五、六联由承运人随同物品出厂，于交运入厂时经保安签注入厂时间、车重，并经收料部门点收后，第四联由收料部门存查，第五联由承运人暂存，凭此请领运费，第六联由保安暂存，于

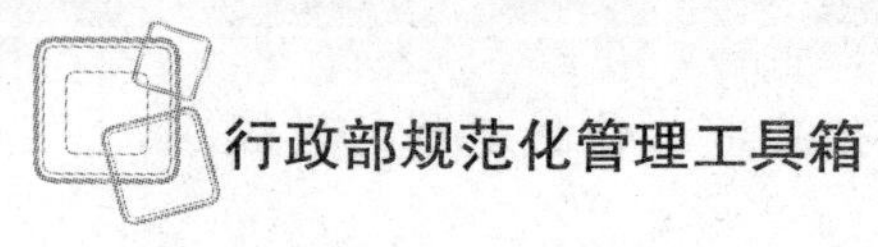

续表

次日转送收料部门会计与第三联核对。

第十四条 赴厂外修缮需携带工具材料时，凭主办部门主管核对签注"工具材料携带出入登记单"一式三联，详注依据说明及预定完工日期。第一联由主办部门的工具材料管理人员存查，第二联暂存保安室，第三联交保安查对签注出厂时间由携物人收存，于完工后要求请修部门签证。

如修缮需出入分公司时，携物入厂可凭第二联交由分公司保安室加印并签注入厂时间后由携物人持入分公司，于完工后要求请修部门签证，经分公司保安核对并签注出厂时间，回厂时凭第二联交保安核对第三联，核对携带数量并签注入厂时间，第二联由携物人随物缴回主办部门核对，第三联由携物人核对签收后留存保安室。

第十五条 外送深加工及其他应返厂的物品

（1）成品、半成品或原材料等须外送深加工时，由主办部门填具"托工交运单"一式六联，经主管核准后送发货部门发货。发货部门在发货后，第三联自存，第一联送托工部门，第二联送会计，第四至六联经保安清点并签注出厂时间后，第六联暂存保安室于次日上午 10：00 前送会计部门与第二联核对存查，第四、五联随货送经加工厂主管签收后，第四联存于加工厂，第五联由承运人留存，凭此请领运费。

（2）机器设备及其附属材料外送修造

①出公司时凭"物品出入登记单"一式五联由主办部门填具"出门物品栏"品名、规格、数量及修造后"入门物品栏"品名、规格、预定返厂数量，送主管人员核签后第一联由主办部门自存，第二至五联经保安清点并签注出厂时间后，第二联暂存保安室于次日上午 10：00 前送会计部门存查，第三联由保安留存，第四联交厂商于物品回公司时凭以核对，第五联交承运人凭此请领运费。

②修造完成返回公司时，厂商凭第四联交由保安查对，填写实际返回数量后，暂存保安室，并检出原存第三联分别签注"承运单位"、"车号"、"随行人数"及"出入公司时间"后交厂商随物品送至主办部门验收后，填记实际返回数量，经主管核签后，由厂商于出公司时交保安与第四联核对并签注出公司时间后放行。保安于次日上午 10：00 前将第三联送会计部门存查，第四联送主办部门核对销案。

前项返回物品如为分批返回，则除最后一批比照前项规定办理外，其余各批返厂时应由主办部门填写"车辆／人员出入证"，并加注"分批返厂"字样及核批物品的"物品出入门证"编号后办理出入公司。保安于次日将第二联并夹于"物品出入门证"第三联，等最后一批物品返回后再转送会计部门结案。前项送修物品返回公司时，如厂商遗失"物品出入门证"第四联，主办部门应即抽出原存第一联替代第四联办理返公司手续。

（3）需再携返回公司的样品检验校正仪、自备装运物品的装具或其他应携返的物品等，出入公司应凭"物品出入门证"办理。

第十六条 借出借入物品

（1）料库材料借出应呈经理以上人员核准后填"料品交运单"并签注预定返回日期及借出原因，经主管人员核签后出公司。

续表

（2）其他出借物品出入公司，应凭“物品出入门证”请经理核准办理。

（3）借入物品归还时凭“料品交运单”出公司。

第十七条　来公司施工人员自带的工具、材料

（1）来公司施工人员携带自备工具、物料入公司，由其填具“来公司施工人员自备工具物品进公司登记单”一式二联由主管人员核签，经保安核对并签注入公司时间后暂存第二联，第一联由来公司人员自存以为出公司凭据。出公司时由来公司人员凭第一联经主办部门主管核准后，由保安检出第二联核对并签注出公司时间后放行。保安于次日上午 10：00 前将第二联转送主办部门存查，第一联留存保安室。

（2）施工人员带料进公司，由其填具“工程修造带料进公司登记单”一式三联由主管人员核签，经保安核对并签注入公司时间后暂存第一、二联，第三联交施工人员留存，保安将第一联送工程主办部门填检验方式及检验结果，工程完工结算再送会计部门凭此核对付款，第二联由保安送工程主办部门存查。

带料进公司后不得再出公司，如遇临时变更工程计划等特殊情形，应先签“料品交运单”请经理核准，凭此出公司。

第十八条　车辆物品出入公司时间

（1）入公司：每日 8：00 ~ 17：00。

（2）出公司：每日 18：00 前。

遇特殊情况需在上列时间外出入公司，主管部门事先填写“车辆物品逾时出入公司通知单”，经主管签章，于 17：00 前送保安主管部门，通知保安室。

第十九条　保安应按日核对“物品出入门证”，对预定返回公司逾期 10 日仍未返回的物品，填写“物品逾期未返登记表”一式二联，送请主办部门填报“未返回公司原因”及“处理意见”，呈经理核准后，一联自存，一联送主管部门。逾期一个月仍未返回者，应呈报总经理。

第二十条　会计部门对外运加工的成品、半成品及材料或出借品等应每日核对。逾期 10 日仍未返回者，应立即开立“物品出公司逾期未返催办单”一式二联，送请主办部门填报“未返回原因”及“处理意见”呈经理核准后，一联自存，一联送主办部门。逾期一个月仍未返厂者，应呈报总经理。

第二十一条　经由保安室转送至会计部门的各种物品出入公司，凭据均应加盖“保安室”部门章，以区别责任。

第二十二条　禁止携带照相机进入公司。经管理部门主管人员特准者例外，但不得逾越准许摄影的指定范围。

第二十三条　出入公司管理中如发现异常，保安应立即填写“异常报告处理单”一式二联，呈主管核批后，第一联存保安室，第二联交主办部门处理，并填具“处理情形”栏后，送保安室，将处理情形摘要记入第一联“处理情形”栏，第二联存主办部门。

第二十四条　本制度经公司经理办公会通过实施，修改时亦同。

4.21 安全保卫管理制度

安全保卫管理制度

第一条　为了加强公司的安全保卫工作，保证公司的各项工作正常有序地进行，根据公司对安全保卫工作的要求，结合我公司的实际情况，特制定本制度。

第二条　在公司辖区范围内发生的任何违反治安管理的行为，除由国家法规规定的以外，均适用于本制度。保安部对违反治安管理的自然人，坚持教育与外罚相结合的原则。

第三条　公司总裁为公司安全保卫第一责任人，全面负责公司的安全保卫工作，确定一名副总裁为主管安全保卫工作的责任人。

其主要职责是：贯彻执行国家和有关部门安全保卫工作的方针、政策和法规，部署公司安全保卫工作，组织实施安全保卫责任制，解决和处理公司安全保卫工作中的重大问题。

第四条　公司总裁办是安全保卫工作的职能部门，代表公司负责全公司的安全保卫工作的归口管理。

其主要职责是：贯彻落实国家和集团有关保卫工作的方针政策和法律、法规，结合实际制定公司安全保卫工作中的各项制度、规定和办法；对公司所属各部门、事业部和实体的安全保卫工作进行了解、检查和指导。

第五条　根据规定公司各部门、事业部和实体总经理（或主持工作的副总经理）为本部门、事业部和实体安全保卫第一责任人，分管安全工作的领导为主管责任人。

其主要职责是：贯彻执行国家有关安全保卫工作的方针、法律、法规以及集团、公司有关安全保卫工作的规定和要求，把安全保卫纳入总体工作安排之中，与研发、生产、经营和销售工作同部署、同检查、同总结；结合本部门、事业部和实体实际设立专职、兼职保卫干部或安全管理员，制定安全保卫制度和措施，做到领导、组织、责任和措施四落实。

第六条　保安部是公司安全保卫管理的主管部门，全面负责公司治安工作，各部门无条件接受保安部门的治安职能检查，保安部的机构、岗位设置如下图所示。

续表

保安部机构设置图

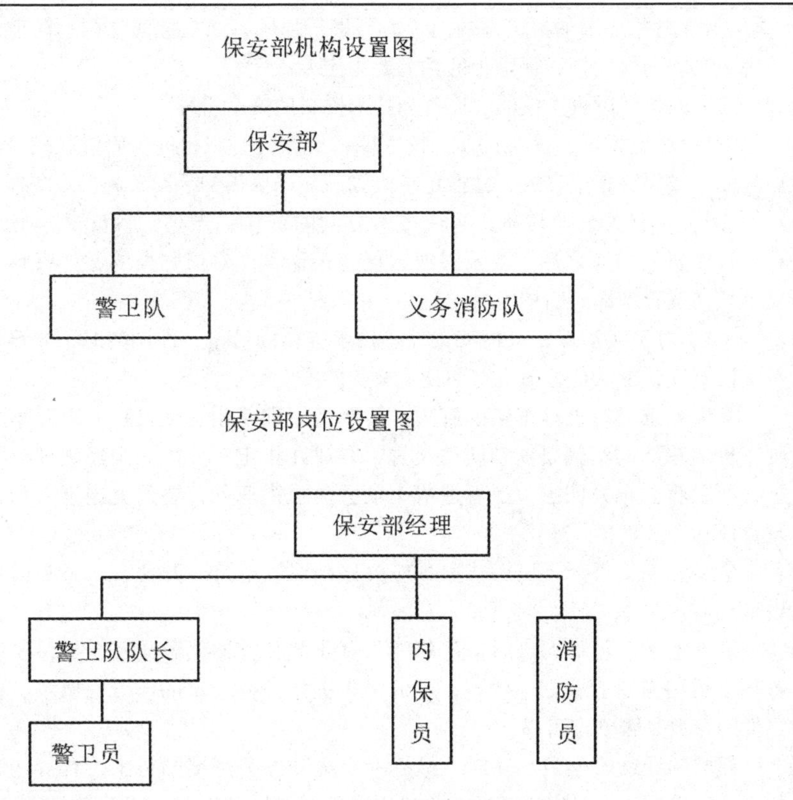

第七条　保安员经过接受各种保安业务知识的培训后，方可上岗。

第八条　保安部要根据每个保安员素质和工作的需要进行不同形式不同层次的培训。日常培训原则上按层次管理进行，即保安部门经理负责对主管的培训，主管负责对领班的培训，领班负责对保安员的培训。

第九条　保安部每年必须制订员工培训计划，报总经理批准、执行。

第十条　培训计划不能如期执行时，保安部经理要与主管部门及培训部协商解决。

第十一条　内部安全保卫工作，要贯彻“预防为主，确保重点，打击犯罪，保障安全”的方针，建立健全安全保卫制度，采取人防、物防和技防相结合的防范措施。

第十二条　实行封闭管理。各部门、事业部和实体，有条件的一律实行工作区封闭式管理。外来客人要坚持访客登记制度，对调离人员要及时收回门禁卡和房门钥匙。

第十三条　对现金、票证的安全管理

（1）财务部门存放现金，一般不应超过银行核定的金额，因特殊原因存有较高数额现金过夜时，必须经本部门领导批准，并采取相应的安全措施。

（2）送取数额较大的现金，必须两人同行或派保卫人员随行，并派车接送。

（3）加强对支票、增值税发票和其他有价票证的管理，坚持签发、检验复核制度，分级把关，堵塞漏洞，防止被盗受骗。

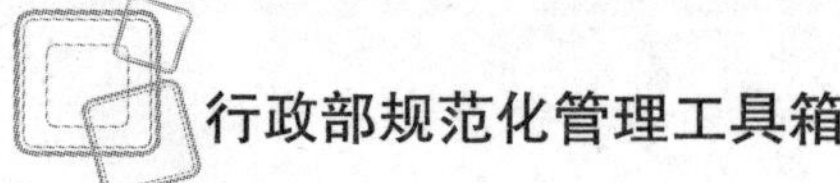

续表

（4）财务部出纳报销室的门、窗要进行加固，要安装防盗门、防盗窗、防撬锁，存放现金必须用保险柜，保险柜的钥匙要指定专人负责。

第十四条　对贵重仪器、设备和技术资料的安全管理

（1）贵重仪器、设备，如：投影仪、摄像机、照相机、通信器材等，要在有防护设施的库房或保险柜里存放，并指定专人管理。严格借领手续，确保设备器材的完好安全。

（2）对有关公司科研、生产技术方面的资料、光盘、软盘要分密级进行保管、保存。机密资料用完之后，要及时放入保险柜保存，对该归档的文件资料，要按要求及时交单位档案管理部门归档。

（3）对于接触保密、机密文件、技术资料的员工，在调离时，要严格执行文件、资料交接制度，以保证公司机密和技术秘密的安全性。

第十五条　对机动车辆的管理，要坚持“谁使用、谁负责，谁开车、谁负责”的原则，价值较高的车辆要安装防盗装置，存放在指定车库里。未经领导批准和在特殊情况下，严禁将公车开回家，违者造成车辆丢失或损坏的，要追究当事人和主管负责人的行政责任和经济责任。

第十六条　每天下班、节假日应关好门窗、电灯、开关、水龙头或其他用电、用水设施。

第十七条　每日下班后，各部门、事业部和实体领导或安全员，要认真、仔细地检查每一道门窗是否关好、锁好，电源是否关闭，办公室的印章、票款、贵重物品、重要文件的存放是否安全可靠。

部门领导或安全员不在时，最后一个离开办公区域的员工，有责任履行以上职责，如不进行检查，一旦出现问题，除追究本部门领导责任外，还要追究当事人的责任。

第十八条　上班时间外出应及时锁好抽屉、橱柜，钥匙随身携带，最后离开者关窗锁门。下班和午休时间，文件、现金妥善存放。

第十九条　办公室内不准存放私人贵重物品以及现金、有价证券。员工必须加强自我防范意识，防止意外情况发生。

第二十条　定期检查各种电器设备、消防器材、设施、烟雾报警系统是否完好和灵敏。

第二十一条　未经许可，不得擅自安排公司或外来人员在公司内住宿。

第二十二条　对打架斗殴、酗酒闹事人员，保安员要及时劝阻，必要时要采取强制手段，同时报告保安部经理。

第二十三条　各部门、各岗位的领导和工作人员每天要对所负责的区域进行检查巡视，发现不安全因素及时处理和报告。

第二十四条　保安部组织专门人员，每月对全公司各部门进行一次全面安全检查。

第二十五条　保安部经理及主管对各部门各岗位的安全情况，随时可进行监督检查，各部门领导应予以支持和合作。

第二十六条　公安机关、消防监督机关来公司进行安全检查时，各部门要如实汇报情况予以协作。

续表

第二十七条　每次安全检查情况，保安部要认真记录登记、建立安全检查档案，对经检查发现的不安全隐患要及时通知有关部门或由保安部发出隐患通知书，限期整改。 第二十八条　各部门对存在的不安全隐患，要按要求的期限认真整改，一时解决不了时，要及时报告总经理并抄报保安部，同时必须采取临时安全措施，保证安全。 第二十九条　凡违反公司安全管理制度的个人和部门负责人都应受到处罚，普通员工记违纪过失，部门负责人记责任过失。 第三十条　违纪过失处罚，包括警告、记过、记大过、辞退、开除等处分，可以并处罚金。 第三十一条　责任过失处罚，包括警告、降职、降级、记过、记大过、辞退、开除等处分，可以并处罚金。 第三十二条　违纪过失或责任过失造成较大损失、触犯刑律时应移交司法机关处理，经司法机关审理判处有期徒刑的，公司应予开除。 第三十三条　违反本制度有关条款，情节轻微、影响较小者，给予责任人警告或记过处罚，可以并处罚金，罚金最高额为 300 元。 第三十四条　违反本制度有关条款情节较严重、影响较大者给予责任人记过、记大过处分，可以并处罚金，罚金最高额为 1000 元。 第三十五条　违反本制度有关条款，情节严重、影响重大者给予责任人记大过或开除处理，责任人直接上级承担领导责任。 第三十六条　管理人员违反本制度有关条款，情节较严重的可以降职、降级，受到降职降级处分的员工不再处以罚金。 第三十七条　总监以上的高级管理人员和高级职员违反本制度有关条款的处罚由董事会参照本制度执行。 第三十八条　如获得以下称号，公司将给予相应的表彰和奖励：参加所在地区社会治安综合治理、治安、防火等项工作总结评比，被评为区级先进集体和个人；参加集团和公司安全保卫工作评比，获得先进集体和个人称号的。 第三十九条　公司每年年底对各地区、各部门的安全保卫工作进行考核。对因工作失职、安全保卫制度和措施不落实，而发生火灾、刑事案件和重大治安事故，进而对研发、生产、工程、服务等项工作造成重大损失和影响的部门、事业部和实体，公司要追究有关领导和当事人的责任。 第四十条　本制度由保安部负责制定，报总经理批准执行，修改亦同。 第四十一条　本制度由保安部负责解释。

4.22 公司电梯管理制度

公司电梯管理制度

第一条　为规范公司电梯管理，特制定此制度。

第二条　公司物业部负责公司电梯设备的管理。电梯设备管理主要包括电梯设备的安全管理、运行管理、维修管理。

第三条　电梯设备的安全管理主要包括：电梯使用安全教育、安全措施，电梯困人的援救管理等。电梯设备的安全管理好坏直接影响电梯管理人员和电梯司乘人员的安危，所以电梯设备的安全管理居物业管理的首要地位。

第四条　电梯的运行管理主要包括：规范电梯的日常管理工作，以保证电梯设备的正常运行。

第五条　电梯设备的维修管理是规范电梯的维护保养工作，使电梯各项性能指标达标，消除电梯的故障隐患，以减少运行费用。

第六条　为防止电梯因使用不当造成损坏或引起伤亡事故，必须加强电梯使用的安全管理。电梯使用安全管理主要包括：安全教育、司梯人员的操作安全管理、乘梯人员的安全管理、电梯困人救援的安全管理。

第七条　实施安全教育

由电梯管理员负责对电梯机房值班人员、电梯司梯人员和乘梯人员实施安全教育，使他们树立安全第一的思想，熟知电梯设备的安全操作规程和乘梯安全规则。

第八条　电梯司梯人员安全管理操作规程

（1）电梯司梯工未经管理责任者的允许，不得驾驶电梯。

（2）小心谨慎地护理好操作装置、信号装置及其他设施。

（3）运行中每一位司梯工都必须佩戴胸卡，标明自己的责任与身份。

（4）在运行中必须打开电梯内的照明灯。

（5）在开始运行前，必须不载乘客试运行一次，并调整好各种装置与设施。

（6）在离开电梯时，必须关闭电门电源、电灯以及电梯门；如果不能关闭，不得离开电梯。

（7）非电梯司机，一律不准驾驶电梯。

（8）在运行过程中，无论是谁，包括司梯工与工作人员，一律不准谈论与工作无关的话题。

（9）严格遵守电梯乘载人数的规定，不得超载运行。如果遇到超载情况，一定要做好耐心说服工作，坚持不超载原则。

续表

（10）严格按照电梯上、下固有的程序运行，不得任意变换上下方向，不得忽上忽下。

（11）严格区别载客与载货电梯，尤其是大型或超重物资，禁止使用载客电梯。

（12）载货电梯必须按规定重量与体积运送，不得超载。

（13）电梯运行中发生故障，立即按停止按钮和警铃，并及时要求修理。

（14）遇停电时，电梯未平层禁止乘客打开轿厢门，并及时联系外援。

（15）禁止在运行中打开厅门。

第九条　加强对乘梯人员的安全管理

制定电梯乘梯人员安全使用乘梯的警示牌，悬挂于乘客经过的显眼位置。敬告乘梯人员安全使用电梯的常识。乘梯须知应做到言简意赅，警示牌要显而易见。

第十条　值班人员定时对电梯设备进行巡视、检查，发现问题及时处理。电梯机房值班人员每日对电梯进行一次巡视，根据巡视情况填写“电梯设备巡视记录表”（见本书表 5-106）。

第十一条　建立巡视监控管理制度

公司工程部的电梯管理员，根据电梯的性能和运行情况制定出电梯巡视管理制度，并监督机房值班人员执行。当巡视中发现不良状况，机房值班人员应及时采取措施进行调整。如果问题严重则及时报告公司工程部主管，协同主管进行解决，整修时应严格遵守《电梯维修保养标准》。

第十二条　当电梯工作中出现异常情况时，司梯人员和乘梯人员都要保持冷静、清醒的头脑，以便寻求比较安全的解决方案。

（1）发生火灾时

当楼层发生火灾时，电梯的机房值班人员应立即设法按动“消防开关”，使电梯进入消防运行状态。

电梯运行到基站后，疏导乘客迅速离开轿厢。电话通知工程部并拨打 119 电话。

（2）井道或轿厢内失火时

司机应立即停梯并疏导乘客离开，切断电源后用干粉灭火器或 1211 灭火器灭火。同时，电话通知工程部。若火势较猛就应拨打 119，以便保证人员和财产的安全。

（3）电梯遭到水侵时

电梯的坑道遭水侵，应将电梯停在二层以上，然后断开电源总开关并立即组织人员堵水源，水源堵住后进行除湿处理，如热风吹干。试梯正常后才能投入使用。

第十三条　电梯机房值班人员，在公司工程部电梯管理员的领导下工作。电梯管理员负责制定电梯机房的管理制度，机房值班人员严格执行电梯机房管理制度。

第十四条　非机房工作人员不准进入机房，必须进入时应经过公司工程部经理同意，在机房人员的陪同下进入。

第十五条　机房应配足消防器材，免放易燃易爆品；每周打扫一次机房卫生，保持机房清洁；为防止不必要的麻烦，机房要随时上锁。

续表

第十六条　交接班制度。正常时，按时交接班，并签署“电梯设备巡视记录表”；当遇到接班人员未到岗时，交班人员不得离岗，应请示工程部电梯管理员寻求解决；电梯发生事故后，未处理完，应由交班人员继续负责事故的处理，接班人员协助处理。 第十七条　凡遇故障，司梯人员应首先通知电梯维修人员和管理人员，如电梯维修人员和管理人员 5 分钟仍未到场，工程部经过训练的救援人员可根据不同情况，设法先行释放被困乘客。 第十八条　当发生电梯困人事故时，电梯管理员或援救人员通过对讲机或喊话与被困人员取得联系，务必使其保持镇静，静心等待救援人员的援救。被困人员不可将身体任何部位伸出轿厢外。如果轿厢属于半开闭状态，电梯管理员应设法将厢门完全关闭。根据楼层指示灯等来判断轿厢所在位置，然后设法援救乘客。 第十九条　如轿厢停于接近电梯口的位置时，管理首先应关闭机房电源开关，用专门外门锁钥匙开启外门，在轿厢顶用人力慢慢开启轿门，协助乘客离开轿厢后重新关好厅门。 第二十条　如轿厢远离电梯口的位置时，管理人员首先要进入机房，关闭该故障电梯的电源开关，然后拆除电机尾轴端盖，按上旋柄座及旋柄。救援人员用力把住旋柄，另一救援人员，手持制动释放杆，轻轻撬开制动，注意观察平层标志，使轿厢逐步移动至最接近厅门为止。当确认刹车制动无误时，放开盘车手轮，然后按第十九条所述的方式救援。 第二十一条　遇到其他复杂的情况时，应请电梯公司帮助救援。援救结束时，电梯管理员填写援救记录并存档。 第二十二条　为使电梯安全运行，需要对电梯进行经常性的维护、检查和修理。电梯管理员和电梯机房值班电工负责电梯发生故障时的紧急维修工作，公司工程部主管负责电梯故障维修的组织监控工作，并负责建立电梯维修管理制度。 第二十三条　电梯管理人员应每月、每个季度、每年对电梯进行检修保养，并在检修完成后，填写“电梯维修保养记录”（见本书表 5-107）。 第二十四条　本制度解释权归公司物业管理部。 第二十五条　本制度自颁布之日起执行。

4.23 消防安全管理制度

消防安全管理制度
第一条　为加强公司安全消防意识，做好公司安全消防工作，保障公司正常、稳定的工作环境，特制定本制度。

续表

第二条 责任人 公司法定代表人为公司安全消防第一责任人，履行下列职责： （1）制订并落实安全消防责任制和防火、灭火方案，以及火灾发生时保护人员疏散等安全措施； （2）配备安全消防器材，落实定期维护、保养措施，改善防火条件，开展消防安全检查，及时消除安全隐患； （3）管理本公司的专职或群众义务消防队； （4）组织对员工进行消防安全教育和防火、灭火训练； （5）组织火灾自救，保护火灾现场，协助火灾原因调查。 第三条 相关责任人 各部门应确立各自的责任人，划定各自的防范重点和制定防范对策，并制定相应的消防安全管理制度。 第四条 设施 （1）公司使用的消防器具和设备，必须是有国家生产许可证和产品质量认证证书的产品。 （2）公司使用的电器设备的质量，必须符合消防安全要求。电器设备的安装和电气线路的设计、铺设，必须符合安全技术规定并定期检修。 第五条 培训 （1）公司下列人员需接受消防安全培训 ①各部门防火安全第一责任人或分管负责人； ②消防安全管理人员； ③义务消防员； ④消防设备的安装、操作、维修人员； ⑤易燃易爆品仓库管理人员。 （2）保安部组织培训 保安部全体员工均为义务消防员，其他部门按人数比例培训考核后定为公司义务消防员。义务消防员的培训工作由保安部具体负责，各部门协助进行。 保安部主管负责拟订培训计划，由保安部专案领班协助定期、分批对公司员工进行消防培训。 （3）培训内容 ①了解公司消防要害重点部位：配电房、保安部、煤气库、货仓、机票室、锅炉房、厨房、财务室等。 ②了解公司各种消防设施的情况，掌握灭火器的安全使用方法。 ③掌握发生火灾时扑救工作的知识和技能及自救知识和技能。 ④组织观看实地消防演练，进行现场模拟培训。 第六条 宣传教育 宣传教育的内容包括消防规章制度、防火的重要性、防火先进事迹和案例等。宣传

续表

教育可采取印发消防资料、图片，组织人员学习，请专人讲解，实地模拟消防演练等方式进行。 第七条　公司内下列场所应当设置疏散指示标志、紧急照明装置和必要的消防设施。 （1）易燃易爆危险品的生产房、储存场地； （2）原材料及成品仓库； （3）车队、油库（加油站）、液化气站、变电站。 第八条　禁止在易发生火灾的危险场所擅自动用明火。需要使用明火器具应事先提出申请，说明安全措施，经保安部批准后才予以使用。 第九条　作业人员应当持证上岗，对电焊、气割、砂轮切割、煤气燃烧以及其他具有火灾危险作业的，必须依照有关安全要求操作。 第十条　禁止在办公室和宿舍使用自制或外购电炉取暖或做饭。 第十一条　划定禁烟区，员工不得在禁烟区吸烟。 第十二条　公司根据现有消防状况和财力状况，合理配置消防器材，不得擅自移动、损坏、挪用，并定期检查和更换。 第十三条　防火检查 保安部人员应定期巡视检查，发现隐患，及时指出并加以处理。各部门人员分级检查：第一级是班组人员每日自查，第二级是部门主管重点检查，第三级是部门经理组织人员全面检查或独自进行抽查。 第十四条　公司员工一旦发现有火警，能自行扑灭的，应立刻采取措施，根据火警的性质，就近使用水或灭火器材进行扑救。 第十五条　火势较大，在场人员又不懂扑灭方法的，应立刻通知就近其他人员或巡查的保安人员进行扑灭工作。 第十六条　若火势发展很快，无法立刻扑灭时，应立刻通知总机接线生，执行火灾处理的扑救管理制度。 第十七条　公司任何人发现火灾或其他安全问题都应迅速报警，各部门或员工应为报警无偿提供方便，有义务为扑救火灾提供帮助。 第十八条　公司在消防队到达前应迅速组织力量扑救、减少损失；火灾后及时向投保的保险公司报案，并保护好现场及协助查清火灾原因。 第十九条　公司定期或不定期地对公司各部门安全、消防管理工作进行考核，并给予相应的奖励或处罚。 第二十条　公司对因扑救火灾、消防训练、制止安全事故、见义勇为而受伤、致残、死亡的员工。对其实行医疗、抚恤费用按照国家有关规定办理。 第二十一条　对各种安全消防事故的责任人和违反本制度的员工，将从严处罚，分别给予罚款、降级乃至辞退，情节严重者移交司法部门追究其法律责任。 第二十二条　本制度由保安部解释、补充，经总经理办公会议批准颁行。

4.24 公司保密管理制度

公司保密管理制度

第一条　根据《中华人民共和国保守国家秘密法》、《科学技术保密规定》、《关于禁止侵犯商业秘密行为的若干规定》和《关于加强科技人员流动中技术秘密管理的若干意见》的精神，结合我公司《企业知识产权管理规定》及具体情况，为保障公司整体利益和长远利益，使公司长期、稳定、高效地发展，适应激烈的市场竞争，特制定本制度。

第二条　公司秘密是指不为公众所知悉、能为公司带来经济利益、具有实用性并经公司采取保密措施的技术信息和经营信息。

（1）本制度所称“不为公众所知悉”，是指该信息是不能从公开渠道直接获取的。

（2）本制度所称“能为公司带来经济利益、具有实用性”，是指该信息具有确定的可应用性，能为公司带来现实的或者潜在的经济利益或者竞争优势。

（3）本制度所称“公司采取保密措施”，包括订立保密协议，建立保密制度及采取其他合理的保密措施。

（4）本制度所称“技术信息和经营信息”，应包括内部文件，包括设计、程序、产品配方、制作工艺、制作方法、管理诀窍、客户名单、货源情报、产销策略、招（投）标中的标底及标书内容等信息。其中“技术信息”，包括但不限于设计图纸（含草图）、试验结果和试验记录、工艺、配方、样品、数据、计算机程序等。技术信息可以是有特定的完整的技术内容，构成一项产品、工艺、材料及其改进的技术方案，也可以是某一产品、工艺、材料等技术或产品中的部分技术要素。

第三条　本制度适用于本公司所有员工。公司所有人员，包括技术开发人员、销售人员、行政管理人员、生产和后勤服务人员等（以下简称为“工作人员”），都负有保守公司商业秘密的义务。

公司秘密的范围

第四条　公司生产经营、发展战略中的秘密事项。

第五条　公司就经营管理做出的重大决策中的秘密事项。

第六条　公司生产、科研、科技交流中的秘密事项。

第七条　公司对外活动（包括外事活动）中的秘密事项以及对外承担保密义务的事项。

第八条　维护公司安全和追查侵犯公司利益的经济犯罪中的秘密事项。

第九条　客户及其网络的有关资料。

续表

第十条　其他公司秘密事项。 **秘级分类** 第十一条　公司秘密分为三类：绝密、机密、秘密。 第十二条　绝密是指与公司生存、生产、科研、经营、人事有重大利益关系，泄露会使公司的安全和利益遭受特别严重损害的事项，主要包括： （1）公司股份构成，投资情况，新产品、新技术、新设备的开发研制资料，各种产品配方、产品图纸、模具图纸； （2）公司总体发展规划、经营战略、营销策略、商务谈判内容及载体，正式合同和协议文书； （3）按档案法规定属于绝密级别的各种档案； （4）公司重要会议纪要。 第十三条　机密是指与本公司的生存、生产、科研、经营、人事有重要利益关系，泄露会使公司安全和利益遭到严重损害的事项，主要包括： （1）尚未确定的公司重要人事调整及安排情况，人力资源部门对干部的考评材料； （2）公司与外部高层人士、科研人员来往情况及其载体； （3）公司薪金制度，财务专用印签、账号，保险柜密码，月、季、年度财务预算、决算报告及各类财务、统计报表，微机开启密码，重要磁盘、磁带的内容及其存放位置； （4）公司大事记； （5）各种产品的制造工艺、控制标准、原材料标准、成品和半成品检测报告、进口设备仪器图纸及相关资料； （6）按档案法规定属于机密级别的各种档案； （7）获得竞争对手情况的方法、渠道及公司相应对策； （8）外事活动中内部掌握的原则和政策； （9）公司总监（助理）级别以上干部的家庭住址及外出活动去向。 第十四条　秘密是指与本公司生存、生产、经营、科研、人事有较大利益关系，泄露会使公司的安全和利益遭受损害的事项，主要包括： （1）消费层次调查情况，市场潜力调查预测情况，未来新产品市场预测情况及其载体； （2）广告企划、营销企划方案； （3）总经办、财务部、商务审核部等有关部门所调查的违法、违纪事件及责任人情况和载体； （4）生产、技术、财务部门的安全保卫措施情况； （5）各类设备图纸、说明书、基建图纸，各类仪器资料，各类技术通知、文件等； （6）档案法规定属于秘密级别的各种档案； （7）各种检查表格和检查结果。 **各密级内容知晓范围** 第十五条　绝密级：董事会成员、总经理、监事会成员及与绝密内容有直接关系的工作人员。

续表

第十六条　机密级：总监（助理）级别以上干部以及与机密内容有直接关系的工作人员。

第十七条　秘密级：部门经理级别以上干部以及与机密内容有直接关系的工作人员。

保密措施

第十八条　公司员工必须具有保密意识，必须做到不该问的绝对不问，不该说的绝对不说，不该看的绝对不看。

第十九条　总经理全面领导保密工作，各部门负责人为本部门的保密工作负责人，各部门及下属单位必须设立兼职保密员。

第二十条　对外交往与合作中需要提供公司秘密的事项，应先由总经理批准。

第二十一条　严禁在公共场合、公用电话、传真上交谈、传递保密事项，不准在私人交往中泄露公司秘密。

第二十二条　公司员工发现公司秘密已经泄露或可能泄露时，应立即采取补救措施并及时报告总经办，总经办立即做出相应处理。

第二十三条　董事长、监事会主席、总经理、总监（助理）办公室及各机要部门必须安装防盗门窗、严加保管钥匙，非本部人员要在获准后方可进入，人走要落锁，清洁卫生要有专人负责或者在专人监督下进行。

第二十四条　含有计算机、复印机、传真机的部门都要依据本制度制定本部门保密细则，并严格执行。

第二十五条　文档人员、保密员工作变动时应及时办理交接手续，交由主管领导签字。

第二十六条　小车司机对领导在车内的谈话须严格保密。

保密环节

第二十七条　文件打印

（1）由文件原稿提供单位领导签字，签字领导对文件内容负责任，不得出现对公司不利或不该宣传的内容，同时确定文件编号、保密级别、发放范围、打印份数。

（2）打印部门要做好登记，打印校对人员姓名应在发文单中有反映，保密文件应由总经办负责打印。

（3）打印完毕，所有文件废稿应全部销毁，电脑存盘应消除或加密保存。

第二十八条　文件发送和电子邮件（E-mail）使用

（1）文件打印完毕，由文印室专门人员负责转交发文部门，并做登记，不得转交无关人员。

（2）发文部门下发文件应认真做好发文记录。

（3）保密文件应交由发文部门负责人或其指定人员签收，不得交给其他人员。

（4）对于剩余文件应妥善保管，不得遗失。

（5）发送保密文件应由专人负责，严禁让未转正员工发送保密文件。

（6）公司禁止在工作期间登录个人电子邮箱。员工在公司上班期间，应该用企业的个人邮箱进行信息的传递和发送。

续表

第二十九条　文件复印 （1）原则上保密文件不得复印，特殊情况由总经理批准执行。 （2）文件复印应做好登记。 （3）复印件只能交给部门主管或其指定人员，不得交给其他人员。 （4）一般文件复印应由部门负责人签字，注明复印份数。 （5）复印废件应即时销毁。 第三十条　文件借阅 借阅保密文件必须经借阅方、提供方领导签字批准，提供方加以专项登记，借阅人员不得摘抄、复印、向无关人员透露，确需摘抄、复印时，须经提供方领导签字并注明。 第三十一条　传真件 （1）保密文件传递，不得通过公用传真机。 （2）收发传真件应做好登记。 （3）保密传真件收件人只能为部门主管负责人或其指定人员，不得为其他人员。 第三十二条　录音、录像 （1）董事长、总经理等主要人物讲话，工厂录像等一切与公司利益安全关系重大的均为保密材料。 （2）录音、录像应由指定部门整理并确定保密级别。 （3）保密录音、录像材料由总经办负责存档管理。 第三十三条　档案 （1）档案室为材料保管重地，无关人员一律不准出入。 （2）借阅文件应填写申请借阅单，并由主管领导签字。 （3）秘密文件限下发范围内人员借阅，特殊情况由总经办批准借阅。 （4）秘密文件保管应与普通文件区别，按等级、期限加强保护。 （5）档案销毁应经鉴定小组批准后指定专人监销，两人以上参加，并做好登记。 （6）档案材料不得借给无关人员查阅。 （7）秘密档案不得复印、摘抄，特殊情况由总经理批准后执行。 第三十四条　客人活动范围 （1）保卫部门应加强保密意识，无关人员不得在机要部门出入。 （2）客人到公司参观、办事，遵循有关出入公司管理规定，无关人员不得进入公司。 （3）客人到公司参观，不得让其接触公司文件、货物、营销材料等保密件。 第三十五条　保密部门管理 （1）与保密材料相关的部门均为保密部门，如总监（助理）办公室，传真室，收发室，档案室，文印室，工艺室，研发室，实验室，配料室，化验室以及财务部，人力资源部，劳资部等。 （2）各部门设兼职保密员，加强保密工作。 （3）保密部门出入人员应进行控制，无关人员不得进入、停留。

续表

（4）保密部门对外材料交流应由保密员操作。

（5）保密部门应根据自己的情况制定保密细则，做好保密材料的保管、登记、使用记录工作。

第三十六条 会议

（1）所有重要会议由总经办协助相关部门做好保密工作。

（2）参加会议人员应严格控制，无关人员不应参加。

（3）会务组应认真做好到会人员签到，材料发放登记工作。

（4）保卫人员应认真鉴别到会人员，无关人员不得入内。

（5）会议录音、摄像人员由总经办指定。

（6）会议纪要整理由总经办指定人员在指定地点整理。

第三十七条 保密协议

（1）公司可以按照有关法律规定，与工作人员签订保密协议。该保密协议可以与劳动聘用合同订为一个合同，也可以与有关知识产权权利归属协议订为一个合同，也可以单独签订。

（2）签订保密协议，应当遵循公平、合理的原则。保密协议的主要内容包括：保密的内容和范围、双方的权利和义务、保密期限、违约责任等。

技术保密协议可以在有关人员调入公司时签订，也可以与已在公司工作的人员协商后签订。拒不签订保密协议的，公司有权不调入，或者不予聘用。

（3）承担保密义务的科技人员享有因从事技术开发活动而获取相应报酬和奖励的权利。公司无正当理由，拒不支付奖励和报酬的，科技人员或者有关人员有权要求变更或者终止技术保密协议。保密协议一经双方当事人签字盖章，即发生法律效力，任何一方违反协议的，另一方可以依法向有关仲裁机构申请仲裁或向人民法院提起诉讼。

第三十八条 竞业限制条款

（1）公司可以在劳动聘用合同、知识产权权利归属协议或者保密协议中，与工作人员协商，约定竞业限制条款，约定有关人员在离开公司后一定期限内不得在生产同类产品或经营同类业务且有竞争关系或者其他利害关系的其他单位内任职，或者自己生产、经营与公司有竞争关系的同类产品或业务。凡有这种约定的，公司应向有关人员支付一定数额的补偿费。竞业限制的期限最长不得超过 3 年。

（2）竞业限制条款一般应当包括竞业限制的具体范围、竞业限制的期限、补偿费的数额及支付方法、违约责任等内容。但与竞业限制内容相关的商业秘密已为公众所知悉，或者已不能为公司带来经济利益或竞争优势，不具有实用性，或负有竞业限制义务的人员有足够证据证明该公司未执行与员工所签相关协议条款，受到显失公平待遇以及公司违反竞业限制条款，不支付或者无正当理由拖欠补偿费的，竞业限制条款自行终止。

第三十九条 员工兼职规定

（1）科技人员在完成本职工作和不侵犯公司技术权益、经济利益的前提下，业余兼职从事技术开发和技术创新等活动的，应当依照国家有关法律、法规和 1988 年 1 月国务院批准的《国家科委关于科技人员业余兼职若干问题的意见》的规定，正确处理本职和

续表

兼职关系，不得在业余兼职活动中将公司的商业秘密擅自提供给兼职单位，也不得利用兼职关系从兼职单位套取商业秘密，侵害兼职公司的技术权益。

（2）公司的新产品开发和某些重要工作，属国家科技攻关和本公司重要任务，在这些岗位上工作的人员兼职可能影响完成国家计划和公司任务。根据《国家科委关于科技人员业余兼职若干问题的意见》第二条的规定，不允许这些人员从事业余兼职活动。

第四十条　员工离职规定

（1）公司工作人员离开公司时，必须将有关本公司技术信息和经营信息的全部资料（如试验报告、数据手稿、图纸、软盘和调测说明等）缴回公司。

公司工作人员离开公司时，公司可以书面或者口头形式向该人员重申其保密义务和竞业限制义务，并可以向其新任职的单位通报该人员在原单位所承担的保密义务和竞业限制义务。在科技人员或有关人员调入公司时，公司应当了解该人员在原单位所承担的保密义务和竞业限制义务，并自觉遵守上述协议。

（2）公司工作人员在离开公司后，利用在公司掌握或接触的由公司所拥有的商业秘密，并在此基础上做出新的技术成果或技术创新，有权就新的技术成果或技术创新予以实施或者使用，但在实施或者使用时利用了公司所拥有的，且其本人负有保密义务的商业秘密时，应当征得公司的同意，并支付一定的使用费；未征得公司同意或者无证据证明有关技术内容为自行开发的新的技术成果或技术创新的，有关人员和用人单位应当承担相应的法律责任。

第四十一条　对违反本制度规定的人员，视情节轻重，分别给予教育、经济处罚和纪律处分。情节特别严重的，公司将依法追究其刑事责任。泄露公司秘密，尚未造成严重后果的，给予警告处分，处以 100 元至 1000 元的罚款。

第四十二条　利用职权强制他人违反本制度的，给予除名，并处以 1000 元以上的罚款。

第四十三条　泄露公司秘密并造成严重后果的，给予开除，并处以 10000 元以上罚款，必要时依法追究其法律责任。

第四十四条　本制度由总经办负责制定，总经理审阅后报董事会批准，由总经办执行。

第四十五条　本制度由总经理办公室负责解释，自发布之日起执行。

第四十六条　本制度未尽事宜，按国家工商行政管理局《关于禁止侵犯商业秘密行为的若干规定》（1995 年 11 月 23 日）、国家科委《关于加强科技人员流动中技术秘密管理的若干意见》（1997 年 7 月 2 日）规定办理。

4.25 公司车辆管理制度

公司车辆管理制度

第一条　为了统一管理公司的所有车辆，有效使用各种车辆，确保行车安全，提高办事效率，减少经费支出，特制定本制度。

第二条　本制度所说的车辆是指公司的客用、货用及公务用车辆。所有车辆由行政部统一负责管理，按车号登记管理。

第三条　公司公务车的证照及稽核等事务统由行政部负责管理，营业用车辆由行政总监指派专人调派，并负责维修、检验、清洁等。

第四条　车辆的保险、养路、验车、牌照、停车场等手续，由行政部指定相关人员办理，所需费用按财务预算分别报销。

第五条　本公司人员因公用车须于事前向车管专人申请调派；车管专人依重要性顺序派车。不按规定办理申请，不得派车。

第六条　每车应设置车辆行驶记录表，使用前应核对车辆里程表与记录表上前一次用车记录是否相符，使用后应记载行驶里程、时间、地点、用途等。

第七条　行政部每月抽查一次，如发现记载不实、不全或未记载的情况，应通报车辆主管并对相关责任人提出批评，对不听劝告、屡教屡犯者应予以处分，并停止其使用资格。

第八条　每车设置车辆使用记录表，由相关人员于每次加油及修护保养时进行记录，以了解车辆受控状况。每月月末连同“车辆行驶记录表”一并交由财务部稽核。

第九条　车辆使用范围：

（1）公司员工在本地或短途外出开会、联系业务、接送；

（2）接送公司宾客和来公司办事人员；

（3）离退休中高层人员健康用车或员工因私用车；

（4）定期开车；

（5）其他紧急和特殊情况用车。

第十条　车辆使用程序：

（1）车辆使用实行派车制度。用车须填写用车记录单，经部门经理、分管副总或行政部经理批准后，由车辆主管统一安排方可使用。

（2）司机按派车单上报批准的行车路线和目的地行车。

（3）用车完毕，司机填写用车实际情况记录。

第十一条　在不影响公务情况下，酌情满足员工因私用车要求，但因私用车应严格审批。

续表

第十二条　对同一方向、同一时间段的派车要求尽量合用，减少派车次数和车辆使用成本。 第十三条　车辆驾驶人员必须具有驾照，熟悉并严格遵守交通法规。 第十四条　驾驶人员驾驶车辆前，应对车辆做基本检查（如水箱、油量、机油、刹车油、电瓶液、轮胎、外观等）。如发现故障、配件失窃或损坏等现象，应立即报告，隐瞒不报而由此引发的后果由当期使用人负责。 第十五条　驾驶人员不得擅自将公务用车开回家，或作私用，违者受罚。经公司特许或返回公司已超过 21：00 的情况例外。 第十六条　车辆应停放于指定位置、停车场或适当的合法位置。任意放置车辆导致违反交规、损毁、失窃，由驾驶人员赔偿损失，并予以处分。 第十七条　使用人应爱护车辆，保证机件、外观良好，使用后并应将车辆清洗干净。 第十八条　为私人目的借用公车，应先填写车辆使用申请单，注明“私用”字样，并经相关主管核准后转会计部稽核相关费用。 第十九条　用私人目的借用公车时若发生事故，导致违规、损毁、失窃等，在扣除保险理赔金额后全部由私人负担。 第二十条　本公司车辆的维修保养，原则上按照车辆技术手册执行各种检修保养，并须按照预算执行。 第二十一条　车辆维修保养程序： （1）申请 司机发现车辆故障或需要保养时，应先填写车辆维修保养单，经部门领导签字，向车辆主管提交车辆维修保养申请、申报维修保养的费用预算。 （2）故障分析、审核预算维修费用 车辆主管接到车辆维修保养单后，对车辆进行故障分析，确定是否需要维修以及需要维修哪些项目，并确定维修费用的限额。 （3）确定维修厂家 由车辆主管根据车型、维修项目确定车辆送修的维修厂家。 （4）审批 车辆主管确定维修厂家之后，应呈交行政经理在送修单上签字。 （5）送修 司机将待修的车辆送到确定的维修厂家进行修理。 （6）鉴定 车辆维修结束后，送修人及行政部相关人员应对维修车辆进行技术鉴定，检验合格，收回更换的旧部件，并核定维修费用的合理、准确性后，方可在维修厂家的单据上签字。送修人对费用的真实性负责。 （7）验收 送修车辆返回公司后，由车辆主管进行验收。送修人应将车辆维修保养单及维修清单及时缴回车辆主管。

续表

（8）维修项目更改

车辆在维修过程中，若发现由于其他问题需增加维修项目，或需要增加维修费用，按照上述程序重新申请。

（9）费用结算

车辆主管对维修费用实行统一的月结或季度结算。结算前，车辆送修人员须检查送修车辆审批手续的规范性，并再次核定费用收取的合理性。

第二十二条　车辆的维修保养应由车辆主管指定修护厂家进行，指定专人结算；否则，维修保养费一律不予报销。

第二十三条　可自行修护者，可报销购买材料、零件费用。

第二十四条　车辆于行驶途中发生故障或其他耗损急需修理或更换零件时，可根据实际情况进行修理，但非迫切需要或修理费超过 2000 元时，应与车辆主管联系请求批示。

第二十五条　由于司机使用不当或疏于保养，导致车辆损坏或机件故障，所需维修费，应依情节轻重，由公司与司机按比例共同负担。

第二十六条　行政部负责人应对车辆进行不定期检查，内容包括：本制度执行情况、车辆内外卫生、一般保养状况等。检查不合格者，对司机及相关主管人员分别处以 50 ~ 200 元不等程度的罚款，情节严重者取消司机的驾驶资格。

第二十七条　公司通过招标，确定承保保险公司。

第二十八条　公司所有车辆的保险，统一由公司支付分摊。

第二十九条　公司车辆投保险种及标准按相关规定执行，不得私自增加或减少投保险种，也不得私自提高或降低投保标准。

第三十条　公司驻外机构由当地财务部根据“车辆保险保费对比表”所示的方法，计算出在当地投保和公司统一投保的保费，根据“谁的保费低就选谁”的原则，确定驻外机构在何处投保，并将相关资料报总公司的行政部确认。

第三十一条　一旦出现车辆保险索赔事件，车辆主管应在第一时间内与保险公司取得联系，并保存好索赔资料。事故处理完后，连同车辆事故报告表一起交保险管理员办理索赔手续。

第三十二条　在下列情形之一的情况下，违反交通规则或发生事故，由驾驶人负担，并予以记过或免职处分。

（1）无照驾驶。

（2）未经许可将车借予他人使用。

第三十三条　违反交通规则，其罚款由司机负担。

第三十四条　各种车辆如在公务途中遇不可抗力的车祸发生时，应先急救伤患人员。向附近警察机关报案，并立即与管理部及主管联络协助处理。如属小事故，可自行处理后向管理部报告。

第三十五条　意外事故造成车辆损坏，在扣除保险金额后，再视实际情况由司机与公司按比例承担。

续表

第三十六条　发生重大交通事故后，如需向受害当事人赔偿损失，经扣除保险金额后，其差额再视实际情况由司机与公司按比例承担。

第三十七条　公务车油料及维修保养费按凭证实报实销。

第三十八条　私车公用凭实证报销。

第三十九条　公车私用情况的缴费标准

（1）1500毫升（含）以内，每次行驶30千米内，按2元／千米的标准向公司上缴相关费用；每次行驶超过30千米，按1.6元／千米的标准向公司上缴相关费用。

（2）1500毫升以上，每次行驶30千米内，按2.2元／千米的标准向公司上缴相关费用；每次行驶超过30千米，按1.8元／千米的标准向公司上缴相关费用。

第四十条　车辆使用完毕后，应停放在公司指定的场所，并将车门锁妥。

第四十一条　本制度经呈总经理核准后公布实施，修改时亦同。

4.26 车辆安全管理制度

车辆安全管理制度

第一条　为加强本公司车辆安全工作的管理，落实车辆安全责任制，特制定本制度。

第二条　公司所有车辆由行政部统一管理、车辆主管统一调度，其安全由相关人员负责。

第三条　车辆主管应把安全教育放到首位，教育所有的司机树立“安全第一”的思想，全面组织司机学习交通安全法规，并严格贯彻执行。

第四条　所有司机应自觉遵守交通法规，服从交警的指挥，文明驾驶，礼貌行车，严格执行行车守则。

第五条　禁止司机酒后驾车。

第六条　司机应按规定规范合法停车，使用完车辆后，应关好车窗、锁好车门，并在离开之前再次检查确认。

第七条　司机在使用车辆前，如发现故障、配件失窃或损坏等现象，应立即报告，隐瞒不报而引发的后果由当期使用人负责。

第八条　因私人目的借用公车时，若发生交通事故、出现违规、损毁、失窃等，在扣除保险理赔金额后全部由个人负担。

第九条　车辆使用人员或保管人员应对车辆定期检查保养，按期检查车辆性能，如机油、水、刹车油及机械关节部位的润滑，总结安全工作，避免一切可能事故的发生。

第十条　由于司机使用不当或疏于保养，导致车辆损坏或机件故障，所需维修费，应依情节的轻重，由公司与司机共同分担。

续表

第十一条　所有车辆实行专人驾驶保管、车辆调度人员监督检查的制度，严禁未经行政部相关领导批准将车辆交给非专职司机驾驶，严禁将车辆交给无驾驶证的人员驾驶。

第十二条　为了保证车辆的安全行驶，对车辆应坚持出车前、行驶中、返回后的“本段查”。杜绝病车、故障车勉强上路行驶。

第十三条　出车前检查，主要检查油水电系统是否畅通，有无跑漏；检查安全设施是否齐全；检查制动机件是否灵敏。

第十四条　行驶中检查，长途行驶 100 公里即应停车检查主机和各零配件情况，及时排除故障。

第十五条　返回后检查，主要检查车辆的完好状况，以便进行及时的保养或维修。

第十六条　保持最高的安全保险系数，是车辆安全行驶的保证。在下列 5 种情况下不能出车。

（1）油、电、水系统有故障时。

（2）制动设备性能不良时。

（3）安全设备不齐时。

（4）司机身体状况不好时。

（5）装运易燃物品，安全防范设施未落实时。

第十七条　为了使安全技术检查达到万无一失的程度，需要建立由车辆主管、经验丰富的司机和维修人员组成的安全技术鉴定小组，对短途车辆进行定期的安全技术检查，对长途车辆进行出车前检查，及时排除故障，保证安全行驶，并建立安全技术检查档案。

第十八条　司机应严格执行车辆回库制度，如因特殊原因不能回库时，须经总经理批准，并确保车辆在外停放安全。

第十九条　本公司实行司机与车辆主管、车辆主管与行政部、行政部与公司层层签订安全承包合同，实行安全责任制，奖惩按合同执行，层层有份。

第二十条　本公司以 500 千米为安全行驶定额设置司机的工资。每月达到此定额时发定额工资，超定额的按比例发奖金，达不到定额的扣罚一定比例的工资。

第二十一条　司机驾车发生事故后，应立即停车，抢救受伤人员，注意保护现场，立即报案，听候处理。

第二十二条　司机发生责任事故造成经济损失时，按事故的性质分别处以扣减工资或罚款。

（1）一般事故（经济损失在 2000 元以下者）：按经济损失的 4%处罚。

（2）重大事故（经济损失在 2000 ~ 5000 元者）：按经济损失的 6%处罚。

（3）特大事故（经济损失在 5000 元以上者）：按经济损失的 8%处罚。

（4）机件责任事故：按经济损失金额的 12%处罚。

第二十三条　公司车辆安全管理小组协同交通管理部门妥善处理事故，事故的登记统计和报告，事故处理后的善后工作，事故后的内部处理和总结。

第二十四条　本制度解释权归公司车辆安全领导小组所有。

第二十五条　本制度已经总经理审批，自公布之日起执行，修改时亦同。

4.27 公司司机管理制度

公司司机管理制度

第一条　本制度旨在加强对公司司机的管理，本制度未涉及事项按其他有关规定处理。

第二条　所有司机必须遵守《中华人民共和国道路交通管理条例》及有关交通安全管理的规章规则，安全驾车。

第三条　敬业、驾驶作风端正、遵循职业道德。所有司机必须遵守本公司制定的相关规章制度。

第四条　凭用车申请单出车，与用车部门搞好协作，未经批准不得用公车办私事。

第五条　上班时间不出车时，司机必须在司机室等候工作，若临时有事离开必须向车辆主管请假。

第六条　接送员工上下班的司机，要准时出车，不得误点。

第七条　司机请事假，必须经车辆主管批准。高层管理人员专车司机须经领导同意后，方可请假。

第八条　开公司高层管理人员专车的司机，相关人员公事外出或外地学习、开会期间，司机工作由车辆主管负责安排。

第九条　所有司机应严格执行考勤制度，无故缺勤者一律按旷工处理，司机不听从安排、耽误公事，严重者给予开除处理。

第十条　晚间司机要注意休息，不准开疲劳车，不准酒后驾车。

第十一条　任何时间、任何地点，司机均不得将自己保管的车辆随便交给他人驾驶或练习驾驶，严禁将车辆交给无证人员驾驶。

第十二条　司机驾车一定要遵守交通规则，文明开车，不准危险驾车（包括高速、爬头、紧跟、争道、赛车等）。

第十三条　司机应经常检查自己所开车辆的各种证件的有效性，出车时一定要保证证件齐全。

第十四条　公务车内不准吸烟。本公司员工在车内吸烟时，应有礼貌地制止；公司外客人在车内吸烟时，可婉转告知本公司陪同人员，但不能直接制止。

第十五条　严禁在车内赌博、播放黄色录像带和走私，一经发现，第一次给予警告，第二次报治安管理部门依法查处。

第十六条　司机下班后，车辆须回库（不配司机的高层管理人员除外）。第一次违反者，批评教育并罚款。第二次起，每次加倍处罚，车辆附件一切损失均由司机负责，如车辆失窃，司机须负一定的赔偿责任。

续表

第十七条　司机离开车辆时，应注意以下两件事项。

（1）司机需要离开车辆时，必须关好车窗、锁死车门。

（2）车中放有物品或文件资料，司机又必须离开时，应将它们放于后行李厢内并加锁。

第十八条　出发前，司机应做好出车准备；收车后，做好以下相关工作。

（1）在出发前，应确认路线和目的地，选择最佳的行车路线。

（2）收车后，司机应填写行车记录（包括目的地、乘车人、行车时间、行车距离等）。

（3）随车运送物品时，收车后须向相关管理人员报告。

第十九条　所开车辆必须经车辆主管、行政部经理及相关人员同意后，才能进行车辆大修理。车辆修理完后，应认真做好确认工作。

第二十条　出现事故时，司机应能迅速做出应急处理，并向车辆主管和行政部经理报告。

第二十一条　司机应注意保持良好的个人形象：

（1）保持服装的整洁卫生：

（2）注意头发、手足的清洁：

（3）个人言行得体大方；

（4）在驾驶过程中，努力保持端正的姿势。

第二十二条　司机对乘车人员要热情、礼貌，说话应文明。

（1）司机应热情接待、小心驾驶，遵守交通规则，确保交通安全。

（2）司机应在乘车人（特别是公司客人和领导）上下车时，主动打招呼并亲自为乘车人开关车门。

（3）当乘车人上车后，司机应向其确认目的地。

（4）当乘车人下车办事时，司机等候时不得有任何不耐烦的表示，应选择好地形将车停好等候。等候时，不准远离车辆，不得在车上睡觉，不得翻阅乘车人放在车上的物品，更不得用喇叭催人。

（5）乘车人带大件物品上车时，司机应予以帮助。

第二十三条　载客时，车内客人谈话时，不准随便插嘴。客人问话，应礼貌回答。

第二十四条　司机必须注意保密，不得传播乘车者讲话的内容，违者给予批评教育，情形严重者予以严肃处理。

第二十五条　司机人员的皮鞋应经常擦油，在车内不准脱鞋。

第二十六条　司机接送公司的客人时，应主动向客人打招呼并作自我介绍，然后打开车门将客人让进车内，关车门时要注意乘客的身体和衣物，防止被车门挤压。

第二十七条　行车中应及时使用冷热风，听收音机或听音乐应征得乘车人的同意，声音不要太大，以免影响客人思考或休息。

第二十八条　在涉外活动中，司机对待外宾既要彬彬有礼又要不卑不亢，态度要自然、大方。如果对方主动打招呼，可按一般礼貌同其握手、交谈。

续表

第二十九条　司机在涉外活动中不得向外宾索要礼品或示意索取礼品，对不宜拒绝的礼品可以接受，回公司后应上交办公室统一登记，按规定处理。 第三十条　司机应爱惜公司车辆，平时要注意车辆的保养，经常检查车辆的主要机件。每月至少用半天时间对自己所开车辆进行检修，确保车辆正常行驶。 第三十一条　司机应每天抽一定的时间擦洗自己所开车辆，打蜡擦亮，做到晴天停车后无灰尘，雨雪停车后无泥点。前后挡风玻璃和车门玻璃要保持清洁，轮胎外侧和防护罩要经常清洗，做到无积土。 第三十二条　出车在外或出车归来停放车辆，一定要注意选取停放地点和位置，不能在不准停车的路段或危险地段停车。司机离开车辆时，要锁好保险锁，防止车辆被盗。 第三十三条　出车前，还应搞好车容卫生，车外要抹洗干净，打蜡擦亮，车内也要勤打扫，保持车内的整洁美观。 第三十四条　出车前，要坚持“三检四勤”制，做到机油、汽油、刹车油、冷却水、轮胎气压、制动转向、喇叭、灯光的安全、可靠，保证汽车处于良好运行状态。 第三十五条　出车前，要例行检查车辆的燃料、滑润油料、电液、冷却液、制动器和离合器总泵油是否足够，检查轮胎气压及轮胎紧固情况，检查喇叭、灯光是否良好，路单、票证是否齐全，检查随车工具是否齐备。 第三十六条　按照车辆技术规程启动引擎，察听声音是否正常，查看引擎连动装置紧固情况，查看有无漏油、漏水、漏气。如有故障应予排除并报车管部门或人员。 第三十七条　出车前严禁酗酒，行驶中注意力要高度集中，严禁抽烟、谈笑及做其他有碍驾驶的动作。 第三十八条　行车过程中，密切注意道路上的车、马、行人动态，与前车保持一定的安全距离。通过十字路口、繁杂地段、转弯拐角要严格执行有关规定。遇到对方车辆违章行驶，应主动避让，避免发生事故。 第三十九条　收车后要将车身、车轮挡板、车底等全面冲洗干净，并抹干车身的水渍；清洁车厢内壁、沙发、脚垫，清理烟灰盅，使车整洁美观舒适。 第四十条　违反交通规则，因司机故意或其本人重大过失造成的人身伤害，其赔偿金额由当事人承担。 第四十一条　在执行公务过程中，除认定司机故意或其本人重大过失，违反交通规则或发生交通事故时，其处理办法如下。 （1）违章停车、证件不全、高速驾车或违反交通规则等罚款，由当事人负担全额罚金。 （2）因交通事故造成人身或车辆伤害时，如属公司车辆损害保险范围，当事人可免除赔偿责任。但在保险范围之外，当事人应负责损失实额与保险金差额的二分之一。 （3）当公司车辆交通违章次数超出安全委员会限定的指标时，对公司的罚款由当事人负担。 第四十二条　酒后开车损坏车辆者，由司机负责维修费用；如发生交通事故，除负责维修费用外，按相关法律规定承担相应的刑事或民事责任。

续表

第四十三条　当发生交通事故时，在事故现场，司机应做到：

（1）迅速与公司联系，接受公司的相关指示；

（2）如发生人身伤害，应将伤者迅速送到最近的医院进行治疗；

（3）应记录下对方车辆的驾驶证号和车牌号，做好事故报告单；

（4）从对方驾驶证上，记录下对方的住址、姓名、工作单位、电话、身份证号码等；

（5）尽量取得对方的名片，以便事后联系相关事宜；

（6）牢记对方车辆损坏的部位与程度，条件许可时，可利用手机、照相机拍下现场实景；

（7）记录事故现场目击者的姓名、住址、联系电话等资料；

（8）对模糊不清或把握不大的问题，不得随意回答交通警察的询问；

（9）除完全认定是自己的过失外，不得将责任揽于一身。

第四十四条　为了确保上述规定能认真贯彻执行，使公司司机的总体素质能有显著提高，公司人力资源部将对所有在岗司机进行文明、礼仪、安全方面的考核。

第四十五条　考核采取年终考核与平时考核相结合、本部门考核与用车人员考核相结合的办法，考核的内容包括仪态仪表、敬业精神、安全行车等方面。

第四十六条　司机全年安全行车，未出交通事故，年终公司将给予 ×× 元的奖励。

第四十七条　对于工作勤奋、遵守制度、表现突出的，可视具体情况给予嘉奖、记功等奖励。

第四十八条　对工作怠慢、违反制度、发生事故者，视具体情节轻重给予警告、记过、降级直至除名处理。

第四十九条　本制度根据公司人力资源相关制度制定，由公司行政部负责解释。

第五十条　本制度已经公司总经理批准，自公布之日起执行。

4.28 员工食堂管理制度

员工食堂管理制度

第一条　为了提高食堂管理的整体水平，为全体员工提供卫生、放心、舒适、优质的用餐环境和氛围，维护和确保员工的身体健康，特制定本制度。

第二条　本制度适用于食堂工作人员和在食堂用餐的全体员工。

第三条　采购管理

（1）按照合理的计划采购。

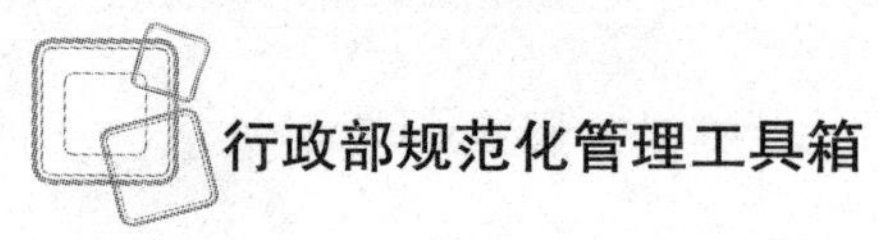

续表

（2）严把采购质量关。不得采购霉变、腐败、虫蛀、有毒、超过保质期或卫生法禁止供应的其他食品。 （3）采购大批主食或副食要求供货单位提供卫生许可证，以便查验，不得采购三无产品。 （4）把好验收关。严禁腐烂、变质的原料入仓，以防止食物中毒。 第四条　存储管理 （1）坚持实物验收制度，搞好成本核算。做到日清月结，账物相符。每周盘点一次，每月上旬定期公布账目，接受员工的监督。 （2）食堂的一切设备、餐具、食品均须有登记，有账目。 （3）严格执行食品卫生制度，对存放的各类食品实行“隔离”，以免串味、走味或变质。 （4）食堂库房整齐清洁，分类存放，防鼠防潮。 （5）食品存放冰箱或冰柜时间不得超过48小时，严禁销售隔夜饭菜。 第五条　食堂工作人员个人卫生管理 （1）要做好个人卫生，勤洗手，勤剪指甲，勤洗澡，勤洗换工作服。 （2）不得留长指甲、染指甲，工作时不戴戒指、手镯、耳环等。 （3）工作时要穿戴白色工作服、工作帽，分菜员或食堂打菜人员要戴口罩，不得用工作服或围裙擦手、擦脸。 （4）每半年进行一次健康检查，无健康合格证者，不准在食堂工作。 第六条　食堂环境卫生管理 （1）厨房、食堂要经常清扫，保持干净、卫生。 （2）食品餐具消毒要有专人负责，并严格执行“一洗、二刮、三冲、四消毒、五保洁”的规定。其他用具容器及抹布也要经常进行消毒。 （3）食堂在拣、洗食品时所产生的废弃物要按规定存放，用餐后的剩菜剩饭要有专用污物桶存放，并要加盖，专人处理，做到垃圾污物日产日清，防止再次污染。 （4）严禁非工作人员进入操作间。 第七条　食堂食品卫生管理 （1）生熟食及用具严格分开使用，做到“双刀”“双墩”“双碗”，专具专用，餐具、用具用完随时清洗，每天消毒一次。 （2）对采购的主副食品和调味品要严把验收入库关，发霉变质食品不得入库，保管好入库食品，发现霉烂变质等问题时要随时处理。 第八条　防火安全管理 （1）厨房必须保持清洁，染有油污的抹布、纸屑等杂物，应随时消除，炉灶油污应常清洗，以免火屑飞散，引起火灾。 （2）使用炊事器具或用具要严格遵守操作规程，防止事故发生。 （3）食堂工作人员经常清理油烟净化装置，收集器内的污油定期送相关单位妥善处置。

续表

(4) 易燃、易爆物品要严格按规定放置，杜绝意外事故的发生。

(5) 油锅起火时，立即用锅盖紧闭，使之缺氧熄灭，锅盖不紧闭时，用酵粉或食盐倒入，使火熄灭。

(6) 使用燃气钢瓶不可横放，管线及开关不可有漏气现象；遵照点火及熄火方法执行。

(7) 每日工作结束时，必须清理厨房，检查电源及煤气、热源火种等开关确实关闭。

第九条 防盗安全管理

(1) 严禁随便带无关人员进入厨房和保管室。

(2) 食堂工作人员下班前，要关好门窗，检查各类电源开关、设备等。

(3) 食堂负责人要经常督促、检查，做好防盗工作。

第十条 工作餐供应管理

(1) 食堂为公司所有员工提供早、中、晚三餐工作餐，热、保鲜，以使员工在岗位上能保持良好的工作情绪。

(2) 食堂拟订每周饭谱，尽量使一周每日饭菜不重样，饭菜要讲究色、味、形，严格操作规程。

要求在规定的开餐时间内保证供应，并保按饭谱做好充足的准备。

(3) 食堂工作人员要热情、礼貌地接待员工就餐，对特殊口味的员工，食堂要尽力满足要求。

(4) 食堂负责为每位员工提供餐具，用餐完毕由员工本人送到指定地点，由食堂工作人员进行刷洗、消毒。

(5) 为体现公司对员工的关心，食堂负责为带病坚持工作的员工做好病号饭；由医务人员根据病情及营养搭配制定食谱，由食堂人员负责制作。

(6) 食堂工作人员在员工用餐后进行一次大清理，使桌、椅、餐具整洁有序，除就餐外，还可供员工休息。

(7) 每月底食堂管理人员做出“月度用餐统计表”(见本书表 5-108)，以便为下月采购提供依据。

第十一条 加班餐供应管理

(1) 加班餐的供应对象为晚间加班(20：00 以后)的员工。

(2) 加班餐的管理者为总务后勤主管。

(3) 加班餐的供应办法为向员工配发餐券，以餐券领取加班餐。

(4) 各部门主管在认定需要加班时，应于当日 14：00 前向行政部提出供餐申请。事前无法预料的加班，应直接与食堂联系。

(5) 原则上在每日下班前不受理加班餐申请。总务部受理申请后，计算出需要的加班餐份数，并与食堂联系。总务部受理申请时，向各部门配发相应的餐券，作为领取加班餐的凭证。

续表

（6）加班员工应在指定时间凭餐券到食堂取加班餐。餐券均当日有效。餐券丢失、污损等不再补发。

（7）食堂供餐时间为 18：00 ~ 19：00，特殊情况下，部门主管应事先与食堂联系，协商供餐时间。

第十二条　客餐供应管理

（1）凡申请客餐及业务招待餐的，须提前填写“招待申请单”（见本书表 5-109）。

（2）“招待申请单”经相关经理批准后，申请人通知总务后勤主管具体人数、标准、时间。用餐完毕后，申请人签字验证，按月由财务部核算费用。

第十三条　就餐时间

员工食堂每日供应三餐，根据公司实际情况制定用餐时间。

第十四条　员工就餐要求

如有违反以下规定者，事务部有权报行政部给予罚款处理，从当月浮动工资中扣除。情节严重者，屡教不改者，给予行政处分或除名。

（1）公司员工进入食堂就餐一律要挂号牌，凭餐卡打饭菜。

（2）就餐人员进入食堂后，必须排队打饭，不许插队，不许替他人打饭。

（3）就餐人员必须按自己吃饭的食量盛饭打汤，不许故意造成浪费。

（4）员工用餐后的餐具放到食堂指定地点。

（5）食堂内不准抽烟，不准随地吐痰，不准大声起哄、吵闹，做到文明用餐。

（6）在食堂用餐人员一律服从食堂管理和监督，爱护公物、餐具。

（7）就餐人员不准把餐具拿出食堂或带回办公室据为己有。

第十五条　办卡

（1）在职的员工由公司统一办理餐卡，每人限办一张，收取工本费 10 元，不收伙食管理费。

（2）公司外部人员可凭本人有效证件办卡，收取工本费 10 元，每餐加收 10% 的伙食管理费。

（3）原卡丢失、损坏须重新办理就餐卡者，收餐卡工本费 10 元。

第十六条　退卡

（1）凭本人证件办理餐卡注销退伙手续。

（2）不办理注销手续者，员工食堂管理中心有权将该餐卡注销。

（3）办理退伙手续时，只退餐费，不退卡费。

第十七条　使用

（1）员工就餐时持餐卡直接刷卡使用。

（2）员工持有的餐卡须保持清洁，以保证餐卡的正常使用。

第十八条　挂失、解挂

（1）餐卡丢失，凭本人证件到餐卡室办理挂失。

（2）餐卡找到后凭本人证件到餐卡室解挂。

第十九条　加钱

续表

（1）员工凭餐卡到指定地点加钱。

（2）加钱处：员工食堂、餐卡管理室。

（3）加钱时间：餐卡管理室每周一至周五 10：00 ~ 13：00 和 15：30 ~ 18：30；员工食堂每周一至周五 11：00 ~ 13：00。

4.29 员工宿舍管理制度

员工宿舍管理制度

第一条　为保持员工宿舍良好、清洁、整齐的环境和秩序，保证员工得到充分的休息，以维护生产安全和提高工作效率，特制定本制度。

第二条　住宿条件

（1）员工在市区内无适当住所或交通不便者，可填写“宿舍申请表”（见本书表 5-110）申请住宿。

（2）凡有以下情形之一者，不得住宿。

①患有传染病者。

②有吸毒、赌博等不良嗜好者。

（3）不得携眷住宿。

（4）保证遵守本制度。

第三条　退床管理

（1）员工离职（包括自动辞职、被免职、解职、退休等），应于离职之日起 3 天内，迁离宿舍，不得借故拖延或要求任何补偿费或搬家费。

（2）员工退床时，必须到行政部办理相关手续。

第四条　宿舍管理人员职责

（1）监督管理一切内务，分配清扫任务，保持室内整洁，维护秩序，维护水电煤气的安全及对门户人员的管理。

（2）监督值班人中，维护环境清洁及门窗的安全。

（3）掌握住宿者（如血型、紧急联络人等方面）的资料，以备不时之需。

第五条　员工宿舍出入管理

（1）员工出入管理

①未经批准的外来人员或车辆一律不准进入宿舍大院。

②进入宿舍大院的人员、车辆必须出示有效证件，并服从值班人员的管理。

③带行李、物品出宿舍大门的员工须自觉接受管理员的检查。

④凡外出的员工必须在 22：00 前回宿舍。

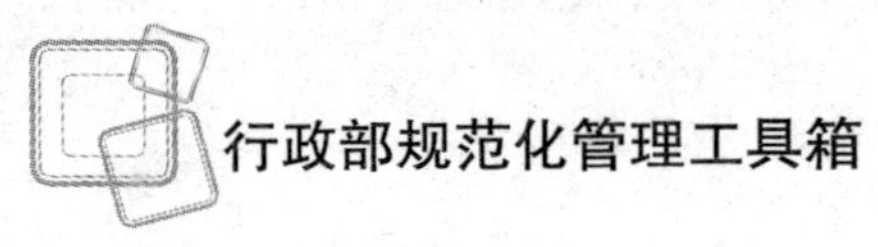

续表

（2）来访管理

①来访人员必须服从宿舍管理人员的指挥安排。

②来访人员须凭有效证件登记，经验证核实后方可进入。

③来访人员不得擅自进入非探访地段。

④来访时间：8：00 ~ 22：00。

第六条　员工宿舍卫生管理

（1）宿舍房间内的清洁卫生工作由住房员工负责，实行轮值制度（如遇加班，不能当天清扫房间卫生者可找同房间的另一人顶替），每天的卫生值班员负责卫生清洁工作。

（2）经常清理屋顶的蜘蛛网。

（3）各人床铺应摆放整齐。

（4）办公室每周检查、评比一次。

（5）废弃物、垃圾等应集中倾倒于指定场所。

第七条　员工宿舍日常维修管理

（1）宿舍管理员设置专人日常巡检维修工作，发现问题，及时处理，确保员工的休息和安全，维护公司赋产。

（2）各住户需维修的项目，由本人填写维修项目并找二至三家报价，并将各报价单整理后报行政部和总经理批准，按合同要求施工。

（3）维修时，尽量降低工本、费用的开支，施工时要亲临现场监工，验收时认真检查施工质量，凭据办理付款手续。

第八条　宿舍区水电设备维修保养管理

（1）宿舍管理人员每半月对员工宿舍的抽气扇、空调进行一次检验。检查空调的运行情况，要求声音正常、隔层网洁净。如发现机械故障，应立即通知行政部处理。

（2）宿舍管理人员每半月派专人检查水电设备并加油。

（3）宿舍管理人员每月对各房的电表进行抄录、核实，同时检查各分路开关有无超载过热现象，如果发现及时处理。

（4）宿舍管理人员每月检查一次员工宿舍房间的电器使用，验看灯具、开关、插头、接线盒是否完好，室内有无乱接乱拉电线现象，电风扇转动是否正常，扇叶是否干净无尘。

（5）宿舍管理人员每月检查一次各家属宿舍和集体宿舍的楼梯、走廊的灯具、开关、测试各房的电器是否完好，发现问题及时解决。

（6）宿舍管理人员每月检查一次电热水器，测试绝缘性，以及自动部分是否正常。

（7）宿舍管理人员每月准时抄录各栋宿舍的总水表，检查总阀及各分路水制，发现漏水及时处理。

（8）宿舍管理人员每季度检查一次各栋宿舍的总配电箱、柜、开关的接头、触点，检查其绝缘情况和设备卫生情况。

第九条　员工宿舍消防安全管理

（1）住宿员工自觉遵守企业各项消防安全制度。

续表

（2）住宿员工不得私自乱拉乱接电线、插座。 （3）宿舍内不得使用电热炊具、电熨斗及各种交流电器用具。 （4）员工宿舍人离灯熄，断电源。 （5）宿舍内严禁吸烟。 （6）禁止在员工宿舍范围内燃放烟花鞭炮。 （7）出入房间随手关门，注意提防盗贼。 （8）室内不得使用或存放危险、易燃、违禁物品。 第十条　住宿人员职责 （1）按照宿舍管理人员安排住宿。 （2）遵守宿舍卫生、安全管理要求。 第十一条　宿舍文明守则 （1）住宿员工应服从宿舍管理人员的管理、派遣与监督。 （2）员工对所居住宿舍，不得随意改造或变更。 （3）员工宿舍楼一切设施归本公司所有，未经宿舍办公室许可任何人不得把东西搬离宿舍楼。员工必须由正门进入，不得爬阳台、翻越后墙。 （4）员工所分配锁匙只准本人使用，不得私配或转借他人。放假期间，员工要把自己的东西交托他人看管以免丢失。 （5）员工不得将宿舍一部分或全部转租或出借给他人使用，一经发现，即终止其居住权利。 （6）宿舍所有器具设备（如电视机、玻璃镜、卫浴设备、门窗、床铺等），住宿员工有责任维护其完好。如因疏于管理或恶意破坏，酌情由现住人员承担修理费或赔偿费，并视情节轻重给予纪律处分。 （7）自觉保持宿舍安静，不得大声喧哗，同事之间应和睦相处，不得以任何借口争吵、打架、酗酒，22：00 后停止一切娱乐活动（特殊情况除外）。 （8）自觉节约水电，爱护公物，损坏（浪费）公物按价赔偿。 （9）自觉将室内物品摆放整齐，不准在墙上乱钉、乱写乱画、张贴字画或悬挂物品，不准弄脏和划花墙壁。 （10）保持生活环境的整洁卫生，不随地吐痰、乱丢果皮、纸屑、烟头等。一切车辆（含自行车）要按指定的位置摆放整齐。 （11）宿舍区内的走廊、通道及公共场所，禁止堆放杂物、养散鸟和其他宠物，不允许养狗。 （12）注意安全，不要私自安装电器和拉接电线，不准使用明火炉具（用电炉具）及超负荷用电。 （13）房间所住的员工必须负责卫生，轮流值日，共同清洗室内厕所、冲凉房、洗手盆、阳台。下水道因卫生不清洁造成的堵塞由责任人承担其维修费用，如无法明确责任则由所住房间员工均摊。 （14）严禁在宿舍范围内搞封建迷信和违法乱纪活动。

续表

第十二条　取消员工住宿资格

住宿员工发现下列行为之一，即应取消其住宿资格，并呈报其所在单位和总务部论处。

（1）不服从管理员监督、管理。

（2）在宿舍赌博、打麻将、斗殴、酗酒。

（3）蓄意破坏公用物品或设施。

（4）擅自在宿舍内接待异性客人或留宿他人，情节严重。

（5）经常破坏宿舍安宁、屡教不改。

（6）严重违反宿舍安全规定。

（7）无正当理由经常夜不归宿。

（8）有偷窃行为。

（9）有不法行为。

4.30 清洁卫生管理制度

清洁卫生管理制度

第一条　本公司为维护员工健康及工作场所环境卫生，塑造公司形象，特制定本制度。

第二条　凡本公司清洁卫生事宜，除另有规定外，皆依本制度实行。

第三条　本公司清洁卫生事宜，全体人员须一律遵行。

第四条　凡新进人员工，必须了解清洁卫生的重要性与必要的清洁卫生知识。

第五条　清洁卫生总体要求

（1）各工作场所内，均须保持整洁，不得堆放垃圾、污垢或碎屑。

（2）各工作场所内的走道及阶梯，至少每日清扫一次，并采用适当方法减少灰尘的飞扬。

（3）各工作场所内，严禁随地吐痰。

（4）饮用水必须清洁。

（5）洗手间、更衣室及其他卫生设施，必须保持清洁。

（6）排水沟应经常清除污秽，保持清洁畅通。

（7）凡可能寄生传染病菌的原料，应于使用前适当消毒。

（8）凡可能产生有碍卫生的气体、灰尘、粉末，应做如下处理：

①采用适当方法减少有害物质的产生；

②使用密闭器具以防止有害物质的散发；

续表

③在产生此项有害物的最近处，按其性质分别做凝结、沉淀、吸引或排除等处置。

（9）各工作场所的窗户及照明器具的透光部分，均须保持清洁。

（10）食堂及厨房的一切用具，均须保持清洁卫生。

（11）垃圾、废弃物、污物的清除，应符合卫生要求，放置于指定的范围内。

第六条 保洁人员工作要求

（1）安排保洁时间先于工作时间，保洁工作在上班前完成，不能影响公司员工正常工作。

（2）保洁员出入公司各个场所，严禁发生偷窃行为。

（3）按照保洁时间表做好日常保洁工作。

（4）保洁员请假要事先申请并获准后才予以离开，否则不洁责任由其承担。

（5）保洁员与员工礼貌相待，互相尊重。

第七条 员工清洁卫生要求

（1）公司员工尊重保洁员的辛勤劳动，不得有侮辱之行为、言论。

（2）公司员工须圆满完成包干区域的清洁卫生。

（3）不乱倒饭、菜、茶渣，防止堵塞管道及污物外流。

（4）不要在厕所乱扔手纸、杂物。

（5）不随地吐痰，不在办公室吸烟。

（6）员工自身整洁干净。

（7）积极完成卫生值日工作。

（8）积极参加突击性卫生清除工作。

第八条 办公环境是公司员工进行日常工作的区域，办公区内办公桌、文件柜由使用人负责日常的卫生清理和管理工作，其他区域由物业保洁人员负责打扫，行政部负责检查监督办公区环境卫生。

第九条 办公区域内的办公家具及有关设备不得私自挪动，办公家具确因工作需要挪动时必须经行政部的同意，并做统筹安排。

第十条 办公区域内应保持安静，不得喧哗，不准在办公区域内吸烟和就餐；办公区域内不得摆放杂物。

第十一条 非本公司人员进入办公区，须由前台秘书引见，并通知相关人员前来迎接。

第十二条 行政部负责组织相关人员在每周五对办公区域的卫生和秩序进行检查，并于下周一例会上公布检查结果。其检查结果作为部门绩效考核的参考因素之一。

第十三条 公共区域的环境卫生是指清洁走廊、电梯间、楼层服务台、工作间、消毒间、楼梯等。

第十四条 走廊卫生工作包括走廊地毯、走廊地面和走廊两侧的防火器材、报警器等。

第十五条 电梯间是客人等候电梯的场所，也是客人接触楼面的第一场所，必须保持清洁、明亮。

续表

第十六条　楼层服务台卫生是一个楼层各种工作好坏的外在表现，必须保持服务台面的整洁，整理好各种用具，并保持整个服务台周围的清洁整齐。

第十七条　工作间是物品存放的地方，各种物品要分类摆放，保持整齐、安全。

第十八条　防火楼梯要保持畅通且干净。

第十九条　消毒间是楼层服务员刷洗各种玻璃和器皿的地方，这里的卫生工作包括地面卫生、箱橱卫生和池内外卫生以及热水器擦拭等。

第二十条　清洁地面，包括扫地、拖地、擦抹墙脚、清洁卫生死角。

第二十一条　清洁浴室，包括擦洗地面的墙身（特别是砖缝位置），清洁门、墙和洗手池。

第二十二条　清洁员工洗手间。

第二十三条　清洁衣柜的柜顶、柜身。

第二十四条　清洁室内卫生，包括用抹布清洁窗台、消防栓、消防箱及器材，打扫天花板，清洁空调出风口，倾倒垃圾等工作。

第二十五条　卫生间清洁工作应自上而下进行。

第二十六条　水中要放入一定量的清洁剂。

第二十七条　随时清除垃圾杂物。

第二十八条　用除渍剂清除地胶垫和下水道口，清洁缸圈上的污垢和渍垢。

第二十九条　保持镜面的清洁。

第三十条　用清水洗净水箱，并用专用的抹布擦干。烟缸上如有污渍，可用海绵块蘸少许除污剂清洁。

第三十一条　清洁脸盆和化妆台，如有物品放在台上，应小心移开，台面擦净后仍将其复原。

第三十二条　用中性清洁剂清洁座厕水箱、座沿盖子及外侧底座等。

第三十三条　用座厕刷清洗座厕内部并用清水冲净，确保座面四周清洁无污物。

第三十四条　本制度由行政部解释、补充，经公司总经理批准颁行。

4.31 环境绿化管理制度

环境绿化管理制度

第一条　为美化公司工作、生产环境，塑造公司良好的外在形象，特制定本制度。

第二条　环境绿化管理范围

（1）公司区域范围内的绿化区域。

（2）被当地社区划定为公司负责的绿化区域。

续表

第三条　绿化负责人岗位职责 （1）做好公司绿化、美化及管理工作。 （2）管理制度健全，岗位职责明确；职工对岗位职责和管理制度掌握准确；无违章违纪现象。 （3）按照企业绿化基本要求，做好年度绿化计划，并组织所属人员认真落实。 （4）定期完成自查，做到自查有记录。 （5）落实防火、防盗、防病虫害、防操作事故等安全保障措施。 （6）熟悉安全知识，能及时消除安全隐患，避免任何人身及意外事故发生；能处理工作中遇到的简单技术问题。 （7）督促所属人员做到定期除草、施肥、浇水及病虫害防治工作，确保绿化的成活率，做到草坪内无杂草、树木无枯枝。 （8）负责会议室、办公室等公共场所摆放观赏植物，并做好养护工作，认真执行花木损坏赔偿制度。 （9）监督所有相关人员对劳动工具的保养和维修工作，物品管理调配井然有序，熟悉和掌握设备操作规范和设施、设备维修保养技术。 （10）设施、设备定期检查检修，无丢失，无人为损坏，无人为原因致使设施、设备提前报废。 （11）严格控制绿化管理成本。费用开支有计划，债权债务及时清理。合理开支，无违章支出现象。 （12）负责全公司绿化管理工作及绿化区域划分、检查、监督工作，及时发现并处理包干区域的绿化问题。关心公物损坏情况，特别是绿化管道、各处上下水等情况，发现异常，及时向行政部报告。 （13）对工作服及劳保用品做好发放、登记、回收工作。 第四条　绿化工作人员岗位职责 （1）落实绿化目标管理责任制，认真执行绿化工作规范。 （2）管理好企业内各种花草、树木、绿篱，对有意破坏绿化者，有权进行批评教育甚至赔偿罚款。 （3）定期浇水、施肥、除草、灭虫、剪枝等，确保绿化的成活率，做到草坪内无杂草、树木无枯枝。 （4）加强对绿化劳动工具的保养和维修工作，熟悉和掌握设备操作规范和设施、设备维修保养技术。设施、设备定期检查检修，无丢失，无人为损坏，无人为原因致使设施、设备提前报废。 （5）做好灭四害工作，不定期喷洒灭蝇、灭蚊药水和施放鼠药。 （6）每天下班前必须把自己的绿化工具清洗干净，保存在仓库，并由有关人员做好回收记录。如果有遗失的工具，由本人按价赔偿。 （7）对各自区域内的公共设施，明暗下水道等经常注意观察，有异常情况立即上报。

续表

第五条　环境绿化的基本管理规定

（1）公司在必要时划拨一定的绿化专款用于公司的绿化养护与管理。

（2）绿化列入公司精神文明建设项目和内容。

（3）公司员工都有权利和义务管理、爱护花草、树木。

（4）不准攀折花木或在树上晾晒衣物等。

（5）不得损坏花木的保护设施。

（6）不准私自摘拿花果。

（7）不准行人和各种车辆跨越、践踏绿化地。

（8）不准往绿化地倒污水或扔杂物。

（9）不准在绿化范围内堆放任何物品。

（10）未经许可，不准在树木上及绿化带内设置广告牌。

（11）凡人为造成绿化、花木及设施损坏的，进行罚款处理。

（12）凡由公司负责绿化，应及时检查记录报告绿化情况，给花草树木定期培土、施肥、治虫害、修剪枝叶、浇水等。

（13）公司绿化列入社区绿化总体规划范围。

（14）公司有必要时可专门聘用园艺工人或外聘园艺公司，承担绿化管理工作。

（15）公司对外聘园艺公司进行绿化工作质量进行评价，可填写“供方服务质量检查评价表”（见本书表 5-111）。

第六条　绿化地保养

（1）保持地表平整，土均匀细致；无废纸、无杂物、无砖头瓦砾，绿化垃圾当天清除。

（2）草苗栽种整齐，能覆盖地表，无缺苗断垄。

（3）本公司园艺要每月用旋刀剪草地一次，每季度施肥一次，入秋后禁止剪割。

（4）草坪及时修剪、浇水、施肥。春、夏季的草地每周剪二次，长度一般控制在 20 毫米，冬季每周或隔周剪草一次，当月培土一次，隔月疏草一次，隔周浇水、施肥一次，隔周施绿宝一次。

（5）割草前应检查机具是否正常，刀具是否锋利。滚桶剪每半月磨合一次，每季度将折底刀打磨一次，圆盘剪每次剪草须磨刀 3 把，每剪 15 分钟换刀一把。

（6）草地修剪应交替采用横、竖、转方法割草，防止转弯位置局部草地受损过大，割草时行间叠合在 40% ~ 50%，防止漏割。

（7）避免汽油机漏油于草地，造成块状死草；注意起动汽垫机，停止时避免机身倾斜，防止草地起饼状黄印；注意勿剪断电机拖线，避免发生事故。

（8）工作完毕后，要清扫草地，并做好清洗机具和抹油等保养工作。

（9）绿地养护质量的检查。

①养护工作每次完成后由实施作业负责人填写“绿地养护工作记录表”（见本书表 5-112），并由管理处专人核实后签字确认。

②领班每周要检查绿地养护工作，并将结果记录于“绿地养护质量巡查表”（见本书表 5-113）相应栏中。

续表

③绿化负责人每月对辖区内的绿地养护情况进行一次检查，并将检查结果记录于“绿地养护质量巡查表”中。 ④每月由养护部门填写“供方服务质量检查评价表”，并由管理处经理填写评定意见。 第七条　树木花卉绿化保养 （1）按生长习性定期完成灌溉、施肥、修剪，枯枝死杈及时处理，保持树冠美观整洁、层次分明。 （2）爬藤植物及时牵引、上架，无杂草和植物同生同爬现象。 （3）花坛内花苗长势良好，不倒伏，花期正常，一年四季均有花苗生长或开放，花坛内无杂草生长。 （4）盆花摆放整齐、造型美观、花色协调；残花及时更换。 （5）科学施肥。施肥时间宜在二、三两个月份。 （6）合理浇水。树木叶面水分蒸发量大，尤其是夏季，因此必须进行人工浇水。水质以河、湖水最好。浇水宜在早晚，浇灌时要注意不让树木生长处或树穴中积水，以免根系窒息而死。 （7）松土除草。杂草与树木争夺养分，而且影响环境美观，在松土时应将杂草除掉，这有利于消灭虫蛹，防止病虫灾害。 第八条　盆景绿化保养 （1）本公司所有石山盆景统一挂铁牌、编号并拍照入册，做到盆景、名称、编号牌、照片对号存档，确保妥善管理。 （2）新坛（新制作上盆）盆景及时编号并拍照入册，出现损失及时报告、存档备查（并应有管理者、领班、经理共同签名确认）。 （3）室内换盆景每次出入应登记编号并注明摆放起止时间、地点及生长状态。 （4）所有盆景每年应全面盘点，由主管、领班及保管者盘点后共同签名交部门存档备案。 第九条　绿化标识档案管理 （1）绿化管理人员应对所管辖的绿地内乔、灌木、草坪作统一标识，标识由公司统一制作“单株乔、灌木标牌”和“丛植绿篱、花坛、花境、草坪标牌”。绿化管理人员应标明植物名称、编号、生态习性、种植日期等栏目内容，并根据管理区域内的实际绿化情况予以布置。 （2）绿化管理人员对植物绿化档案应及时登记填写“绿化档案登记表”（见本书表5-114），并汇编存档。 第十条　其他绿化相关工作 （1）每月进行一次消灭苍蝇、蚊子、老鼠、蟑螂四害工作。 （2）注意爱护绿化工具，存放要整齐有序，严禁乱丢乱放。 （3）遇到所负责区域内的水电线路问题、损坏公物或其他突发事故必须及时报告，尽早处理，消除隐患。

续表

（4）遇到水龙头、绿化管道损坏时，必须及时报维修组（如遇晚上、节假日水龙头坏，要及时关闭总阀）。

（5）工作时间外出或离岗时要向绿化主管请假，企业有各类活动或安排时，要听从行政部统一调配。

第十一条　本制度由行政部门解释、补充，经公司总经理批准颁行。

4.32 文化中心管理制度

文化中心管理制度

第一条　为切实加强对本公司文化中心的使用管理、规范服务，更好地为公司各类会议和文化活动以及外部机构提供服务，特制定本制度。

第二条　服务对象

（1）本企业员工及其家属。

（2）经行政部批准的外部其他机构与个人。

第三条　管理部门

公司行政部。

第四条　安全管理规定

（1）文化中心配备保安人员3名，负责场馆及设施的安全保卫工作。

（2）凡在文化中心举行大型集会、文艺演出和电影放映等活动，按“谁主办谁负责”的原则，由主办单位组织门卫和纠察力量负责做好场地安全和维护秩序工作。

（3）活动主办单位要认真组织观众、听众有秩序出入会场，维持好公共秩序，妥善处理群众纠纷，制止冲击门窗、翻越座位、寻衅闹事、打架斗殴、损坏公物和携带易燃、易爆物品及危险品入场，如遇突发事件，要迅速组织群众安全疏散撤离，以防止意外事故发生。

（4）要维护文化中心的防火设施和电器设备，在每次活动结束后，要督促有关人员进行清场、切断电源、关好门窗和水龙头，以防止火灾和盗窃事件发生。

（5）除保安人员住守场馆外，其他任何人未经批准，不得擅自住宿文化中心。

第五条　卫生管理规定

（1）禁止吸烟，不随地吐痰、乱丢果皮纸屑。

（2）保持地面干净，无杂物、无污渍、无积水，保持门窗清洁明亮，墙面无灰尘、无蜘蛛网。

（3）墙面严禁乱写、乱画、乱贴，不得乱钉、乱挂杂物。

（4）保持卫生间卫生、清洁、空气清新无异味。

续表

（5）定期杀灭蚊蝇，消灭鼠害。

（6）卫生清理要有计划安排进行，观众厅卫生每周要彻底清扫一次，活动前后打扫卫生要及时、彻底、全面、不留死角。

第六条　使用规定

（1）来文化中心活动的人员服从管理人员的统一安排，统一管理。

（2）坚持正确的娱乐思想，健康的娱乐方式，坚决抵制不良娱乐行为及带有封建迷信色彩的活动。

（3）遵纪守法，爱护公共设施，不得擅自拿出、搬动或更换活动室内器具、物品。

（4）保持优美的活动环境，共同创造舒适、愉快的活动氛围。

（5）自觉维护文化中心的环境卫生。

（6）团结礼让，互相尊敬，让每一位来此活动的群众都能感受到像家一样的温馨。

（7）在活动中不要大声喧哗，保持活动场所的干净、整洁；活动后应做好保洁和卫生物品的交接手续。

（8）对于不听劝阻的流窜人员扰乱活动秩序的行为，人人有权制止，必要时报告有关部门处理。

（9）严禁带幼儿入内玩耍打闹，不得高声喧哗，保持楼内安静。

（10）注意防火安全，严禁在场馆内使用明火、吸烟，严禁私自动用消防设施。

4.33 公关管理制度

公关管理制度

第一条　为树立良好的企业形象，保持公司与社会、员工的沟通以及相互理解，规范公司公关活动和行为，特制定本制度。

第二条　管理体制

1. 公司高层领导负责公关的具体协调。

2. 本公司公关事务统一由行政部指派专人负责。

3. 员工人人树立公关意识，人人成为“公关员”。

第三条　公关原则

1. 团结一致原则。公司对外口径一致，不能各自表述。

2. 全员行动原则。聚集动员公司全员参与公关。

3. 表里如一原则。不能对外过分吹嘘，玩弄公众，要以“做”的实际行动，去“说”服公众、感动公众。

续表

4. 有的放矢原则。根据公关目标、任务、对象，精心设计策划公关方案，起到事半功倍和轰动效果。 5. 以诚待人原则。切忌弄虚作假、夸夸其谈，不掩饰缺点，及时化解、转化矛盾。 第四条　公关对象 1. 业务关系单位，包括顾客、供应商、竞争对手等。 2. 公司内部对象，包括员工、股东等。 3. 公司外部对象，包括新闻媒体、政府机关、社会公众等。 第五条　公关主要内容目标 1. 树立公司良好的信誉和形象。 2. 监视、改善、适应公司的运作环境。 3. 联络公众和传递内外信息。 4. 辅助决策和协调人际关系。 5. 增加公司的社会效益和经济效益。 第六条　公关主要方式 1. 宣传方式。宣传方式主要包括广告、新闻宣传、新闻报道、专题通信、经验介绍、记者专访等。 2. 服务方式。提供优质产品、服务，如送货、退货、保修期、保险等。 3. 社会方式。举办社会性活动，如纪念会、庆祝会、赞助活动、展览会、联欢会、音乐会等。 4. 征询方式。 （1）满意度测试和问卷。 （2）公司经营管理活动有奖征询：商标名、图案、产品名称、企业形象、经营点子。 第七条　公关媒介 1. 新闻性媒介。新闻性媒介包括报纸、杂志、电视、广播等。 2. 其他媒介。 （1）电子出版物或互联网。 （2）展览会、研讨会、发布会。 （3）书籍。 （4）电影、录像、录音带、幻灯片、纪念片。 （5）企业内部刊物。 （6）广告宣传品、教育小册子、招贴画、挂历。 （7）图片、照片、明信片、实物模型。 （8）公司用品（纳入企业形象设计）。 第八条　调查研究、判断形势 通过对公司内部状态、外部环境的调查，了解社会公众的意见、态度以及对公司行为的反应，判断企业的社会形象、地位、问题。 第九条　确定目标，注意目标的不同轻重、时间结构。

续表

第十条　选择公关对象群体。

第十一条　选择公关媒介和公关技巧。

第十二条　做出公关活动预算，并呈报总经理批准。

第十三条　制定公关活动详细企划书，并予以实施。

第十四条　公关活动效果评价，通过民意调查、人数统计、征询、经济效益估算等。

第十五条　创办企业内部交流刊物

企业内部交流刊物作为对外公关制度化、经常化的最佳手段，成为发布窗口和交流阵地，联系外界的主要桥梁和纽带。

第十六条　广泛征集公众参与性资讯

企业通过向社会发布信息，有偿或无偿征集公众对企业的建议，目前常见的征集活动如下：

1. 企业产品使用情况、企业售前售后服务情况；
2. 对企业产品或服务改进意见：
3. 企业商品名称方案；
4. 企业商标设计方案、企业形象（图标）设计方案；
5. 选择企业（商品）形象代言人。

第十七条　危机管理

对涉及企业的危机事件，如重大工伤事故、产品质量问题、法律诉讼、天灾人祸及不可抗力事件、环保问题、劳工问题等，很容易在公司内部造成混乱和误导，影响公司形象和声誉，因而有必要建立应急处置制度。

第十八条　新闻发布会

新闻发布会是较正式、正规地向记者发布企业信息的时机。

第十九条　赞助活动

履行社会责任和义务，回报社会，以赢得公众的普遍好感。

第二十条　联谊活动

促进交往、增进感情、获取信息、增强合作。

第二十一条　本制度由行政部负责解释、修改。

第二十二条　本制度自 ×××× 年 ×× 月 ×× 日实施。

4.34 危机管理制度

危机管理制度

第一条　为有效管理突发危机事件，树立、维护公司形象，特制定本制度。

续表

第二条　危机管理原则 （1）坦承责任原则。 （2）真诚沟通原则。 （3）速度第一原则。 （4）系统运行原则。 （5）权威认证原则。 第三条　危机事件的界定 危机事件包括： （1）重大工伤事故； （2）天灾人祸或不可抗力事件（火灾、水灾、地震、职业病）； （3）突发性企业危机（兼并、收购、破产）； （4）公司产品或信誉危机； （5）其他重大事件（环保、罢工）。 第四条　组织保障 公司成立应付危机的危机管理委员会，由行政部经理负责组织安保、工程、人事、公关等部门人员组成。 委员会经常性交换信息、资料，保持应付突发事件的准备状态。 第五条　培养全员忧患意识 危机管理委员会定期就公司内部、外部可能出现的危机情况向公司内员工宣讲，树立“危机产生于今天”的意识。 第六条　建立危机迹象检测制度 （1）确定危机迹象检测的对象 危机管理委员会每周根据对危机事件的分析，确定近期内可能发生或影响较大的危机事件并进行检测。 （2）明确危机迹象检测的任务 ①对检测对象与公司的外部环境的相互关系进行监视。 ②对大量检测信息进行汇总、分析，每月讨论后形成书面文件报送总经理审阅。 第七条　危机预控方案 每年由危机管理委员会根据最新形式预测，制订一套危机预控计划和处理各种危机的反应性计划方案。 第八条　危机应急队伍训练 危机管理委员会每年负责组织公司内部各部门员工进行危机应急培训，以提高公司全体员工危机应急能力。 第九条　搜集全部事件情况，汇集事实依据。 第十条　确定对外宣传基调，通过发言人传播出去。只从一个渠道，用一个声音传一种信息，做到始终如一、口径统一。

续表

第十一条　积极与新闻界沟通，为记者提供报道信息，并随着事态发展，不断供给后续信息，以避免信息封锁情况下，记者寻找其他新闻来稿。

第十二条　尽快坦诚发表不利消息的真相，以诚意减少、消灭谣言和猜疑。

第十三条　把危机发生的始末记录在案，留作证据。对危机管理计划定期或随时进行更新改进。

第十四条　危机处置注意事项：

（1）不要多个声音对外发布消息。

（2）通告接待人员、接线员对付来访、来电询问的办法，并转告委员会。

（3）不要做非正式声明或表态。

（4）不要大事化小、小事化了或沉默回避问题。

（5）不要在内部做无谓的争论，把责任推来推去，应以解决危机为主要目标。

（6）始终鼓励公司员工士气。

第十五条　恢复声誉和形象

恢复声誉和形象的具体措施，如制作给受害公众的道歉信。道歉信要由危机管理委员会草拟，行政总监审批，以公司总经理的名义发出。

第十六条　继续关注、关心、安慰受害公众及亲属。

第十七条　继续强化员工的危机预防意识。

第十八条　适当开展一些社会公益活动。

第十九条　本制度由行政部负责解释、修改。

第二十条　本制度自 ×××× 年 ×× 月 ×× 日实施。

4.35 公务接待制度

公务接待制度

第一条　为更好地树立公司形象，规范员工礼仪行为，展示公司的企业管理风范，有次序、有步骤地做好公务接待工作，使此项工作顺利纳入程序化管理轨道，特制定本制度。

第二条　接待范围

（1）政府部门工作人员前来公司了解情况或检查指导工作。

（2）外部企业或个人前来参观、学习、考察。

（3）办理具体事务。

第三条　本公司接待事务统一由行政部公关事务人员负责，前台接待人员负责协助。

第四条　接待方式

续表

（1）团体接待：凡参观人数能在会客室容纳的，均以茶点招待，否则一律免于接待，至于陪同人员则由行政部协调有关部门决定。

（2）贵宾接待：按公司通知，以咖啡、糕点、冷饮或其他方式接待，并由公司高级人员陪同。

（3）普通接待：以茶点招待，由管理部门或有关部门派人陪同。

（4）临时接待：同普通接待。

第五条　接待审批

（1）贵宾及团体接待：由公司行政总监核准并于参观前3日将接待通知单填送各部门，以凭此办理接待，如事出至急，先以电话通知后补通知单。

（2）普通接待：由各部门经理核准，并于参观前1日将接待通知单填送相关部门，以利于接待，但参观涉及两个部门以上者，应比照“团体接待”办理。

（3）临时接待：由各部门经理核定，并于参观前1小时以电话通知相关部门办理接待，如参观涉及两个部门以上者，应商请行政部协调办理。

第六条　公司对国内外来宾的接待工作除由公司总经理或其他高级管理人员亲自接待以外，其余由行政部公关人员配合有关部门负责安排接待工作。

第七条　外事接待工作必须按照公司的有关规定和统一部署安排办理。

第八条　外事接待工作的基本原则：认真负责、热情周到、不卑不亢、言行得体、严守机密。

第九条　外宾来访时，接待人员要准确掌握宾客或领导乘坐的交通工具和抵离的时间，提前通知有关单位和人员做好接送准备。

第十条　外宾来访时，接待者要根据来访者的目的、规格及兴趣、意愿等选择、安排参观项目，确定活动内容，拟订接待方案，报请主管批准。

第十一条　企业应根据批准的接待方案，认真做好政务接洽和业务洽谈。洽谈时如遇有非权限内的事情，要向主管请示，来不及逐级请示时可直接请示总经理。

第十二条　安排外宾用餐除特殊情况外，原则上陪同人员不超过两名；安排娱乐活动时，陪同人员亦应适当控制，坚决杜绝高消费、大吃大喝的现象发生。

第十三条　在接待来宾工作中，要认真做好安全保卫工作。

第十四条　接待费的使用遵循勤俭节约，效能优先的原则，能免则免，能省则省。所有员工一律不准使用公款大吃大喝。

第十五条　接待费的使用严禁超支（超出预算总额）。

第十六条　接待费的使用只限于招待来宾用餐、娱乐、购买礼物，不得挪作他用。

第十七条　接待来宾能在公司食堂用餐不许出外就餐。中午一般不得喝白酒。

第十八条　用餐完毕原则上不允许到营业性酒吧、歌舞厅等娱乐场所消费。确需要如此由批准人批准后方可施行。

第十九条　接待人员在招待任务完成之后须及时（24小时之内）凭请款单和接待费用的正式发票（必须由批准人和经手人背签）到财务部办理报销手续。收据和白条一律拒绝报销。

续表

第二十条　接待费审批权限

（1）使用接待费金额 500 元（含）以下的由行政部经理批准。

（2）500 ~ 2000 元（含）由行政总监批准。

（3）2000 ~ 5000 元（含）由总经理批准。

（4）5000 元以上由董事会批准。

第二十一条　接待人员原则上应事先填写接待请款单，报批准人批准后方可施行。特殊情况必须向批准人提前口头说明，获准后方可施行，事后必须补办手续，否则财务部予以拒绝报销。

第二十二条　非经批准人特批，接待人员事先一律不得到财务部借支。

第二十三条　财务部经理负责对接待费使用情况的全程监督，如发生严重违反本规定的行为，有权向总经理直接报告。

第二十四条　本制度由行政部与财务部共同制定，经总经理签批后生效。

第二十五条　本制度自 ×××× 年 ×× 月 ×× 日实施。

4.36 对外宣传制度

对外宣传制度

第一条　为了规范公司的对外宣传工作，展示良好企业形象，特制定本制度。

第二条　公司行政部公关事务主管是本制度的主要责任人，负责公司所有的对外新闻宣传工作。

第三条　对外有效宣传路径包括报纸、杂志、电视、广播、各种展会等。

第四条　强化全体员工的对外宣传意识，公司个别员工的失误，会影响公司的形象，同样会影响宣传效果。所以应强化每位员工的公关意识。让每一位员工都加入到对外宣传行列。

第五条　对外宣传应以事实为根据，向公众展示公司的真实面貌。

第六条　对外宣传必须保持宣传口径的统一，必须紧紧围绕公司经营决策展开，真正体现公司的经营观念和经营方针。

第七条　应准确把握对外宣传接受者的反应，不断地总结经验，吸取教训，加强反馈，提高宣传效果。

第八条　不能为宣传而宣传，更不能随意美化自己，夸大其词。在考虑自身效果的同时，更应注重社会效果，符合社会的价值判断。

第九条　对外宣传的素材

（1）公司举办的各种活动。

续表

（2）公司经营活动的业绩和成果，如决算和财务状况。

（3）公司确定的新的经营方针、经营计划，推出的新项目。

（4）公司人事组织制度的变动和高层经营者变动情况。

（5）公司的社会公益活动，如募捐、社会公益活动。

第十条　对外宣传素材的选择基准

（1）应充分宣传公司的经营方针和经营观念，为公司的总体发展服务。

（2）应考虑对外宣传的正作用和副作用，以有利于维护和提高公司形象为准则。

（3）在对外宣传活动时，考虑与本公司保持良好关系的组织或个人的利益与反响。这些组织或个人主要包括：股东、公司员工及客户、潜在客户、同行业公司、有合作关系的公司、供应商、代理商、有关地方政府机构、相关的金融机构、舆论宣传机构等。

第十一条　公司外媒体

（1）公开宣传。

（2）公众广告。

第十二条　各种活动

（1）冠以公司名义的会议、音乐会等。

（2）时装表演、产品展示等。

（3）社会公益活动。

（4）演讲会、座谈会、专题讨论会等。

第十三条　公司设立发言人制度，代表公司对外信息发布工作。

第十四条　特殊情况下，总经理也可以是发言人。

第十五条　凡经公司同意发布的信息，均由公司发言人向外发布。

第十六条　发言人可通过新闻发布会、招待会、俱乐部活动等形式向外发布。

第十七条　涉及重大的信息发布，均须公司审核批准后，授权发言人发布。

第十八条　发言人发布信息可以公司名义、总经理代表名义、个人名义发布信息。

第十九条　应有关传媒机构要求或采访，发言人单独向其发布信息。

第二十条　发言人发布信息应有记录、录音或录像，保存于公关部。发布信息失误时，应及时纠正。

第二十一条　发言人凡因个人失误导致信息披露损失，应追究相应责任。

第二十二条　对外宣传活动，不仅要考虑其效果，而且要核算其成本，力求成本与效益的统一。一般情况下，对外宣传活动所需的费用支出，包括以下几个方面：

（1）活动费用，包括制作费、摄影费。

（2）人工费用，包括支付给记者的公关费。

（3）日常费用，包括差旅费、住宿费、编辑费、会议费、资料费、通信费、交际费、杂费。

（4）印刷费。

（5）捐款。

续表

第二十三条　对外宣传费用预算于每年年初，在董事会会议上作为经费预算的一项得以确定。其数额以不超过营业收入的 0.2% 为准。

第二十四条　特殊情况下的对外宣传，由相关主管人员受命于公司总经理而组织实施。其应用范围包括：

（1）公司员工发生违法违纪事件；

（2）公司发生有损自身公众形象的事件；

（3）因各种原因发生公司商业秘密泄露事件；

（4）因事故、灾害而发生人员伤亡；

（5）在生产、销售、服务等方面发生较为严重的问题。

第二十五条　公司行政部公关事务主管应每半年进行一次对外新闻宣传工作的总结，形成报告交总经理办公会讨论。

第二十六条　本制度由行政部起草，经办公会讨论通过。

第二十七条　本制度自 ×××× 年 ×× 月 ×× 日实施。

4.37 电脑室管理制度

电脑室管理制度

第一条　电脑室员工应遵守公司的保密规定，禁止非电脑室人员进入电脑室。输入电脑的信息属公司机密，未经批准不准向任何人提供、泄露，违者视情节轻重给予处理。

第二条　电脑室员工必须按照要求和规定，科学地采集、输入、输出信息，为集团领导和有关部门决策提供信息资料。采集、输入信息以及时、准确、全面为原则。

第三条　信息载体必须安全存放、保管、防止丢失或失效。任何人不得将信息载体带出电脑室。

第四条　电脑室员工应爱护各种设备，降低消耗、费用。对各种设备应按规范要求操作、保养。发现故障，应及时报请维修，以免影响工作。

第五条　电脑室应每月统计核算费用上报办公室，同时抄报财务部。

第六条　严禁将电脑用于私人学习或玩游戏。违反者视情节轻重给予罚款处理或行政处分，屡教不改者予以除名。

第七条　电脑室设备应由专业人员操作、使用。禁止非专业人员操作、使用，否则，造成设备损坏的应照价赔偿。

4.38 公司网络使用管理制度

公司网络使用管理制度

第一条　公司网络资源只能用于工作。个人由于一般业务学习、新闻、娱乐等而需用网络的必须在自己家中进行。为规范公司网络的管理，确保网络资源高效安全地用于工作，特制订本制度。

第二条　本制度涉及的网络范围包括公司各办公地点的局域网，办公地点之间的广域连接、公司各片区和办事处广域网、移动网络接入、Internet 出口以及网络上提供的各类服务如 Internet 电子邮件、代理服务、办公平台等。

第三条　管理工程部作为公司网络的规划、设计、建设和管理部门，有权对公司网络运行情况进行监管和控制。知识产权室有权对公司网络上的信息进行检查和备案，任何接收与发出的邮件，都有可能被备份审查。

第四条　任何人均不得在网络上从事与工作无关的事项，违反者将受到处罚。同时也不允许任何与工作无关的信息出现在网络上，否则要追查责任。

第五条　公司网络结构由管理工程部统一规划建设并负责管理维护，任何部门和个人不得私自更改网络结构，办公室如需安装集线器等必须事先与网络管理员取得联系。个人电脑及实验环境设备等所用 IP 地址必须按所在地点网络管理员指定的方式设置，不可擅自改动，擅自改动者将受到处分。

第六条　严禁任何人以任何手段，蓄意破坏公司网络的正常运行，或窃取公司网上的保护信息。

第七条　公司网上服务如 DNS、DHCP、WINS 等由管理工程部统一规则，任何部门和个人不得在网上擅自设置该类服务。

第八条　为确保广域网的正常运行，禁止通过各种方式，包括利用邮件、FTP、WIN2000 共享等在广域网中传送超大文件。

第九条　严禁任何部门和个人在网上私自设立 BBS、NEWS、个人主页、WWW 站点、FTP 站点及各种文件服务器，严禁在公司网络上玩任何形式的网络游戏、浏览图片、欣赏音乐等各种与工作无关的内容。违反者将受到处分。

第十条　任何部门和个人应高度重视保护公司的技术秘密和商业秘密，对于需要上网的各类保密信息必须保证有严密的授权控制。

第十一条　公司禁止任何个人私自订阅电子杂志，因工作需要的电子杂志，经审批后由图书馆集中订阅和管理。

第十二条　对于蓄意破坏网络正常运行，蓄意窃取网上秘密信息的个人，作辞退处理，并依法追究其法律责任。

续表

第十三条　对于在公司网上散布淫秽的、破坏社会秩序的或政治性评论内容的个人，作辞退处理。情节严重者将移交司法机关处理。

第十四条　对于私自设立 BBS、NEWS、个人主页、WWW 站点、FTP 站点等各种形式网络服务的责任人，或玩网络游戏的个人，第一次发现降薪一级，第二次发现降职，第三次作辞退处理。

第十五条　对各种工作用文件服务器的申请，需经系统主管审核，由管理工程部批准后方可设立，擅自申请者将处以降薪一级的处罚。

第十六条　对于在网上设立各种形式的网络游戏服务的责任人，处以降薪一级直至辞退的处理。

第十七条　对于由管理不善引起公司秘密泄露的责任人，处以罚款、降薪、降职等处理。

第十八条　对于私自更改网络结构，私自设置 DNS、WINS 等服务的责任人，处以罚款、降薪等处罚。

第十九条　任何员工发送与工作无关的电子邮件，将处以降薪、降职及至辞退的处理，有意接收与工作无关的邮件、每次罚款 100 ~ 500 元。

第二十条　任何员工在上、下班时间，通过公司网络查阅与工作无关的内容，一次降薪一级。因工作需要的通过图书馆的网络查阅。

第二十一条　对于其他任何利用网络资源从事与工作无关的行为，将对其处以罚款、降薪等处理。

第二十二条　任何部门未经许可不得在网上挂任何应用系统。

第二十三条　本制度自 ×××× 年 ×× 月 ×× 日起生效。

4.39 公司保险库管理制度

公司保险库管理制度

第一条　凡属本企业的有价证券、权状、执照、合同、营业资金、支票、机密性或重要性的物件等需统一保存者，须放置于保险库中。

第二条　总经理应指派专人负责经管保险库。

第三条　经管人应审慎保管保险库钥匙，并严守密码，离职或移交工作亦同，如因违反规定而致公司遭受损失，将依情节轻重惩处或依法究办。

第四条　经管人应备签收簿，凡入库保存的证件均须签收；出库、借出或移交时，亦应由接收人签收以明权责。

第五条　经管人应将入库证件分公司或分类归档，并将公司、资料名称、数量、移交日期等记入“档案明细表”，以利查询。

续表

第六条　签收簿及档案明细表应保存五年以上，不得丢弃或销毁。
第七条　保险库内物品如有遗失或失窃，应即呈报上级处理。
第八条　零星物件应装袋或装订，以免零乱。
第九条　盘点方式如下：
1. 经管人须于盘点前将资料、清单备妥。
2. 关系企业用保险库（编号 1）：每年由总管理处人员盘点一次。
3. 各公司财务部保险库（编号 2）：每年由总经理室人员盘点一次。
4. 总经理应不定期指派人员进行抽点。
5. 盘点人应于五日内，将盘点报告呈报上级核阅。
第十条　本办法经呈总经理核准后生效，修改时亦同。

4.40 公司电子邮件使用管理制度

公司电子邮件使用管理制度

第一条　公司开通 Internet 电子邮件服务，目的是为了更好地促进公司员工工作的内外交流。公司的电子信息网络，无论对内对外，均不得传递与本人工作无关的内容，违者视情节轻重分别予以批评、降薪、降职、辞退处分。

第二条　管理工程部统一管理公司的电子邮件服务器并负责电子邮件的开户、使用、维护和监督、检查工作。

第二条　申请电子邮件开户必须首先填写“电子邮件开户申请表”并在保密承诺书一栏中签字，然后交部门经理审核签字后，将申请表交到管理工程部邮件管理员处开户。邮件管理员开户完成后填写“电子邮件开户回执单”并通知申请人。回执单上包含配置邮件客户终端软件所需信息和用户使用规则。

第四条　电子邮件使用规定

1. 用户应当定期检查自己的邮箱并取走邮件，以保证用户的邮箱只占用合理的磁盘空间。每个用户的邮箱不能大于 10M，对于超过 10M 的邮箱，管理员有权删除邮箱中两个月以前的旧邮件，以保证用户邮箱在 10M 以下。由于不遵守此项规定而可能造成的损失由用户自己负责。

2. 禁止向异地发送大于 2M 的电子邮件，严禁使用 FIPMAIL（一种将软件分成小块通过邮件发送给用户的服务）下载软件和使用电子邮件订阅新闻、杂志、论坛等。技术杂志由公司统一订阅，图书室集中管理。申请订阅者需首先填写“电子杂志订阅申请表”，然后提交图书室订阅。公司驻外机构等可由系统主管审批后另行处理。

续表

3. 在公司内部使用电子邮件只能使用在公司开户的电子邮件地址，不可擅自使用其他任何邮件地址。

4. 严禁转发有危害社会安全的言论和政治性评论文章的邮件及一切无聊邮件。

5. 发送保密资料邮件，按资料级别不同分别对待：

（1）秘密级：须由部门经理同意，加密发送，由部门对资料的安全性负责。

（2）机密级：由部门经理签字同意，将发送资料交知识产权室审核、存档，并由知识产权室负责发送。

（3）绝密级：禁止在网上发送。

第五条　公司员工使用公司电子邮件需要接受知识产权室和管理工作部的监管，系统会自动将部分用户收发电子邮件的副本保存，以便监督检查和备案。公司知识产权室有权对收发的电子邮件的内容进行检查。

第六条　违规处罚

1. 对于异地发送超过 2M 的大邮件，使用 FIPMAIL 下载软件，或未经批准用邮件订阅报刊、新闻、论坛的员工，视情节严重程度，处以 500 ~ 800 元的罚款。

2. 转发有危害社会安全的言论或政治性评论文章的邮件以及其他与工作无关的邮件的员工，首次发现作降薪处理，再次发现作降职处理，三次发现作辞退处理。

3. 在公司内部使用非公司电子邮件地址，一次罚款 200 元。

4. 任何人使用电子邮件泄露公司商业秘密，一经发现，视情节轻重，分别处以降薪直至辞退的处理；造成恶劣影响或严重损失的，公司还将依法追究其法律责任。

第七条　本制度的解释权属管理工程部和知识产权室，如有疑问，可向以上两部门提出咨询。

4.41 企业打字、油印工作制度

企业打字、油印工作制度

第一条　凡以厂部或党委名义上报下发的文件、报表工作计划、总结、请示、报告、简报、纪要通知、通报、通告、信函、规章制度、宣传教育材料、任免决定、表彰或处理决定，以及厂领导批准翻印的文件、材料均属打印范围。

第二条　由归口部门负责拟订、编写的带有全局性指导意义的全厂性的月（季）生产、工作计划和一个时期全厂性的工作安排以及重要专题会议的纪要等，也应安排打印。

第三条　不需上报的各部门的工作计划，临时性工作安排，非全厂性活动讲课提纲，非上报的一般表格、一般技术资料和便函都不属打印的范围。

续表

第四条　凡须打印的文件、资料应将其底稿首页附上“发文单”，经主管部门负责人审查同意并经 ×× 审核修改、统一编号，有关部门会签，分管厂领导签发，方能交付打印。 第五条　打字员接稿后，应认真检查文件签发手续是否完备，书写是否工整，是否符合文件归档要求等，对发文手续不全、书写不符合要求的文件，打字员有权拒绝打印。 第六条　打字室要建立打字登记簿，对各类文件材料按规定内容和要求统一登记。并根据厂办安排的轻重缓急次序，进行打字。打字时要做到快速、准确、排版合理美观、用力均匀。 第七条　打字员要严格遵守保密制度，不得将打字的内容向外泄露，与工作无关人员不得进入打字室、油印室。 第八条　打字员要爱护打字、油印设备和物品，按规定做好维护保养工作和物品领用登记费用统计工作。 第九条　文稿打完后，打字员要把原稿和打字清样交给两办秘书或拟稿人校对。校对者校完后应在原稿上签字，以示负责。 第十条　凡是以党委、厂部名义上报下发的文件材料（见第一条范围）分别由两办或拟稿人负责校对，由厂办打字室负责油印、装订，达到字迹清晰、版面清洁、装订整齐。由两办机要员上报下发。以部门名义下发的生产工作计划安排，专题会议纪要，由归口部门负责校对，油印、发送。 第十一条　两办秘书对文件的差错情况，要进行登记考核。 第十二条　油印文件要严格按照审批份数印刷，油印者不得私自增加份数或私自留存，油印底板和废页，余页应及时销毁。

4.42 公司行政事务管理制度

公司行政事务管理制度
第一条　为加强公司行政事务管理，理顺公司内部关系，使各项管理标准化、制度化，提高办事效率，特制定本制度。 第二条　本制度所指行政事务包括档案管理、印鉴管理、公文打印管理、办公及劳保用品管理、库房管理、报刊及邮发管理等。 **档案管理** 第三条　归档范围： 公司的规划、年度计划、统计资料、科学技术、财务审计、劳动工资、经营情况、人事档案、会议记录、决议、决定、委任书、协议、合同、项目方案、通告、通知等具有参考价值的文件材料。

续表

第四条　档案管理要指定专人负责，明确责任，保证原始资料及单据齐全完整，密级档案必须保证安全。

第五条　档案的借阅与索取：

1. 总经理、副总经理、总经理办公室主任借阅非密级档案可通过档案管理人员办理借阅手续，直接提档；

2. 公司其他人员需借阅档案时，要经主管副总经理批准，并办理借阅手续；

3. 借阅档案必须爱护，保持整洁，严禁涂改，注意安全和保密，严禁擅自翻印、抄录、转借、遗失，如确属工作需要摘录和复制，凡属密级档案，必须由总经理批准方可摘录和复制，一般内部档案，须经总经理办公室主任批准方可摘录和复制。

第六条　档案的销毁：

1. 任何组织或个人非经允许无权随意销毁公司档案材料；

2. 若按规定需要销毁时，凡属密级档案须经总经理批准后方可销毁，一般内部档案，须经公司办公室主任批准后方可销毁。

3. 经批准销毁的公司档案。档案人员要认真填写、编制销毁清单，由专人监督销毁。

印鉴管理

第七条　公司印鉴由总经理办公室主任负责保管。

第八条　公司印鉴的使用一律由主管副总经理签字许可后管理印鉴人方可盖章，如违反此项规定造成的后果由直接责任人员负责。

第九条　公司所有需要盖印鉴的介绍信、说明及对外开出的任何公文，应统一编号登记，以备查询，存档。

第十条　公司一般不允许开具空白介绍信，证明如因工作需要或其他特殊情况确需开具时，必须经主管副总经理签字批条方可开出，持空白介绍信外出工作回来必须向公司汇报其介绍信的用途，未使用的必须缴回。

第十一条　盖章后出现的意外情况由批准人负责。

公文打印管理

第十二条　公司公文的打印工作由总经理办公室负责。

第十三条　各部室打印的公文或其他资料须经本部门负责人签字，交电脑部打印，按价计费。

第十四条　公司各部室所有打印公文、文件，必须一式三份，交总经理办公室留底存档。

办公及劳保用品管理

第十五条　办公用品购发：

1. 每月月底前，各部室负责人将该部门所需要的办公用品制订计划提交总经理办公室；

2. 总经理办公室指定专人制订每月办公用品计划及预算，经主管、副总经理审批后负责将办公用品购回，根据实际工作需要有计划的分发给各个部室。由部室主任签字领回；

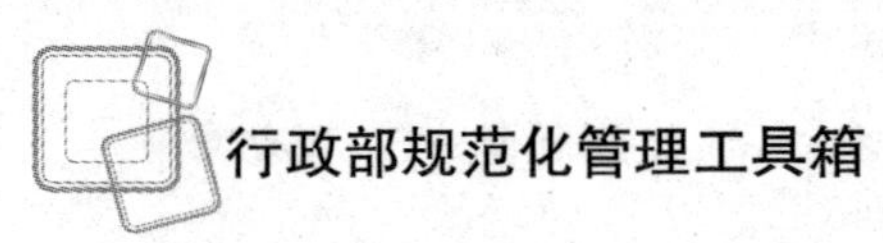

续表

3. 除正常配给的办公用品外，若还需用其他用品的，须经总经理办公室主任批准方可领用； 4. 公司新聘工作人员的办公用品，办公室根据部室负责人提供的名单和用品清单，负责为其配齐，以保证新聘人员的正常工作； 5. 负责购发办公用品的人员要做到办公用品齐全、品种对路、量足质优、库存合理、开支适当、用品保管好； 6. 负责购发办公用品的人员要建立账本，办好入库、出库手续。出库一定要由领取人员签字； 7. 办公室用品管理一定要做到文明、清洁、注意安全、防火、防盗、严格按照规章制度办事，不允许非工作人员进入库房。 第十六条　劳保用品购发： 劳保用品的配给，由总经理办公室根据各部室的实际工作需要统一购买、统一发放。 **库房管理** 第十七条　库房物资的存放必须按分类、品种、规格、型号分别建立账卡。 第十八条　采购人员购入的物品必须附有合格证及入库单，收票时要当面点清数目，检查包装是否完好，如发现短缺或损坏，应立即拆包清点数目，如发现实物与入库单数量、规格不符时，库房保管员应向交货人提出并通知有关负责人。 第十九条　物资入库后，应当日填写账卡。 第二十条　严格执行出入库手续，物资出库必须填写出库单，须经公司办公室主任批准后方可出库。 第二十一条　库房物资一般不可外借，特殊情况须由总经理或副总经理批准，办理外借手续。 第二十二条　严格管理账单资料，所有账册、账单要填写整洁、清楚、计算准确，不得随意涂改。 第二十三条　库房内严禁吸烟，禁止无关工作人员入内，库内必须配备消防设施，做到防火、防盗、防潮。 **报刊及邮发管理** 第二十四条　报刊管理人员每半年按照公司的要求作出订阅报刊计划及预算，负责办理有关订阅手续。 第二十五条　报刊管理人员每日负责将报刊取回并进行处理、分类、登记，并分别送到有关部门。有关部门处理后，一周内缴回办公室由报刊管理人员统一保管、存档备查。 第二十六条　任何人不得随意将报刊挪作他用，若需处理，须经总经理办公室主任批准。 **附则** 第二十七条　公司办公室负责为各部室邮发信件、邮件。

续表

（一）私人信件，一律实行自费，贴足邮票，交办公室或自己送往邮局。

（二）所有公发信件、邮件一律不封口，由收发员登记，统一封口，负责寄发；

（三）控制各类挂号信凡因公需挂号者，须经各部室主任批准，总经理办公室登记后方可邮发。

第二十八条　本规定如有未尽事宜或随着公司的发展有些条款不适应工作需要的，各部门可提出修改意见交总经理办公室研究并提请总经理批复。

第二十九条　本制度解释权归总经理办公室。

第三十条　本制度从发布之日起生效。

4.43 员工建议改善制度

员工建议改善制度

第一条　本公司为倡导参与管理，并激励员工就其平时工作经验或研究心得，对公司业务、管理及技术，提供建设性的改善意见，借以提高经营绩效特制定本制度。

第二条　本公司各级员工对本公司的经营，不论在技术上或管理上，如有改进或革新意见，均可向人事部索取建议书，将拟建议事项内容详予填列。如建议人缺乏良好的文字表达能力，可洽请人事部经理或单位主管协助填列。

第三条　建议书内应列的主要项目如下：

1. 建议事由：简要说明建议改进的具体事项。

2. 原有缺失：详细说明在建议案未提出前，原有情形的未尽妥善处以及应予革新意见。

3. 改进意见或办法：详细说明建议改善的具体办法，包括方法、程序及步骤等项。

4. 预期效果：应详细说明该建议案经采纳后可能获致的成效，包括提高效率、简化作业、增加销售、创造利润或节省开支等项目。

第四条　建议书填妥后，应以邮寄或面递方式，送交人事部经理亲收。

第五条　建议书内容如偏于批评，或无具体的改进或革新实施办法，或不具真实姓名者，人事部经理可以以内容不全为由，不予交付审议，其有真实姓名者，并应由人事部经理据实委婉签注理由，将原件密授原建议人。

第六条　本公司为审议员工建议案件，设置员工建议审议委员会（以下简称审委会）由各幕僚单位主管为审议委员，经营会议经理为召集人，必要时，人事部经理需与召集人洽商后邀请与建议案内容有关的主办单位主管出席。

第七条　审委会的职责如下：

续表

1. 关于员工建议案件的审议事项。

2. 关于员工建议案件评审标准的研订事项。

3. 关于建议案件奖金金额的研议事项。

4. 关于建议案件实施成果的检讨事项。

5. 其他有关建议制度的研究改进事项。

第八条　人事部收受建议书后，认为完全者，应即于收件3日内编号密封送交审委会召集人，提交审委会审议。如因案情特殊，须由审委会另行洽请与该建议案内容有关的人员先行评核，提供审委会作为审议参加。

前项审委会的审议除因案件特殊者可延长至30日外，应于审委会召集人收件15日内完成审议工作。

第九条　本公司员工所提建议，具有下列情形之一者，应予奖励：

1. 对于公司组织研提调整意见，能收精简或强化组织功能效果者。

2. 对于公司商品销售或售后服务，研提具体改进方案，具有重大价值或增进受益者。

3. 对于商品修护的技术，提出改进方法，值得实行的。

4. 对于公司各项规章、制度、办法提供具体改善建议，有助于经营效能提高者。

5. 对于公司各项作业方法、程序、报表等，提供改善意见，具有降低成本、简化作业、提高工作效率的功效者。

6. 对于公司未来经营的研究发展等事项，提出研究报告，具有采纳价值或效果者。

第十条　前条奖励的标准，由审委会各委员依员工建议案评核表各个评核项目分别逐项研讨并评定分数后，以总平均分数依下表拟定等级及其奖金金额。

第十一条　本制度自公布之日起执行。

员工建议奖等级标准

等级	奖金
一等	200元
二等	400元
三等	600元
四等	800元
五等	1000元
六等	2000元
七等	3000元
八等	5000元
九等	7000元
十等	10000元
特等	100000元

第5章 行政部工作实用图表举例

5.1 公司前台来访客人登记表

公司前台来访客人登记表，如表5-1所示。

表5-1 公司前台来访客人登记表

年 月 日

序号	姓名	所在单位	来访人数	联系方式	是否预约	被访单位及被访人姓名	来访事由	时间		备注
								进入	离开	
1										
2										
3										
4										
5										
…										

编制： 审核：

5.2 前台接待来访记录表

前台接待来访记录表，如表5-2所示。

表 5-2 前台接待来访记录表

<table>
<tr><td>来访人
姓名</td><td></td><td>来访人
单位</td><td></td><td>来访
时间</td><td></td><td>接待人</td><td></td></tr>
<tr><td>接待
内容
简况</td><td colspan="7"></td></tr>
<tr><td colspan="8">处理意见：</td></tr>
<tr><td colspan="8">处理结果：</td></tr>
</table>

编制：　　　　　　　　　　　　　　　　审核：

5.3 前台接待日志表

前台接待日志表，如表 5-3 所示。

表 5-3　前台接待日志表

日期	年　月　日		记录人	
考勤记录	姓名	签到时间	姓名	签到时间
收发记录				
接待记录				
电话记录				
备注				

编制：　　　　　　　　　　　　　　　　　　审核：

5.4 信函与快件签收登记表

信函与快件签收登记表，如表 5–4 所示。

表 5–4 信函与快件签收登记表

日期	来件单位	编号	数量	密（速）级	接受部门	签收人（签字）

编制： 填表人：

5.5 信函与快件寄送登记表

信函与快件寄送登记表，如表 5–5 所示。

表 5–5 信函与快件寄送登记表

日期	送寄部门	编号	数量	密（速）级	送达单位	接收人	送寄人（签字）

编制： 填表人：

5.6 办公用品订购审批单

办公用品订购审批单，如表 5–6 所示。

表 5–6 办公用品订购审批单

<table>
<tr><td colspan="2">部门</td><td></td><td colspan="2">使用人</td><td></td><td>填表时间</td><td></td></tr>
<tr><td>序号</td><td>物品名称</td><td>规格</td><td>数量</td><td>单位</td><td>特殊要求</td><td colspan="2">需求时间</td></tr>
<tr><td></td><td></td><td></td><td></td><td></td><td></td><td colspan="2"></td></tr>
<tr><td></td><td></td><td></td><td></td><td></td><td></td><td colspan="2"></td></tr>
<tr><td colspan="8">订购原因：</td></tr>
<tr><td colspan="8">部门主管审批意见：</td></tr>
<tr><td colspan="8">行政部门审批意见：
签字：
年 月 日</td></tr>
<tr><td colspan="8">如果金额超过审批权限，请行政总监签批</td></tr>
<tr><td colspan="8">意见：
签字：
年 月 日</td></tr>
</table>

5.7 办公用品台账

办公用品台账，如表 5–7 所示。

表 5-7 办公用品台账

项目 物品名称	编号	数量	单价	入库时间	备注

编制： 行政部（签字）：

5.8 报废物品清单

报废物品清单，如表 5-8 所示。

表 5-8 报废物品清单

物品编号	物品名称	数量	单价	出厂时间	使用时间	报废类型	报废原因
以上物品本部门 申请报废处理意见： 部门主管（签字）							
办公事务专员	□同意报废处理□不同意报废处理办公事务专员（签字）：						
办公事务主管	□同意报废处理□不同意报废处理办公事务主管（签字）：						

5.9 办公用品领用表

办公用品领用表，如表 5-9 所示。

表 5-9　办公用品领用表

年　　月　　日

部门			领用人			核发	
序号	物品名称	规格	数量	单位	用途	单价	总价

领用人：　　　　　　　　　　主管：　　　　　　　　　　保管员：

5.10 办公设备登记表

办公设备登记表，如表 5-10 所示。

表 5-10　办公设备登记表

年　　月　　日

设备名称		编号		厂名或品牌	
出厂时间		购买时间		使用年限	
规格		颜色		附属设备	
价格		存放地点		环境要求	
主要用途简介：					

管理部门		负责人		使用部门		责任人	

5.11 文件会签单

文件会签单，如表 5-11 所示。

表 5-11 文件会签单

<table>
<tr><td>发文单位</td><td colspan="4"></td><td colspan="2">发文文号</td><td colspan="2"></td><td colspan="2">发文日期</td><td colspan="2">年 月 日</td></tr>
<tr><td>时限</td><td>普通件</td><td>急件</td><td colspan="2">特急件</td><td colspan="2">密级</td><td colspan="2">普通</td><td colspan="2">秘密</td><td>机密</td><td>绝密</td></tr>
<tr><td>标题</td><td colspan="12"></td></tr>
<tr><td rowspan="4">会签顺序</td><td colspan="2">单位</td><td colspan="4">收文时间</td><td colspan="3">发文时间</td><td colspan="3">会签人（签字）</td></tr>
<tr><td>1</td><td></td><td>月</td><td colspan="2">日</td><td>时</td><td>月</td><td>日</td><td>时</td><td colspan="3"></td></tr>
<tr><td>2</td><td></td><td>月</td><td colspan="2">日</td><td>时</td><td>月</td><td>日</td><td>时</td><td colspan="3"></td></tr>
<tr><td>3</td><td></td><td>月</td><td colspan="2">日</td><td>时</td><td>月</td><td>日</td><td>时</td><td colspan="3"></td></tr>
<tr><td colspan="13">备注：</td></tr>
</table>

注 会签文件附在会签单后。

5.12 对外行文单

对外行文单，如表 5-12 所示。

表 5-12 对外行文单

编号：

日期		**拟稿人职务、姓名**	
行文字号			
行文标题			
内容简介			
经济审核人			
法律审核人			
行政部经理			
总经理			
备注			

5.13 发文目录表

发文目录表，如表 5-13 所示。

表 5-13　发文目录表

文件号	文件标题	领导签发	拟稿部门	密级	发放范围	份数	登记日期	发出日期	封号	明细账页	备注

5.14 印章使用审批表

印章使用审批表，如表 5-14 所示。

表 5-14　印章使用审批表

<table>
<tr><td>编号</td><td></td><td>用章部门</td><td></td><td>盖章时间</td><td></td></tr>
<tr><td>公章类别</td><td></td><td>盖章次数</td><td></td><td>文件发文号</td><td></td></tr>
<tr><td>文件名称</td><td colspan="5"></td></tr>
<tr><td colspan="6">备注：</td></tr>
<tr><td colspan="2">用章人（签章）</td><td colspan="2"></td><td>批准人（签章）</td><td></td></tr>
</table>

注　请在备注栏中简要说明盖章用途。

5.15 印章使用登记表

印章使用登记表，如表 5–15 所示。

表 5–15 印章使用登记表

盖章时间	文件名称	发文号	公章类别	盖章次数	使用人	批准人	备注

5.16 文书档案借阅审批表

文书档案借阅审批表，如表 5–16 所示。

表 5–16 文书档案借阅审批表

<table>
<tr><th>编号</th><th>文书档案名称</th><th>密级</th><th>起草人</th><th>起草部门</th><th>起草日期</th><th>归档日期</th></tr>
<tr><td></td><td></td><td></td><td></td><td></td><td></td><td></td></tr>
<tr><td></td><td></td><td></td><td></td><td></td><td></td><td></td></tr>
<tr><td colspan="7">借阅原因：
借阅人（签字）：
年　月　日</td></tr>
<tr><td colspan="7">行政部意见：
主管（签字）：
年　月　日</td></tr>
<tr><td colspan="7">批准人意见：
批准人（签字）：
年　月　日</td></tr>
</table>

5.17 费用报销标准

费用报销标准，如表 5-17 所示。

表 5-17　费用报销标准

单位：元

<table>
<tr><th colspan="2">职别
费用标准</th><th>总经理</th><th>副总经理</th><th>各部门经理及主管</th><th>一般员工</th></tr>
<tr><td colspan="2">交通费</td><td>实报</td><td>实报</td><td>软卧实报或者飞机票价的 ×%</td><td>硬卧实报</td></tr>
<tr><td colspan="2">每日住宿费</td><td>实报</td><td>实报</td><td>经济特区 ×× 元以内
一般地区 ×× 元以内</td><td>经济特区 ×× 元以内
一般地区 ×× 元以内</td></tr>
<tr><td rowspan="2">每日餐费</td><td>早餐</td><td>实报</td><td>实报</td><td>经济特区 ×× 元以内
一般地区 ×× 元以内</td><td>经济特区 ×× 元以内
一般地区 ×× 元以内</td></tr>
<tr><td>午餐、晚餐</td><td>实报</td><td>实报</td><td>经济特区 ×× 元以内
一般地区 ×× 元以内</td><td>经济特区 ×× 元以内
一般地区 ×× 元以内</td></tr>
<tr><td colspan="2">每日杂费</td><td>实报</td><td>实报</td><td>×× 元以内</td><td>×× 元以内</td></tr>
<tr><td colspan="2">业务必要的开支</td><td>实报</td><td>实报</td><td>实报</td><td>实报</td></tr>
</table>

5.18 员工考勤登记表

员工考勤登记表，如表 5-18 所示。

表 5-18 员工考勤登记表

填表日期：

姓名	所属部门	月 日		月 日		月 日		月 日		月 日	
		星期一		星期二		星期三		星期四		星期五	
		上班时间	下班时间	上班时间	下班时间	上班时间	下班时间	上班时间	下班时间	上班时间	下班时间

5.19 年度考勤汇总表

年度考勤汇总表，如表 5-19 所示。

表 5-19 年度考勤汇总表

姓名	所属部门	出勤天数	应出勤天数	请假（天数）					迟到、早退		备注
				事假	病假	婚假	产假	其他	迟到累计时间	早退累计时间	

5.20 员工请假申请单

员工请假申请单，如表 5-20 所示。

表 5-20　员工请假申请单

姓名		所属部门		填表日期	
请假类别	□事假□病假□婚假□产假□丧假□其他（请注明）				
请假事由					
请假时间	年　月　日~　年　月　日				
部门意见					
人力资源部意见					
总经理意见					

5.21 员工加班申请表

员工加班申请表，如表 5-21 所示。

表 5-21　员工加班申请表

姓名		所属部门		填表日期	
加班时段	□工作日加班　□周末加班　□法定节日加班				
预定加班时间	年　月　日　时　分~　年　月　日　时　分				
加班事由					
加班工作内容					
加班地点					
部门审批					
人力资源部审批					
总经理审批					

5.22 员工出差申请表

员工出差申请表，如表 5-22 所示。

表 5-22 员工出差申请表

姓名		所属部门		职务	
出差事由					
出差时间					
出差地点					
出差期间工作安排					
出差办理事项简述					
出差费用预算（列明细）					
部门意见					
人力资源部意见					
总经理意见					

5.23 差旅费报销清单

差旅费报销清单，如表 5-23 所示。

表 5-23 差旅费报销清单

姓名		职务		所属部门	
出差时间			出差时间累计		
费用项目			金额（元）		
交通费					
餐费					
住宿费					
通讯费					
业务支出					
其他					
合计					

5.24 公司会议记录表（一）

公司会议记录表（一），如表 5-24 所示。

表 5-24　公司会议记录表（一）

时间		地点		主持人		填写日期	
会议名称							
会议组织部门							
会议内容概要							
参会人员							
缺席人员							
会议发言记录							
会议成果							
记录人							

5.25 公司会议记录表（二）

公司会议记录表（二），如表 5-25 所示。

表 5-25　公司会议记录表（二）

会议名称		会议召开时间		地点	
会议主持人		会议记录人			
参会人员					
缺席人员					
人员统计	1. 应到____人，实到____人 2. 缺席人员情况说明				

续表

<table>
<tr><td rowspan="8">会议内容</td><td colspan="3">1. 公司相关信息通知</td></tr>
<tr><td colspan="3">2. 工作总结与评估</td></tr>
<tr><td>部门</td><td>主要内容</td><td>发言人</td></tr>
<tr><td></td><td></td><td></td></tr>
<tr><td></td><td></td><td></td></tr>
<tr><td></td><td></td><td></td></tr>
<tr><td colspan="3">3. 会议讨论或决议事项</td></tr>
<tr><td colspan="3">（1）讨论内容

（2）决议事项</td></tr>
<tr><td>会议形成的决议</td><td colspan="3"></td></tr>
</table>

5.26 提案记录表

提案记录表，如表 5–26 所示。

表 5–26　提案记录表

<table>
<tr><td>提案编号</td><td></td><td>提案人</td><td></td><td>所属部门</td><td></td></tr>
<tr><td>提案类别</td><td colspan="5">□技术工艺　□设备　□行政人事　□其他（请注明）</td></tr>
<tr><td>提案事项</td><td colspan="5"></td></tr>
<tr><td>审核结果</td><td colspan="5">□试用　□可以考虑　□不佳</td></tr>
<tr><td>实施结果</td><td colspan="5"></td></tr>
<tr><td>奖励情况</td><td colspan="5"></td></tr>
</table>

5.27 员工提案评定表

员工提案评定表，如表 5-27 所示。

表 5-27 员工提案评定表

提案人		所属部门		提案日期		评定日期	
提案名称及内容概要							
提案评定		评定标准		评审意见		评分	
		经济效益					
		应用范围					
		成本收益分析					
		其他					
审核小组综合意见							
总经理意见							

5.28 员工奖惩记录表

员工奖惩记录表，如表 5-28 所示。

表 5-28 员工奖惩记录表

姓名	所属部门	奖惩事项描述	奖励				惩处			
			表扬	奖金	记功	其他	警告	罚款	记过	其他

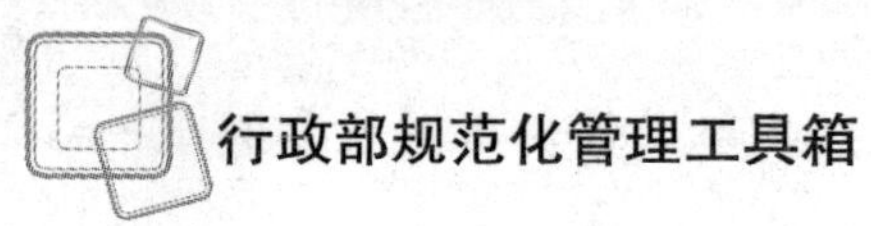

5.29 员工违纪处理表

员工违纪处理表，如表 5-29 所示。

表 5-29 员工违纪处理表

姓名		所在岗位		所属部门	
入职时间					
主要违纪事实					
所在部门意见及处理办法 部门领导签字： 日期： 年 月 日					
人力资源部门意见 部门领导签字： 日期： 年 月 日					
相关领导意见 部门领导签字： 日期： 年 月 日					

5.30 会议工作评估表

会议工作评估表，如表 5-30 所示。

表 5-30　会议工作评估表

<table>
<tr><th colspan="2">评估内容</th><th rowspan="2">评估意见</th></tr>
<tr><td rowspan="3">会议准备</td><td>1. 时间安排的合理性</td></tr>
<tr><td>2. 会场布置
（1）灯光效果
（2）音响效果
（3）座次安排</td><td></td></tr>
<tr><td>3. 邀请函制作</td><td></td></tr>
<tr><td rowspan="5">会议进行</td><td>1. 准时开会</td><td></td></tr>
<tr><td>2. 议题明确</td><td></td></tr>
<tr><td>3. 会议气氛</td><td></td></tr>
<tr><td>4. 后勤服务
（1）茶水、饮料供应
（2）人员就餐安排
（3）休息室的安排
（4）住宿安排</td><td></td></tr>
<tr><td>5. 临时突发性状况的处理</td><td></td></tr>
<tr><td rowspan="4">会后工作</td><td>1. 会议决策草拟的及时性</td><td></td></tr>
<tr><td>2. 会议决策的执行</td><td></td></tr>
<tr><td>3. 费用开支</td><td></td></tr>
<tr><td>4. 其他</td><td></td></tr>
</table>

5.31 电梯设备巡视记录

电梯设备巡视记录，如表 5-31 所示。

表 5-31　电梯设备巡视记录

巡视时间			备注
电梯编号			
序号	运行监控项目		
1	机房温度、湿度		
2	曳引电动机温度、润滑油、紧固情况		
3	减速箱油位油色、连轴器紧固情况		
4	限速器、机械选层器运行情况		
5	控制柜的继电器工作情况		
6	制动器		
7	变压器、电抗器、电阻器		
8	对讲机、警铃、应急灯		
9	轿箱内照明、风扇		
10	厅外轿内指层灯及指令按钮		
11	厅门及轿门踏板清洁		
12	开关门有无异常		
13	井道底坑情况		
14	各种标示物及救援工具情况		
15	电梯运行舒适感		
电梯值班员：		负责人：	

5.32 电梯月维修保养记录

电梯月维修保养记录，如表 5-32 所示。

表 5-32　电梯月维修保养记录

地点	序号	维修保养项目	清理	检查	调查	记录	不良情况部分记录及处理结果
机房	1	曳引轮清洁					
	2	限速器及电器接点检查					
	3	制动闸瓦磨损检查					
	4	选层器详查					
	5	控制柜各机电接点清洁，各接触器、继电器电阻					
机身及井道	1	干电池、蓄电池检查					
	2	内外门耦合检查、清扫、注油					
	3	内外吊门轮、限位轮，外门关闭器，路轨检查清扫					
	4	内外门闸锁及门联锁开关内部及接点清洁					
	5	门联锁接线检查					
	6	接合板装置					
	7	各种开关接点检查					
	8	钢带清扫，抹油，钢带开关检查					
	9	限速钢丝抹试					
	10	井底各设备检查，清扫，抹油					
维修保养人：			验证人：				

5.33 电梯季维修保养记录

电梯季维修保养记录，如表 5–33 所示。

表 5–33　电梯季维修保养记录

地点	序号	维修保养项目	清理	检查	调查	记录	不良情况部分记录及处理结果
机房	1	电动机冷却风扇注油					
	2	电源总开关					
	3	控制盘、讯号盘清扫，紧引线螺丝					
机身及井道	1	门机各装置箱内部检查					
	2	门电机、电阻箱、接点盒内部检查					
	3	门机械牙箱、连杆、链条、皮带检查					
	4	加轨装置与路轨间隙检查					
	5	检查主钢丝的磨损、清洁、张力平衡					
	6	轿厢风扇检查及清洁					
	7	底坑缓冲器油量检查及清洁					
维修保养人：			验证人：				

5.34 电梯年维修保养记录

电梯年维修保养记录，如表 5–34 所示。

表 5-34　电梯年维修保养记录

<table>
<tr><th>地点</th><th>序号</th><th>维修保养项目</th><th>清理</th><th>检查</th><th>调查</th><th>记录</th><th>不良情况部分记录及处理结果</th></tr>
<tr><td rowspan="5">机房</td><td>1</td><td>减速箱换油</td><td></td><td></td><td></td><td></td><td></td></tr>
<tr><td>2</td><td>各种润滑油更换</td><td></td><td></td><td></td><td></td><td></td></tr>
<tr><td>3</td><td>电动机定子、转子气隙测量</td><td></td><td></td><td></td><td></td><td></td></tr>
<tr><td>4</td><td>曳引轮槽磨损情况检查</td><td></td><td></td><td></td><td></td><td></td></tr>
<tr><td>5</td><td>制动器解体大修及线圈电流测定</td><td></td><td></td><td></td><td></td><td></td></tr>
<tr><td rowspan="12">机身及井道</td><td>1</td><td>选层器牙箱换油</td><td></td><td></td><td></td><td></td><td></td></tr>
<tr><td>2</td><td>安全系统及限速器动作试验</td><td></td><td></td><td></td><td></td><td></td></tr>
<tr><td>3</td><td>安全器及夹轨拆卸、清洗</td><td></td><td></td><td></td><td></td><td></td></tr>
<tr><td>4</td><td>曳引机、行车速度、平衡装置检测</td><td></td><td></td><td></td><td></td><td></td></tr>
<tr><td>5</td><td>制动盘各接线螺丝固定</td><td></td><td></td><td></td><td></td><td></td></tr>
<tr><td>6</td><td>门电机牙箱、润滑油更换</td><td></td><td></td><td></td><td></td><td></td></tr>
<tr><td>7</td><td>中途箱，轿底接线箱螺丝紧固</td><td></td><td></td><td></td><td></td><td></td></tr>
<tr><td>8</td><td>主缆、保险缆加缆油</td><td></td><td></td><td></td><td></td><td></td></tr>
<tr><td>9</td><td>井道内各路轨、各腰刀等牢固</td><td></td><td></td><td></td><td></td><td></td></tr>
<tr><td>10</td><td>井底油压缓冲器清洗换油，有效动作确定</td><td></td><td></td><td></td><td></td><td></td></tr>
<tr><td>11</td><td>井道内及井底大扫除</td><td></td><td></td><td></td><td></td><td></td></tr>
<tr><td>12</td><td>劳动局电梯年检</td><td></td><td></td><td></td><td></td><td></td></tr>
<tr><td colspan="3">维修保养人：</td><td colspan="5">验证人：</td></tr>
</table>

5.35 值班登记日志表

值班登记日志表，如表 5-35 所示。

表 5-35　值班登记日志表

<table>
<tr><td>部门</td><td colspan="2"></td><td>职称</td><td colspan="2"></td></tr>
<tr><td>姓名</td><td colspan="2"></td><td>时间</td><td colspan="2"></td></tr>
<tr><td rowspan="6">巡查</td><td>时间</td><td colspan="4">检查及处理事项</td></tr>
<tr><td></td><td colspan="4"></td></tr>
<tr><td></td><td colspan="4"></td></tr>
<tr><td></td><td colspan="4"></td></tr>
<tr><td></td><td colspan="4"></td></tr>
<tr><td></td><td colspan="4"></td></tr>
<tr><td rowspan="6">加班</td><td>部门</td><td>人数</td><td colspan="2">工作内容</td><td>时间</td></tr>
<tr><td></td><td></td><td colspan="2"></td><td></td></tr>
<tr><td></td><td></td><td colspan="2"></td><td></td></tr>
<tr><td></td><td></td><td colspan="2"></td><td></td></tr>
<tr><td></td><td></td><td colspan="2"></td><td></td></tr>
<tr><td></td><td></td><td colspan="2"></td><td></td></tr>
<tr><td>电话</td><td colspan="5"></td></tr>
<tr><td>访客</td><td colspan="5"></td></tr>
<tr><td>货物进出</td><td colspan="5"></td></tr>
<tr><td>收发</td><td colspan="5"></td></tr>
<tr><td>备注</td><td colspan="5"></td></tr>
</table>

5.36 保安执勤日志表

保安执勤日志表，如表 5-36 所示。

表 5-36　保安执勤日志表

年　　月　　日

<table>
<tr><td colspan="16" rowspan="2"></td><td>厂长</td><td colspan="2">总务室主任</td><td colspan="2">保安队长</td></tr>
<tr><td></td><td colspan="2"></td><td colspan="2"></td></tr>
<tr><td colspan="2">次数</td><td colspan="2">1</td><td colspan="2">2</td><td colspan="2">3</td><td colspan="2">4</td><td colspan="2">5</td><td colspan="2">6</td><td colspan="2">7</td><td colspan="5">报告事项</td></tr>
<tr><td colspan="2" rowspan="2">责任人签名</td><td>巡逻</td><td>内勤</td><td>巡逻</td><td>内勤</td><td>巡逻</td><td>内勤</td><td>巡逻</td><td>内勤</td><td>巡逻</td><td>内勤</td><td>巡逻</td><td>内勤</td><td>巡逻</td><td>内勤</td><td rowspan="9"></td><td rowspan="9"></td><td rowspan="9"></td><td rowspan="9"></td><td rowspan="9"></td></tr>
<tr><td></td><td></td><td></td><td></td><td></td><td></td><td></td><td></td><td></td><td></td><td></td><td></td><td></td><td></td></tr>
<tr><td colspan="2">打卡时间</td><td colspan="2"></td><td colspan="2"></td><td colspan="2"></td><td colspan="2"></td><td colspan="2"></td><td colspan="2"></td><td colspan="2"></td></tr>
<tr><td rowspan="5">安全联络</td><td>1</td><td colspan="2"></td><td colspan="2"></td><td colspan="2"></td><td colspan="2"></td><td colspan="2"></td><td colspan="2"></td><td colspan="2"></td></tr>
<tr><td>2</td><td colspan="2"></td><td colspan="2"></td><td colspan="2"></td><td colspan="2"></td><td colspan="2"></td><td colspan="2"></td><td colspan="2"></td></tr>
<tr><td>3</td><td colspan="2"></td><td colspan="2"></td><td colspan="2"></td><td colspan="2"></td><td colspan="2"></td><td colspan="2"></td><td colspan="2"></td></tr>
<tr><td>4</td><td colspan="2"></td><td colspan="2"></td><td colspan="2"></td><td colspan="2"></td><td colspan="2"></td><td colspan="2"></td><td colspan="2"></td></tr>
<tr><td>5</td><td colspan="2"></td><td colspan="2"></td><td colspan="2"></td><td colspan="2"></td><td colspan="2"></td><td colspan="2"></td><td colspan="2"></td></tr>
<tr><td colspan="2">异常报告</td><td colspan="2"></td><td colspan="2"></td><td colspan="2"></td><td colspan="2"></td><td colspan="2"></td><td colspan="2"></td><td colspan="2"></td></tr>
</table>

5.37 外出员工登记表

外出员工登记表，如表 5-37 所示。

表 5-37 外出员工登记表

年 月 日

所属部门	姓名	入厂时间	出厂时间	事由	备注	登记者

5.38 来宾出入登记表

来宾出入登记表，如表 5-38 所示。

表 5-38 来宾出入登记表

访问时间： 年 月 日 时 分	
来宾姓名：	识别证号码：
来宾服务单位：	
来宾地址：	来宾电话：
来访事由：	
受访者签名：	
离厂时间：	
备注：	

5.39 安全状况检查表

安全状况检查表，如表 5-39 所示。

表 5-39　安全状况检查表

检验项目	待改善项目	其他	备注	复检
1. 消防	□无法使用□道路阻塞			
2. 灭火道	□失效□走道阻塞□缺少			
3. 走道	□阻塞□脏乱			
4. 门	□阻塞□损坏			
5. 窗	□损坏□不清洁			
6. 地板	□不洁□损坏			
7. 厂房	□破损□漏水			
8. 楼梯	□损坏□阻塞□脏乱			
9. 厕所	□除臭□漏水□损坏			
10. 办公桌椅	□损坏			
11. 工作桌椅	□损坏□污损			
12. 餐厅桌椅	□损坏			
13. 厂房四周	□脏乱□废弃未用			
14. 一般机器	□保养不良□基础松动			
15. 高压线	□基础不稳□保养不良			
16. 插座开关	□损坏□不安全			
17. 电线	□损坏			
18. 给水	□漏水□排水不良			
19. 仓库	□零乱□防水防盗不良			
20. 废料	□未处理□放置零乱			
21. 其他				

主管：　　　　　　　　　　　　　　　　　　　　　　　　检查员：

5.40 防火设施检查表

防火设施检查表，如表 5–40 所示。

表 5–40　防火设施检查表

编号	检查结果	编号	检查结果	编号	检查结果	编号	检查结果	编号	检查结果
异常处理对策									
检查结果说明									

部门负责人：　　　　　　　　　　　　　　　　　　检查员：

5.41 安全事故报告书

安全事故报告书，如表 5–41 所示。

表 5–41　安全事故报告书

年　　月　　日

事故内容			
事故人		见证人	
所属部门		出事地点	
发生日期	年　　月　　日	发生时间	上午　　时 下午　　时
发生原因			
事故状况			
处置方式			
根本对策追踪检查			

认可：　　　　　　　　　　审核：　　　　　　　　　　制表：

5.42 突发事故报告表

突发事故报告表，如表 5-42 所示。

表 5-42　突发事故报告表

事故发生部门：　　　　　　　　　　　　　　　　填报日期：　　年　月　日

<table>
<tr><td colspan="2">事故种类</td><td colspan="6"></td></tr>
<tr><td colspan="2">发生时间</td><td colspan="3"></td><td>发生地点</td><td colspan="2"></td></tr>
<tr><td colspan="2">灾变经过</td><td colspan="6"></td></tr>
<tr><td colspan="2">伤亡情况</td><td colspan="6"></td></tr>
<tr><td rowspan="3">财产损失</td><td>直接费用</td><td colspan="6"></td></tr>
<tr><td>间接费用</td><td colspan="6"></td></tr>
<tr><td>费用合计</td><td colspan="6"></td></tr>
<tr><td colspan="2">善后处理</td><td colspan="6"></td></tr>
<tr><td colspan="2">原因分析</td><td colspan="6"></td></tr>
<tr><td colspan="2">防止对策</td><td colspan="6"></td></tr>
<tr><td colspan="2">改善计划</td><td colspan="6"></td></tr>
<tr><td rowspan="2">签报批示栏</td><td>总经理</td><td>（副）经理</td><td>劳动安全卫生管理部门意见</td><td>部门</td><td>主管</td><td colspan="2">填表</td></tr>
<tr><td></td><td></td><td></td><td></td><td></td><td colspan="2"></td></tr>
</table>

5.43 事故统计汇总

事故统计汇总，如表5-43所示。

表5-43 事故统计汇总

单位： 年 月

<table>
<tr><th colspan="3" rowspan="2">事故类别
后果
部门</th><th colspan="3">设备</th><th colspan="3">施工</th><th colspan="3">交通</th><th colspan="3">小计</th><th colspan="3">去年同期</th><th colspan="2">伤害频率</th><th rowspan="2">备注</th></tr>
<tr><th>件</th><th>伤（人）</th><th>死（人）</th><th>件</th><th>伤（人）</th><th>死（人）</th><th>件</th><th>伤（人）</th><th>死（人）</th><th>件</th><th>伤（人）</th><th>死（人）</th><th>件</th><th>伤（人）</th><th>死（人）</th><th>本年</th><th>去年</th></tr>
<tr><td rowspan="12">职工</td><td rowspan="2">电力</td><td>本月</td><td></td><td></td><td></td><td></td><td></td><td></td><td></td><td></td><td></td><td></td><td></td><td></td><td></td><td></td><td></td><td></td><td></td><td></td></tr>
<tr><td>累计</td><td></td><td></td><td></td><td></td><td></td><td></td><td></td><td></td><td></td><td></td><td></td><td></td><td></td><td></td><td></td><td></td><td></td><td></td></tr>
<tr><td rowspan="2">设备</td><td>本月</td><td></td><td></td><td></td><td></td><td></td><td></td><td></td><td></td><td></td><td></td><td></td><td></td><td></td><td></td><td></td><td></td><td></td><td></td></tr>
<tr><td>累计</td><td></td><td></td><td></td><td></td><td></td><td></td><td></td><td></td><td></td><td></td><td></td><td></td><td></td><td></td><td></td><td></td><td></td><td></td></tr>
<tr><td rowspan="2">检修</td><td>本月</td><td></td><td></td><td></td><td></td><td></td><td></td><td></td><td></td><td></td><td></td><td></td><td></td><td></td><td></td><td></td><td></td><td></td><td></td></tr>
<tr><td>累计</td><td></td><td></td><td></td><td></td><td></td><td></td><td></td><td></td><td></td><td></td><td></td><td></td><td></td><td></td><td></td><td></td><td></td><td></td></tr>
<tr><td rowspan="2">运输</td><td>本月</td><td></td><td></td><td></td><td></td><td></td><td></td><td></td><td></td><td></td><td></td><td></td><td></td><td></td><td></td><td></td><td></td><td></td><td></td></tr>
<tr><td>累计</td><td></td><td></td><td></td><td></td><td></td><td></td><td></td><td></td><td></td><td></td><td></td><td></td><td></td><td></td><td></td><td></td><td></td><td></td></tr>
<tr><td rowspan="2">其他</td><td>本月</td><td></td><td></td><td></td><td></td><td></td><td></td><td></td><td></td><td></td><td></td><td></td><td></td><td></td><td></td><td></td><td></td><td></td><td></td></tr>
<tr><td>累计</td><td></td><td></td><td></td><td></td><td></td><td></td><td></td><td></td><td></td><td></td><td></td><td></td><td></td><td></td><td></td><td></td><td></td><td></td></tr>
<tr><td rowspan="2">总计</td><td>本月</td><td></td><td></td><td></td><td></td><td></td><td></td><td></td><td></td><td></td><td></td><td></td><td></td><td></td><td></td><td></td><td></td><td></td><td></td></tr>
<tr><td>累计</td><td></td><td></td><td></td><td></td><td></td><td></td><td></td><td></td><td></td><td></td><td></td><td></td><td></td><td></td><td></td><td></td><td></td><td></td></tr>
<tr><td rowspan="2">民众</td><td colspan="2">本月</td><td></td><td></td><td></td><td></td><td></td><td></td><td></td><td></td><td></td><td></td><td></td><td></td><td></td><td></td><td></td><td></td><td></td><td></td></tr>
<tr><td colspan="2">累计</td><td></td><td></td><td></td><td></td><td></td><td></td><td></td><td></td><td></td><td></td><td></td><td></td><td></td><td></td><td></td><td></td><td></td><td></td></tr>
<tr><td>备注</td><td colspan="20"></td></tr>
</table>

注 伤害频率 $=\frac{\text{伤害次数}\times 10^6}{\text{总工时数}}$　　主管：　　经办：

5.44 车辆登记列表

车辆登记列表，如表 5-44 所示。

表 5-44　车辆登记列表

<table>
<tr><th rowspan="2">项次</th><th colspan="4">车辆类别</th><th rowspan="2">车号</th><th rowspan="2">司机</th><th rowspan="2">购置日期</th><th rowspan="2">购买价格</th><th rowspan="2">引擎号码</th><th rowspan="2">排气量</th><th rowspan="2">保险单编号</th></tr>
<tr><th>小客</th><th>大客</th><th>小货</th><th>大货</th></tr>
<tr><td>1</td><td></td><td></td><td></td><td></td><td></td><td></td><td></td><td></td><td></td><td></td><td></td></tr>
<tr><td>2</td><td></td><td></td><td></td><td></td><td></td><td></td><td></td><td></td><td></td><td></td><td></td></tr>
<tr><td>3</td><td></td><td></td><td></td><td></td><td></td><td></td><td></td><td></td><td></td><td></td><td></td></tr>
<tr><td>4</td><td></td><td></td><td></td><td></td><td></td><td></td><td></td><td></td><td></td><td></td><td></td></tr>
</table>

5.45 车辆登记卡

车辆登记卡，如表 5-45 所示。

表 5-45　车辆登记卡

<table>
<tr><td colspan="2">使用人姓名</td><td colspan="2"></td><td>司机姓名</td><td></td></tr>
<tr><td colspan="2">牌照号码</td><td colspan="2"></td><td>车名</td><td></td></tr>
<tr><td colspan="2">车型</td><td colspan="2"></td><td>购车日期</td><td></td></tr>
<tr><td colspan="2">初检日期</td><td colspan="2"></td><td>复检日期</td><td></td></tr>
<tr><td rowspan="3">保险记录</td><td colspan="2">保险公司</td><td>保险证号码</td><td>保险期限</td><td>保险内容</td></tr>
<tr><td colspan="2"></td><td></td><td></td><td></td></tr>
<tr><td colspan="2"></td><td></td><td></td><td></td></tr>
<tr><td colspan="2">购置价格</td><td colspan="2"></td><td>经销商</td><td></td></tr>
<tr><td colspan="2">附属品</td><td colspan="4">收音机、放音机、热风、冷风</td></tr>
<tr><td rowspan="2">驾驶员</td><td>住址</td><td colspan="2"></td><td>电话</td><td></td></tr>
<tr><td>住址</td><td colspan="2"></td><td>电话</td><td></td></tr>
</table>

5.46 车辆出入登记表

车辆出入登记表，如表 5–46 所示。

表 5–46 车辆出入登记表

××公司车辆出入门证（存根）				××公司车辆出入门证			
编号		人数		编号		人数	
部门				部门			
车型		车号		车型		车号	
用车人姓名				会客人姓名			
事由				事由			
出入时间	时 分入	警卫签字		出入时间	时 分入	警卫签字	
	时 分出				时 分出		

5.47 车辆检查日志

车辆检查日志，如表 5–47 所示。

表 5–47 车辆检查日志

使用时间	自 月 日 时 分至 月 日 时 分							
目的地					同车者			
使用目的								
司机开车前检查日志								
开车前检查	检查车辆四周	刮伤	□无 □有	后视镜	□无 □有		爆裂	□无 □有
		胎压	□正常□不正常		备台及千斤顶		□无□有	
	检查车底	漏水	□无□有		漏机油		□无□有	
	打开引擎盖	冷却水量						
	坐驾驶座	汽油剩量			喇叭		□佳□不佳	
		方向灯	□佳 □不佳	雨刷	□佳 □不佳	灯关	□佳 □不佳	

续表

出发时间	时　分	回公司时间	时　分
指针所示距离	自　km 至　km（共　km）	被给汽油量	
用后检查异状	□无　□有		
故障处及行车过程中性能不佳状况			

5.48 车辆检点表

车辆检点表，如表 5-48 所示。

表 5-48　车辆检点表

车号：

<table>
<tr><th rowspan="3">项目
星期</th><th rowspan="3">洗车</th><th colspan="3">加油记录</th><th colspan="5">车况记录</th><th colspan="2">维修记录</th><th rowspan="3">备注</th></tr>
<tr><th>汽油</th><th>机油</th><th rowspan="2">金额</th><th colspan="3">配件</th><th rowspan="2">外观</th><th rowspan="2">操控</th><th rowspan="2">维修内容</th><th rowspan="2">金额</th></tr>
<tr><th>加油里程数</th><th>换油里程</th><th>轮胎</th><th>音响</th><th>冷气</th></tr>
<tr><td>星期一</td><td></td><td></td><td></td><td></td><td></td><td></td><td></td><td></td><td></td><td></td><td></td><td></td></tr>
<tr><td>星期二</td><td></td><td></td><td></td><td></td><td></td><td></td><td></td><td></td><td></td><td></td><td></td><td></td></tr>
<tr><td>星期三</td><td></td><td></td><td></td><td></td><td></td><td></td><td></td><td></td><td></td><td></td><td></td><td></td></tr>
<tr><td>星期四</td><td></td><td></td><td></td><td></td><td></td><td></td><td></td><td></td><td></td><td></td><td></td><td></td></tr>
<tr><td>星期五</td><td></td><td></td><td></td><td></td><td></td><td></td><td></td><td></td><td></td><td></td><td></td><td></td></tr>
<tr><td>星期六</td><td></td><td></td><td></td><td></td><td></td><td></td><td></td><td></td><td></td><td></td><td></td><td></td></tr>
<tr><td>合计</td><td></td><td></td><td></td><td></td><td></td><td></td><td></td><td></td><td></td><td></td><td></td><td></td></tr>
</table>

主管：　　　　　　　　　　　　　　　　填表人：

5.49 车辆请修表

车辆请修表，如表 5–49 所示。

表 5–49 车辆请修表

表单编号：　　　　　　　　　　　　　　　　　　　　　日期：　　年　月　日

<table>
<tr><td>车号</td><td></td><td>请修前里程数</td><td></td><td>请修申请人</td><td></td></tr>
<tr><td rowspan="3">请修项目</td><td colspan="5">1.</td></tr>
<tr><td colspan="5">2.</td></tr>
<tr><td colspan="5">3.</td></tr>
<tr><td>损坏原因</td><td colspan="5">1.
2.
3.</td></tr>
<tr><td>预算金额</td><td colspan="5"></td></tr>
<tr><td>修理厂家</td><td colspan="5"></td></tr>
<tr><td>审核意见</td><td colspan="5">1.
2.
3.</td></tr>
<tr><td colspan="2">管理部门</td><td colspan="2">审核部门</td><td colspan="2">总经理</td></tr>
<tr><td>主管</td><td></td><td>主管</td><td></td><td colspan="2" rowspan="2"></td></tr>
<tr><td>经办人</td><td></td><td>经办人</td><td></td></tr>
</table>

5.50 车辆保养记录表

车辆保养记录表，如表 5–50 所示。

表 5-50　车辆保养记录表

<table>
<tr><td>车号</td><td></td><td>发动机号</td><td colspan="3"></td><td>公司编号</td><td colspan="2"></td></tr>
<tr><td rowspan="2">使用单位</td><td colspan="4" rowspan="2"></td><td>主要使用人</td><td colspan="3"></td></tr>
<tr><td>司机</td><td colspan="3"></td></tr>
<tr><td colspan="9">保养记录</td></tr>
<tr><td colspan="2">年度</td><td rowspan="2">保养项目</td><td rowspan="2">金额</td><td rowspan="2">保养前里程表数</td><td rowspan="2">经手人（签章）</td><td rowspan="2">主管（签章）</td></tr>
<tr><td>月</td><td>日</td></tr>
<tr><td></td><td></td><td></td><td></td><td></td><td></td><td></td></tr>
<tr><td></td><td></td><td></td><td></td><td></td><td></td><td></td></tr>
<tr><td></td><td></td><td></td><td></td><td></td><td></td><td></td></tr>
<tr><td colspan="2">合计</td><td></td><td></td><td></td><td></td><td></td></tr>
<tr><td rowspan="4">本月费用</td><td>汽油金额</td><td>保养金额</td><td>修理金额</td><td>合计</td></tr>
<tr><td></td><td></td><td></td><td></td></tr>
<tr><td></td><td></td><td></td><td></td></tr>
<tr><td></td><td></td><td></td><td></td></tr>
</table>

5.51 车辆加油申请表

车辆加油申请表，如表 5-51 所示。

表 5-51　车辆加油申请表

<table>
<tr><td>申请人</td><td></td><td>申请日期</td><td>年　月　日</td></tr>
<tr><td>车牌号码</td><td></td><td>剩余油量</td><td>升</td></tr>
<tr><td>预计加油量</td><td></td><td>实际加油量</td><td></td></tr>
<tr><td>预计油费</td><td></td><td>实际油费</td><td></td></tr>
</table>

<table>
<tr><td rowspan="2">加油审批</td><td>车辆主管签字</td><td>行政部经理签字</td><td>财务部经理签字</td><td rowspan="3">（票据粘贴处）</td></tr>
<tr><td></td><td></td><td></td></tr>
<tr><td>报销审批</td><td></td><td></td><td></td></tr>
</table>

5.52 车辆加油记录表

车辆加油记录表，如表 5-52 所示。

表 5-52 车辆加油记录表

<table>
<tr><td>车牌号码</td><td colspan="3"></td><td>车型</td><td></td></tr>
<tr><td>加油日期</td><td>司机（经办人）</td><td>加油前油量指数</td><td>所加油量</td><td>油费</td><td>最终审批人</td></tr>
<tr><td></td><td></td><td></td><td></td><td></td><td></td></tr>
<tr><td></td><td></td><td></td><td></td><td></td><td></td></tr>
<tr><td></td><td></td><td></td><td></td><td></td><td></td></tr>
<tr><td></td><td></td><td></td><td></td><td></td><td></td></tr>
</table>

5.53 用车申请表

用车申请表，如表 5-53 所示。

表 5-53 用车申请表

申请部门： 申请日期： 年 月 日

<table>
<tr><td rowspan="2">申请人</td><td rowspan="2"></td><td>□私用</td><td rowspan="2">用车起止时间</td><td>起</td><td>止</td></tr>
<tr><td>□公用</td><td></td><td></td></tr>
<tr><td>用车事由</td><td colspan="5">1.
2.
3.</td></tr>
<tr><td>目的地</td><td colspan="5"></td></tr>
<tr><td>行车路线</td><td colspan="5"></td></tr>
<tr><td>预计行程</td><td colspan="5"></td></tr>
<tr><td>申请部门经理</td><td>用车人</td><td colspan="2">行政部经理</td><td>车辆主管</td><td>司机</td></tr>
<tr><td></td><td></td><td colspan="2"></td><td></td><td></td></tr>
<tr><td>附注</td><td colspan="5">1. 用车起止时间、目的地必须如实、详细填写
2. 事由栏依事项分列
3. 车辆预计停留时间为 1 小时</td></tr>
</table>

说明：本单一式两联，第一联申请部门留存，第二联司机出车，填写行车里程后，交司机班班长留存。

5.54 车辆使用申请表

车辆使用申请表，如表 5-54 所示。

表 5-54　车辆使用申请表

第一联行政部留存。

<table>
<tr><td colspan="2">申请人</td><td></td><td>部门</td><td></td><td>同行人数</td><td></td></tr>
<tr><td colspan="2">计划用车时间段</td><td>日 时至 日 时</td><td>部门负责人签字</td><td></td><td>派车人签字</td><td></td></tr>
<tr><td rowspan="3">目的地</td><td colspan="2">1.</td><td rowspan="3">事由</td><td colspan="3">1.</td></tr>
<tr><td colspan="2">2.</td><td colspan="3">2.</td></tr>
<tr><td colspan="2">3.</td><td colspan="3">3.</td></tr>
<tr><td>备注</td><td colspan="2"></td><td>备注</td><td colspan="3"></td></tr>
</table>

第二联交司机，车辆使用后由司机交回行政部。

<table>
<tr><td colspan="2">申请人</td><td></td><td>部门</td><td></td><td>同行人数</td><td></td></tr>
<tr><td colspan="2">计划用车时间段</td><td>日 时至 日 时</td><td>部门负责人签字</td><td></td><td>派车人签字</td><td></td></tr>
<tr><td rowspan="3">目的地</td><td colspan="2">1.</td><td rowspan="3">事由</td><td colspan="3">1.</td></tr>
<tr><td colspan="2">2.</td><td colspan="3">2.</td></tr>
<tr><td colspan="2">3.</td><td colspan="3">3.</td></tr>
<tr><td colspan="7">以下内容由司机在用车完毕后填写，交回行政部备查</td></tr>
<tr><td colspan="2">共计行车里程</td><td>公里</td><td>汽油</td><td>升</td><td>用车人签字</td><td></td></tr>
<tr><td colspan="2">有无违章罚款或事故</td><td></td><td>原因</td><td colspan="3"></td></tr>
<tr><td>备注</td><td colspan="6"></td></tr>
</table>

5.55 派车记录单

派车记录单，如表 5-55 所示。

表 5-55 派车记录单 年 月 日

<table>
<tr><td>使用部门</td><td colspan="2"></td><td>司机</td><td></td><td colspan="2">随行人数</td><td></td></tr>
<tr><td>用车事由</td><td colspan="7">1.
2.
3.</td></tr>
<tr><td>起止地点</td><td colspan="7">自至</td></tr>
<tr><td>用车时间</td><td colspan="7">自 日 时 分至 日 时 分（共计 时 分）</td></tr>
<tr><td>用车里程</td><td colspan="7">自 公里至 公里（共计 公里）</td></tr>
<tr><td colspan="2" rowspan="2">用车类型</td><td colspan="2" rowspan="2"></td><td>车型</td><td colspan="3"></td></tr>
<tr><td>车号</td><td colspan="3"></td></tr>
<tr><td rowspan="2">管理部门</td><td>主管</td><td colspan="2"></td><td rowspan="2">使用部门</td><td>主管</td><td colspan="2"></td></tr>
<tr><td>经办人</td><td colspan="2"></td><td>使用人</td><td colspan="2"></td></tr>
</table>

5.56 车辆事故现场记录单

车辆事故现场记录单，如表 5-56 所示。

表 5-56 车辆事故现场记录单

记录人： 记录时间： 年 月 日

<table>
<tr><td>司机</td><td></td><td>乘车人员</td><td></td><td>部门</td><td></td></tr>
<tr><td>事故发生时间</td><td colspan="5">年 月 日（□上午□下午 时 分）</td></tr>
<tr><td>事故种类</td><td colspan="5">□ 1. 人车相撞（□轻伤□住院□重伤□病危□死亡）
□ 2. 车辆本身（□颠覆□冲撞□冲出路外□零件损坏□其他）
□ 3. 车辆相撞（□擦撞□追撞□冲撞□其他）</td></tr>
</table>

续表

发生地点			
事故原因			
当事人		对方	
姓名		姓名	
性别		性别	
单位		单位	
本人地址		本人地址	
联络方式		联络方式	
公司地址		公司地址	
车种年份		车种年份	
车辆号码		车辆号码	
驾照号码		驾照号码	
（可附现场照下来的照片）			
备注			

5.57 车辆事故报告单

车辆事故报告单，如表 5–57 所示。

表 5–57　车辆事故报告单

报告人：　　　　　　　　　　　　　　　　　　报告日期：　　年　月　日

事故描述					
发生时间					
发生地点					
见证人签名			警察签名		
处理结果					
我方资料				对方资料	
司机姓名		年龄		姓名	
部门		住址		电话	

续表

<table>
<tr><td>出车事由</td><td colspan="3"></td><td>身份</td><td colspan="3">□驾驶 □行人 □其他</td></tr>
<tr><td>同车人员</td><td></td><td>其他人</td><td></td><td rowspan="2">公司</td><td>名称</td><td colspan="2"></td></tr>
<tr><td rowspan="2">驾照</td><td>种类</td><td colspan="2"></td><td>地址</td><td colspan="2"></td></tr>
<tr><td>编号</td><td colspan="2"></td><td>驾照种类</td><td></td><td>驾照编号</td><td></td></tr>
<tr><td>取照时间</td><td></td><td>车型</td><td></td><td>取照时间</td><td></td><td>车型</td><td></td></tr>
<tr><td>车号</td><td></td><td>年份</td><td></td><td>车号</td><td></td><td>年份</td><td></td></tr>
<tr><td>车辆损坏部分及程度</td><td colspan="3">1.
2.</td><td>车辆损坏部分及程度</td><td colspan="3">1.
2.</td></tr>
<tr><td>相关意见</td><td colspan="3">1.
2.</td><td>相关意见</td><td colspan="3">1.
2.</td></tr>
<tr><td rowspan="8">损坏程度</td><td rowspan="5">车辆</td><td>钣金</td><td></td><td rowspan="8">损坏程度</td><td rowspan="5">车辆</td><td>钣金</td><td></td></tr>
<tr><td>烤漆</td><td></td><td>烤漆</td><td></td></tr>
<tr><td>零件</td><td></td><td>零件</td><td></td></tr>
<tr><td>其他</td><td></td><td>其他</td><td></td></tr>
<tr><td>合计</td><td></td><td>合计</td><td></td></tr>
<tr><td>人身</td><td colspan="2"></td><td>人身</td><td colspan="2"></td></tr>
<tr><td>物品</td><td colspan="2"></td><td>物品</td><td colspan="2"></td></tr>
<tr><td>其他</td><td colspan="2"></td><td>其他</td><td colspan="2"></td></tr>
<tr><td colspan="2">保险公司</td><td colspan="2"></td><td colspan="2">保险公司</td><td colspan="2"></td></tr>
<tr><td colspan="2">保险单号码</td><td colspan="2"></td><td colspan="2">保险单号码</td><td colspan="2"></td></tr>
</table>

行政部经理：　　　　主管副总：　　　　填表人：

5.58 司机用车记录表

司机用车记录表，如表 5-58 所示。

表 5-58 司机用车记录表

<table>
<tr><td>车号</td><td></td><td>用车部门</td><td></td><td>用车人</td><td></td></tr>
<tr><td>事由</td><td colspan="5"></td></tr>
<tr><td>开往地点</td><td colspan="2"></td><td>用车时间</td><td colspan="2"></td></tr>
<tr><td>用车要求</td><td colspan="2"></td><td>派车意见</td><td colspan="2"></td></tr>
<tr><td colspan="6">以下内容由司机填写</td></tr>
<tr><td rowspan="4">用车记录</td><td>时间</td><td>地点</td><td>司机</td><td>用车前里程数</td><td>用车后里程数</td></tr>
<tr><td></td><td></td><td></td><td></td><td></td></tr>
<tr><td></td><td></td><td></td><td></td><td></td></tr>
<tr><td></td><td></td><td></td><td></td><td></td></tr>
<tr><td>备注</td><td colspan="5"></td></tr>
<tr><td>附注</td><td colspan="5">1. 使用流程：用车申请人→派车审批→用车→司机填写→行政部留存
2. 填写要点：（1）用车人栏，可填用车者及随行人数；（2）用车要求栏应为车型等；（3）用车时间，要有弹性范围；（4）备注栏可填特殊事项，如合用车、交通事故等</td></tr>
</table>

5.59 车辆使用日志表

车辆使用日志表，如表 5-59 所示。

表 5-59 车辆使用日志表

行驶耗油： 司机及车号： 经办人： 日期： 年 月 日

<table>
<tr><td colspan="2">使用者证明（签名）</td><td></td><td></td><td></td><td></td><td></td><td></td><td></td><td></td><td></td></tr>
<tr><td rowspan="2">出发</td><td>里程表指数</td><td></td><td></td><td></td><td></td><td></td><td></td><td></td><td></td><td></td></tr>
<tr><td>时刻</td><td></td><td></td><td></td><td></td><td></td><td></td><td></td><td></td><td></td></tr>
<tr><td colspan="2">地点</td><td></td><td></td><td></td><td></td><td></td><td></td><td></td><td></td><td></td></tr>
<tr><td rowspan="2">到达</td><td>里程表指数</td><td></td><td></td><td></td><td></td><td></td><td></td><td></td><td></td><td></td></tr>
<tr><td>时刻</td><td></td><td></td><td></td><td></td><td></td><td></td><td></td><td></td><td></td></tr>
<tr><td colspan="2">行驶时间</td><td></td><td></td><td></td><td></td><td></td><td></td><td></td><td></td><td></td></tr>
<tr><td colspan="2">事由</td><td></td><td></td><td></td><td></td><td></td><td></td><td></td><td></td><td></td></tr>
<tr><td colspan="2">本次行驶距离</td><td colspan="4">公里</td><td colspan="2">计算耗油量</td><td colspan="3">升</td></tr>
</table>

工程耗油：　　　　司机及车号：　　　　经办人：　　　　日期：　　年　　月　　日

使用者证明（签名）								
出发	里程表指数							前次结存　升 本次结存　升 使用量　升
	时刻							
工作内容								
完毕	里程表指数							
	时刻							
行驶时间小计								

5.60 车辆使用状况月报表

车辆使用状况月报表，如表 5-60 所示。

表 5-60　车辆使用状况月报表

月份：　　　年　　月

车号	类别					司机	行驶里程		汽油费		保养修理		事故次数	
	小客	大客	小货	大货	汽车		本月	累计	本月	累计	本月	累计	本月	累计

汽油使用记录									
年		加油数量	金额	加油时路码表		行驶里程	行驶累积数	使用人	司机
月	日			起数	止数				
合计									
本月费用		汽油金额		保养金额		修理金额		总计	

审核人：　　　　　　　　复核人：　　　　　　　　填表人：

5.61 车辆费用报销单

车辆费用报销单，如表 5-61 所示。

表 5-61　车辆费用报销单

□公有车辆　□私有车辆　　　　　　　　　　　　　日期：　年　月　日

起讫时间	月　日至　月　日共　天		
费用类别	□油费	□过桥费	□维修保养费
凭证张数	张	张	张
报销金额	元	元	元
报销事由	□公有交通车辆□特殊人员专用车辆□私有车辆出差或出勤		
合计金额	核准人	证明人	经手人

附凭证共　张。

5.62 车辆费用月度统计表

车辆费用月度统计表，如表 5-62 所示。

表 5-62　车辆费用月度统计表

月份：　年　月

保险费		修理保养费		过桥费		汽油费		上月里程表数	
说明	金额	说明	金额	说明	金额	说明	金额	本月里程表数	
								本月行驶里程数	
								本月总费用	
								每公里费用	
								每公里汽油费用	
合计		合计		合计		合计		备注	

续表

汽油费用明细	日期	金额	经手人	日期	金额	经手人	日期	金额	经手人

5.63 食堂卫生检查表

食堂卫生检查表，如表 5-63 所示。

表 5-63 食堂卫生检查表

每周 / 每日								
日期	设备名称							
	炊具	冰箱	操作台	水槽	菜板	排水沟盖子	其他	清洁人签字
周一								
周二								
周三								
周四								
周五								
周六								
周日								

备注：Î 表示预定清洁；√表示已完成清洁。

5.64 住宿申请表

住宿申请表，如表 5-64 所示。

表 5-64 住宿申请表

填表日期：

<table>
<tr><td>姓名</td><td colspan="4"></td><td colspan="2">任职单位</td><td colspan="2"></td></tr>
<tr><td>到职</td><td colspan="4">年 月 日</td><td colspan="2">职称</td><td colspan="2"></td></tr>
<tr><td>籍贯</td><td colspan="2"></td><td>性别</td><td colspan="2"></td><td>出生</td><td colspan="2">年 月 日</td></tr>
<tr><td>学历</td><td colspan="8">学校 科系□毕业□肄业</td></tr>
<tr><td colspan="2">本人户籍地址</td><td colspan="7"></td></tr>
<tr><td rowspan="2">家长姓名</td><td colspan="4"></td><td colspan="2">联系地址</td><td colspan="2"></td></tr>
<tr><td colspan="4">关系</td><td colspan="2">电话</td><td colspan="2"></td></tr>
<tr><td rowspan="2">紧急联络人</td><td colspan="4"></td><td colspan="2">联系地址</td><td colspan="2"></td></tr>
<tr><td colspan="4">关系</td><td colspan="2">电话</td><td colspan="2"></td></tr>
<tr><td>爱好</td><td colspan="4"></td><td colspan="2">申请理由</td><td colspan="2"></td></tr>
<tr><td>入舍</td><td colspan="6">年 月 日</td><td rowspan="2">人事审核</td><td rowspan="2"></td></tr>
<tr><td>床位</td><td colspan="6">楼 室 号</td></tr>
<tr><td rowspan="7">领用公物</td><td></td><td>棉被</td><td rowspan="5">领物签章</td><td rowspan="5"></td><td rowspan="7">退舍移交登记</td><td></td><td rowspan="2">总务登记</td><td rowspan="2"></td></tr>
<tr><td></td><td>床垫</td><td></td></tr>
<tr><td></td><td>枕头</td><td></td><td rowspan="2">单位主管</td><td rowspan="2"></td></tr>
<tr><td></td><td>枕套</td><td></td></tr>
<tr><td></td><td>被套</td><td></td><td rowspan="2">舍监</td><td rowspan="2"></td></tr>
<tr><td></td><td colspan="3">钥匙 No.</td><td></td></tr>
<tr><td></td><td colspan="3">其他</td><td></td><td rowspan="2">总务主管</td><td rowspan="2"></td></tr>
<tr><td>备注</td><td colspan="6"></td></tr>
</table>

5.65 住宿人员资料卡

住宿人员资料卡，如表 5-65 所示。

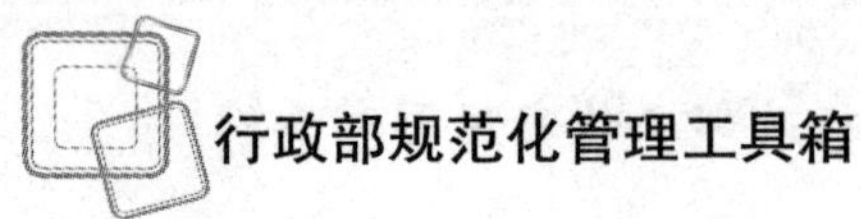

表 5-65 住宿人员资料卡

编号： 填写日期：

姓名		性别	男 女		室号		
出生年月					单位		
到职日期					入住日期		
最高学历					籍贯		
家长姓名	姓名		住址		关系		电话
紧急联络人	姓名		住址		关系		电话
参加社团					宗教信仰		
兴趣							
考核记录							
备注							

5.66 宿舍分配申请表

宿舍分配申请表，如表 5-66 所示。

表 5-66 宿舍分配申请表

填写日期：

姓名			性别			服务单位		
职（位）称				进公司日期				
现在住所			起讫地点	~		单程公里数		
预定使用时间	年 月 日起			实际使用单位				
申请分配理由								
总务科意见								
主管单位意见								
总经理	财务单位	管理单位			主管单位			
		经理	主管	主办	经理	副经理	主管	主办

5.67 住宿登记表

住宿登记表，如表 5-67 所示。

表 5-67　住宿登记表

宿舍号码	住宿人员姓名	住宿时间

5.68 宿舍检查登记表

宿舍检查登记表，如表 5-68 所示。

表 5-68　宿舍检查登记表

填写日期：

宿舍号	宿舍长	检查结果（各种项目）							备注

制表：　　　　　　　　　　　　　　　　　　　审核：

5.69 宿舍物品借用卡

宿舍物品借用卡，如表 5-69 所示。

表 5-69 宿舍物品借用卡

借用人：　　　　　　　　　　填写日期：

物品名称	借用数量	归还数量	物品名称	借用数量	归还数量
棉被					
蚊帐					
衣橱钥匙					
枕头					
门钥匙					
拖鞋					

5.70 卫生区域划计划表

卫生区域划计划表，如表 5-70 所示。

表 5-70 卫生区域划计划表

区域 部门	仓库	走道	空地	厂外环境	水沟	……
清洁说明						

5.71 清洁工作安排表

清洁工作安排表，如表 5-71 所示。

表 5-71　清洁工作安排表

月　日至　月　日

姓名				
日期				
清洁项目				
考核				
日期				
清洁项目				
考核				

5.72 卫生状况检查表

卫生状况检查表，如表 5-72 所示。

表 5-72　卫生状况检查表

检查项目	良好	一般	较差	缺点	改善项目
着装					
茶杯、烟缸					
门					
窗					
地板					
办公桌椅					
电话					
办公用具					
楼道					
卫生间					
……					
其他					

5.73 清洁卫生评分表

清洁卫生评分表，如表 5-73 所示。

表 5-73 清洁卫生评分表

评分部门		评分员		日期	
评分项目	最高分值	评分	备注		
一般安全	15				
消防器具	10				
走道通路	15				
工作区域整洁	15				
环境整洁	15				
办公桌椅及办公室整洁	15				
设备维护状况	15				
建议及评语					

5.74 商务接待安排表

商务接待安排表，如表 5–74 所示。

表 5–74　商务接待安排表

<table>
<tr><td>来宾单位</td><td colspan="6"></td></tr>
<tr><td>带队人姓名</td><td colspan="2"></td><td colspan="2">带队人职务</td><td colspan="2"></td></tr>
<tr><td>随行人员名单</td><td colspan="6"></td></tr>
<tr><td>到达时间</td><td colspan="2"></td><td>停留时间</td><td></td><td>人数</td><td></td></tr>
<tr><td>考察
内容</td><td colspan="6"></td></tr>
<tr><td>接待
计划
安排</td><td colspan="6"></td></tr>
<tr><td>车辆
使用
计划</td><td colspan="6"></td></tr>
<tr><td rowspan="4">相
关
事
项</td><td>摄影</td><td></td><td>礼品</td><td></td><td>音响</td><td></td></tr>
<tr><td>欢迎标语</td><td></td><td>用餐</td><td></td><td>鲜花</td><td></td></tr>
<tr><td>宣传材料</td><td></td><td>礼仪</td><td></td><td>导游</td><td></td></tr>
<tr><td>题词</td><td></td><td>水果</td><td></td><td>其他</td><td></td></tr>
<tr><td>负责接待
部门意见</td><td colspan="6">签字：</td></tr>
<tr><td>领导意见</td><td colspan="6">签字：</td></tr>
</table>

填表人：　　　　　　　　　　　　　　　　　　填写日期：　　年　月　日

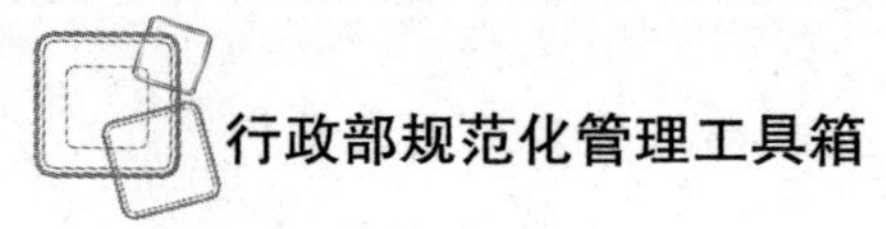

5.75 公务接待审批表

公务接待审批表，如表 5–75 所示。

表 5–75 公务接待审批表

<table>
<tr><td>来宾单位</td><td></td><td>来宾人数</td><td></td><td>接待日期</td><td></td></tr>
<tr><td>带队人姓名</td><td></td><td>职务</td><td></td><td>停留时间</td><td></td></tr>
<tr><td colspan="6">来宾事由：</td></tr>
<tr><td rowspan="2">接待费用预算</td><td>餐饮费用预算额</td><td></td><td>住宿费用预算额</td><td colspan="2"></td></tr>
<tr><td>其他费用预算额</td><td></td><td>合计预算总额</td><td colspan="2"></td></tr>
<tr><td>陪同人员要求</td><td colspan="5"></td></tr>
<tr><td colspan="6">公关事务主管意见：
签字：
年　月　日</td></tr>
<tr><td colspan="6">行政部经理意见：
签字：
年　月　日</td></tr>
<tr><td colspan="6">行政总监意见：
签字：
年　月　日</td></tr>
</table>

5.76 公关活动策划表

公关活动策划表，如表 5–76 所示。

表 5–76　公关活动策划表

<table>
<tr><td>文件编号：</td><td>归档日期：　　　年　月　日</td></tr>
<tr><td colspan="2"></td></tr>
<tr><td>送出人：（营销部经理签字）</td><td>送出日期：　　　年　月　日</td></tr>
<tr><td></td><td>收到日期：　　　年　月　日</td></tr>
<tr><td colspan="2">策划案内容摘要：</td></tr>
<tr><td colspan="2">销售部意见：
销售部经理签字：
年　月　日</td></tr>
<tr><td colspan="2">行政部意见：
行政部经理签字：
年　月　日</td></tr>
<tr><td colspan="2">行政总监意见：
行政总监签字：
年　月　日</td></tr>
</table>

5.77 危机预警处理表

危机预警处理表，如表 5–77 所示。

表 5–77　危机预警处理表

<table>
<tr><td>编号</td><td></td><td>时间</td><td></td><td>危机等级</td><td></td></tr>
<tr><td>危机征兆</td><td colspan="5"></td></tr>
<tr><td>预警分析</td><td colspan="5"></td></tr>
<tr><td rowspan="4">危机
处理
机构</td><td>名称</td><td></td><td></td><td></td><td></td></tr>
<tr><td>联系方式</td><td></td><td></td><td></td><td></td></tr>
<tr><td>负责人</td><td></td><td></td><td></td><td></td></tr>
<tr><td>成员</td><td></td><td></td><td></td><td></td></tr>
<tr><td>警戒程度</td><td colspan="5"></td></tr>
<tr><td>危机处理对策</td><td colspan="5"></td></tr>
</table>

5.78 危机记录分析表

危机记录分析表，如表 5–78 所示。

表 5–78　危机记录分析表

<table>
<tr><td>案件简称</td><td></td><td>发生日期</td><td></td></tr>
<tr><td>重要程度</td><td></td><td>填表日期</td><td></td></tr>
<tr><td>危机表象分析</td><td colspan="3"></td></tr>
<tr><td>对策处理意见</td><td colspan="3"></td></tr>
<tr><td colspan="4">直接处理人记录
签字：</td></tr>
</table>

续表

主管确认	签字：

5.79 接待规格表

接待规格表，如表 5-79 所示。

表 5-79　接待规格表

接待规格	说明	具体形式
高格接待	指陪同比来宾职务高而采取的一种接待方式	1. 上级领导派一般工作人员向下级领导口授意见或要求，下级领导要高格接待，出面作陪。 2. 兄弟单位或协作单位的领导派员到本单位商量重要事宜，本单位领导要出面，高格接待。 3. 下级同志上访，有重要的事情向上级领导汇报，要高格接待。
对等接待	指陪同与来宾的职务、级别大体相同而采取的一种接待形式	1. 对重要的来访者，负责接待的领导自始至终地陪同。 2. 对来宾初到和告别时的对等接待，中间可以请适当人员陪同。
低格接待	指陪同比来宾职务低而采用的一种接待形式	1. 上级主要领导或主管部门领导来本地视察、了解情况或作一些调查研究，这种接待采用低格接待。 2. 外地参观学习和旅游团的接待工作只需采取低格接待。 3. 老干部故地重游或上级领导路过本地只需采取低格接待。

5.80 年度会议实施计划表

年度会议实施计划表，如表 5-80 所示。

表 5-80　年度会议实施计划表

会议名 区分					
举办次数					
举行日期					
举行时间					
目的					
参加者					
司仪					
主席					
事务负责人					
议事记录					
黑板记录员					
出席者参考资料					
会场分发的资料					
会前分发的资料					

5.81 餐证领用登记表

餐证领用登记表，如表 5-81 所示。

表 5-81　餐证领用登记表

部门		班组	
当班人数		领用数量	
领班		部门经理	
员工餐厅			
员工姓名	签字	员工姓名	签字

5.82 会议审核表

会议审核表，如表 5-82 所示。

表 5-82 会议审核表

注意要点		查核栏
开会的目的	本次的会议是否实际需要，是否只是流于形式的例行会议，有没有其他更好的解决方法。	
	开会的目的是否明确。	
设定要项方面	开会的时机时间是否恰当。	
	开会的场所是否恰当。	
	所邀请的与会人员是否恰当。	
开会通知方面	是否对于与会人员确实通知妥当。	
	对于开会的主旨议题是否确实通知与会人员。	
	是否事先通知与会人员，应当事先就议题做好准备。	
	是否通知与会人员事先备妥有关的资料。	
会议的准备方面	是否事先拟就议题的进行顺序及时间的分配。	
	事前是否应当分发参考资料，是否已经做了应变的准备。	
	是否安排好会议的记录。	
	是否必须用幻灯机或录像机等机械设备。	

5.83 公司文件传递审核表

公司文件传递审核表，如表 5-83 所示。

表 5-83　公司文件传递审核表

<table>
<tr><td rowspan="5">保密区分</td><td>绝对机密</td><td></td><td rowspan="5">另文</td><td>呈</td><td></td><td rowspan="3">受文者</td><td rowspan="3"></td><td rowspan="3">副本份数</td><td rowspan="3"></td><td rowspan="3">附件</td><td rowspan="3"></td><td rowspan="3">发文号数</td><td rowspan="3"></td></tr>
<tr><td>极机密</td><td></td><td>函</td><td></td></tr>
<tr><td>机密</td><td></td><td>令</td><td></td></tr>
<tr><td>密</td><td></td><td colspan="6" rowspan="6"></td><td rowspan="6">缮校员</td><td rowspan="6"></td><td rowspan="6">发文日期</td><td rowspan="6"></td></tr>
<tr><td>普通</td><td></td></tr>
<tr><td rowspan="4">传递法</td><td>限时送</td><td></td><td rowspan="4">事由</td></tr>
<tr><td>特快送</td><td></td></tr>
<tr><td>快件</td><td></td></tr>
<tr><td>普通</td><td></td></tr>
<tr><td>保存</td><td></td><td>年</td><td>核办人</td><td colspan="4"></td><td>核稿人</td><td colspan="2"></td><td></td><td>承办人</td><td></td></tr>
</table>

5.84 月度劳保用品发放单

月度劳保用品发放单，如表 5-84 所示。

表 5-84　月度劳保用品发放单

部门名称：　　　　　　　　　　　　　　　　　　　　年　　月　　日

品名	规格	数量	单位	备注

续表

品名	规格		数量	单位	备注
备注					
劳资部			物资管理员		
领物人					

制表人：

注　本表单一式三联，劳资部留一联，物资管理员一联，物资管理员依据此表单发放劳保用品，领物人一联。

5.85 易耗品申请单

易耗品申请单，如表 5-85 所示。

表 5-85　易耗品申请单

部门			领用人		领用时间		
序号	物品名称	规格	数量	单位	用途	单价	总价
领用人（签字） 年　月　日					主管领导（签字） 年　月　日		

5.86 办公用品订购审批单

办公用品订购审批单，如表 5-86 所示。

表 5-86　办公用品订购审批单

部门			使用人		填表时间	
序号	物品名称	规格	数量	单位	特殊要求	需要时间
订购原因	签字： 年　月　日					
部门主管审批意见	签字： 年　月　日					
行政部门审批意见	签字： 年　月　日					
如果金额超过审批权限，请行政总监签批						
意见	签字： 年　月　日					

5.87 订购进度控制卡

订购进度控制卡，如表 5-87 所示。

表 5-87　订购进度控制卡

项目 物品名称	订购日期	订购数量	单价	物品来源	到货日期
办公事务人员（签字）			主管领导（签字）		

5.88 办公用品分发通知单

办公用品分发通知单，如表 5-88 所示。

表 5-88　办公用品分发通知单

需求部门		需求人		填表时间	
物品名称	规格	数量	单位	特殊要求	需要时间
合计					
今物品已于　　年　月　日到达我部门，请于　　年　月　日之前领取					
接受人员（签字）				主管领导确认（签字）	

5.89 办公用品台账

办公用品台账，如表 5-89 所示。

表 5-89　办公用品台账

项目 物品名称	编号	数量	单价	入库时间	备注

编制：　　　　　　　　　　　　　　　　　　　　　　行政部填写人（签字）

5.90 报废物品清单

报废物品清单，如表 5-90 所示。

表 5-90　报废物品清单

物品编号	物品名称	数量	单位	出厂时间	使用时间	报废类型	报废原因
以上物品本部门申请报废处理意见	部门主管（签字）						
办公事务专员	□同意报废处理□不同意报废处理　办公事务专员（签字）						
办公事务主管	□同意报废处理□不同意报废处理　办公事务主管（签字）						

5.91 档案目录卡

档案目录卡，如表 5-91 所示。

表 5-91　档案目录卡

档号：　　　　　　　　　　　　　　　　　　卷名：

本案文件目录					
件数	收文号	来文号	发文号	页数	备注

5.92 公司印章使用申请单

公司印章使用申请单，如表 5-92 所示。

表 5-92 公司印章使用申请单

用章人姓名		用章部门		盖章时间	
用章类别		印章名称			
盖章文件					
主要内容					
申请人			部门主管意见		
行政部意见			批准人意见		

5.93 公司图书管理卡

公司图书管理卡，如表 5-93 所示。

表 5-93 公司图书管理卡

图书类别					分类号	
图书名称	图书编号	作者	购入时间	出版社名称	出版年月	备注

编制： 填写人（签字）

5.94 员工出勤管理办法

员工出勤管理办法，如表 5-94 所示。

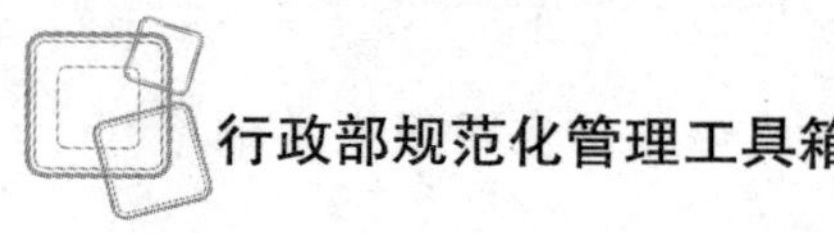

如表 5-94　员工出勤管理办法

类别	说明	执行措施
	××分钟以内	每次罚款 ××元，达到三次者，罚款 ××元
迟到	××分钟以上 ××分钟以内	每次罚款 ××元
	××分钟以上	作旷工一天处理，罚款 ××元
	××分钟以内	每次罚款 ××元，达到三次者，罚款 ××元
早退	××分钟以上 ××分钟以内	每次罚款 ××元
	××分钟以上	作旷工一天处理，罚款 ××元
旷工	未经提前请假，私自不来上班者按旷工处理	旷工一次罚款 ××元，一个月内累计三次将予以辞退
病假	员工病假须提前通知部门主管，并出具医院诊断证明	按员工日工资的 ××%计发
事假	事假必须提前 1 天以书面形式通知销售经理，经批准后方可执行，未经批准，擅自离岗，以旷工处理，超期请假须经公司总经理批准，方可离岗。 超期离岗者，以旷工处理。超期 4 天以上，视为自动离职	事假期间扣除当天工资
外出	员工外出办理与工作相关事宜，须向部门主管请示，获得批准后方可外出，并应在办完事情后，立即返回。同时，不得利用外出时间办理与工作无关的私人事宜	1. 因工作需要外出且获得部门主管的批准，按正常工资核发。 2. 未经批准私自外出按旷工处理。

5.95 员工请假表

员工请假表，如表 5-95 所示。

表 5-95 员工请假表

<table>
<tr><td>姓名</td><td></td><td>所属部门</td><td colspan="2"></td><td colspan="2">请假日期</td><td></td></tr>
<tr><td>假期类型</td><td colspan="3">□事假□年休假□婚假□病假</td><td colspan="4">□丧假□产假□其他</td></tr>
<tr><td rowspan="2">请假时间</td><td>开始时间</td><td colspan="2">年 月 日 时</td><td colspan="2">结束时间</td><td colspan="2">年 月 日 时</td></tr>
<tr><td>申请假期时间</td><td colspan="2">天 时</td><td colspan="2">批准假期时间</td><td colspan="2">天 时</td></tr>
<tr><td>请假事由</td><td colspan="7"></td></tr>
<tr><td>直接主管签字</td><td colspan="7"></td></tr>
<tr><td>部门经理签字</td><td colspan="7"></td></tr>
<tr><td>人力资源部意见</td><td colspan="7"></td></tr>
</table>

5.96 员工外出登记表

员工外出登记表，如表 5-96 所示。

表 5-96 员工外出登记表

<table>
<tr><td>姓名</td><td></td><td>岗位</td><td></td><td>所属部门</td><td></td></tr>
<tr><td>外出时间</td><td></td><td></td><td>预计返回时间</td><td></td><td></td></tr>
<tr><td>外出事由</td><td colspan="5"></td></tr>
<tr><td>部门经理意见</td><td colspan="5"></td></tr>
</table>

5.97 会议日程安排表

会议日程安排表，如表 5-97 所示。

表 5-97　会议日程安排表

会议日期	时间	地点	内容	备注

5.98 会议通知单

会议通知单，如表 5-98 所示。

表 5-98　会议通知单

召开会议部门		会议组织部门	
会议召开时间			
会议召开地点			
会议议题			
参会人员			
参会人员相关准备工作			
注意事项			
会议组织部门联系方式			

5.99 提案建议表

提案建议表，如 5-99 所示。

表 5-99　提案建议表

姓名		岗位		所属部门	
提案改善类别	□工程类□产品类□管理类□其他（请注明）				
目前现状及存在的问题					
建议改善的内容					
改善后的预期效果					
部门经理意见					
行政部意见					
总经理意见					

5.100 会议室使用申请表

会议室使用申请表，如表 5-100 所示。

表 5-100　会议室使用申请表

申请使用部门					
日期	召开会议时间	会议名称	主持人	参会人数	备注
行政部意见					

5.101 电梯设备巡视记录表

电梯设备巡视记录表，如表 5-101 所示。

表 5-101　电梯设备巡视记录表

巡视时间			
电梯编号			
序号	运行监控项目	巡视情况	备注
1	机房温度、湿度		
2	曳引电动机温度、润滑油、紧固情况		
3	减速箱油位、油色、连轴器紧固情况		
4	限速器、机械选层器运行情况		
5	控制柜的继电器工作情况		
6	制动器		
7	变压器、电抗器、电阻器		
8	对讲机、警铃、应急灯		
9	轿厢内照明、风扇		
10	厅外轿内指层灯及指令按钮		
11	厅门及轿门踏板清洁		
12	开关门有无异常		
13	井道底坑情况		
14	各种标示物及救援工具情况		
15	电梯运行舒适感		
电梯值班员		负责人	

5.102 月度用餐统计表

月度用餐统计表，如表 5-102 所示。

表 5-102　月度用餐统计表

日期	员工用餐人数			客餐次数		
	早	中	晚	早	中	晚
合计						

5.103 招待申请单

招待申请单，如表 5-103 所示。

表 5-103　招待申请单

申请部门		申请人	
招待对象		招待人数	
招待事由		作陪人数	
客餐招待 内容与标准			
款项预算			
部门审批			
公司审批			

5.104 宿舍申请表

宿舍申请表，如表 5-104 所示。

表 5-104 宿舍申请表

宿舍号码	住宿人姓名	住宿时间

5.105 供方服务质量检查评价表

供方服务质量检查评价表，如表 5-105 所示。

表 5-105 供方服务质量检查评价表

供方名称		服务日期	
服务项目		服务地点	
评价记录	评价人日期		
管理处绿化负责人评定意见	签字日期		
管理处经理意见	签字日期		

5.106 绿地养护工作记录表

绿地养护工作记录表，如表 5-106 所示。

表 5-106 绿地养护工作记录表

日期 / 项目	1	2	3	4	5
天气					
温度					

续表

项目 \ 日期			1	2	3	4	5
草坪	浇水	冷季型草					
	暖季型草						
	修剪	冷季型草					
	暖季型草						
	除草						
	施肥	冷季型草					
	暖季型草						
	喷药						
	切边						
乔灌木	浇灌						
	排水						
	中耕						
	除草						
	施肥						
	修剪	乔木					
		灌木					
		绿篱					
		藤本					
	喷药						
	枯木挖除、补种						
花坛	浇水						
	排水						
	喷药						
	清除残枝、垃圾						
花境	修剪						
	喷药						
	除草						
主管确认							
备注							

5.107 绿地养护质量巡查表

绿地养护质量巡查表，如表 5-107 所示。

表 5-107 绿地养护质量巡查表

巡查内容	标准	检查情况	整改情况
草坪养护	按计划修剪，保持草坪平整整洁，修剪高度为 6 厘米。		
除草	一季度至少除草两次，达到立姿目视无杂草。		
修剪	花、灌木、绿篱等保持整洁及良好的形状和长势。		
防病虫害	发现病虫及时喷药防范。		
抗旱排涝	高温时，浇水时间安排在早晨或晚上；雨季时，及时做好排涝工作。		
防台、防汛工作	台风未到时，检查养护范围的情况，发现险情及时修剪、加固；在台风到来时，加强值班，及时处理在台风中所发生的各种情况。		

5.108 绿化档案登记表

绿化档案登记表，如表 5-108 所示。

表 5-108　绿化档案登记表

绿化等级：　　　　　　　　　　　　总面积：　　　　　　　　　　No.

名称	编号	日期	生长状况记录				养护措施记录		
			面积（平方厘米）	株高（厘米）	树径（厘米）	冠径（厘米）	浇水、施肥（名称）	喷药（名称）	修剪

制表：　　　　　　　　　　　　　　　　　　　　　　　　日期：